日本改革原案

2050

競争力ある福祉国家へ

小川淳也

河出書房新社

日本改革原案２０５０

競争力ある福祉国家へ

序文　『日本改革原案』再出版にあたって

この度、河出書房新社さんから大変ありがたいお申し出をいただいた。9年前に光文社から出版された拙著『日本改革原案』を再出版してくださるというのだ。最初の出版から7年、2021年に増補電子版を著わした。しかし紙で読みたいとの声もあり、中古本は品薄で高値だった。それ以上に最初の出版から9年、データも随分古くなったし、増補からの2年でも内外の情勢は大きく動いた。せっかくの機会である。お申し出をありがたくお受けし、図やデータ的な部分のアップデートはもとより、ウクライナ情勢を含め内外の諸情勢にひとこと言及することで、再出版に当たっての序文としたい。

ただ今読み返しても、9年前に考えていたことの骨格に大きな変更はない。そのため、既に事態が進み、今から見ると古く思える箇所もあったが、あえて当時の記述を残し、そこに注釈的な文章を加えた部分もある。この9年間、私自身が課題として掲げた諸問題に対し試行錯誤しながら今日の考えに至った軌跡としてお読みいただけたら、幸いである。

全ての戦争は外交の失敗

ロシアによるウクライナ侵攻から1年半余り、この蛮行に弁解の余地は一切なく、改めて厳重な抗議と、一刻も早い停戦合意の実現を願う。一方、この経験から私たちは何を学ぶべきか。時期尚早とはいえ、戦争の原因や経過についても検証が必要だ。もともとウクライナはソビエト連邦の一部だった。ソ連崩壊とともに独立への道を歩み、2004年のオレンジ革命以降、民主化への動きを強める。

強権的な独裁政権が去り、民主政権が誕生すると、良くも悪くも国内の潜在的な対立構造が表層に現れる。西部親欧州派と東部親ロシア派の対立である。親ロシア派政権が立てば親欧州派が反対運動の機運を高め、親欧州派政権が立てば親ロシア派が反発を強める。そして、それぞれの政権が自らの存立基盤を強固なものとするために、反対派を弾圧・抑圧する、という国内対立の政治利用である。

ロシアからすれば、最大の懸念はウクライナのEUへの接近、そして最終的にはNATOへの加盟である。こういう中で親欧州派政権が親ロシア派住民を抑圧すれば、ロシア系住民保護を名目にした介入に恰好《かっこう》の口実を与える。この間のゼレンスキー政権がとった対露強硬政策もプーチンを強く刺激したはずであり、政権打倒、親ロシア派政権樹立のための軍事侵攻という凶行に動機を与えた恐れがある。民主革命が結果的に国内の対立構造を顕在化させ、それがロシアに付け入る隙を与えた可能性がある。

改めて思うが、いかなる戦争も外交の失敗であり、政治の失敗である。同時に民主制においてこそ、外交・内政ともに、ときの政権が国民感情をポピュリズム的に政治利用する隙が生じる。だからこそ国民は自ら情動的になることに警戒し、抑制を効かせなければならない。そして自国の政治から目を離してはならない。政治指導者たちに政治利用されてはならない。さもなくばその被害は確実に国民自身に及ぶ。

かつて作家の司馬遼太郎氏は「政治的行為はほとんどの場合、公の名を借りた私的行為である」と断じた。政治権力の行使は常に権力の私物化、政治家の私利私欲と表裏一体であり密接不可分でもある。権力行使は国や社会に良きものをもたらす可能性もあるが、同時に私的利害が前面に立ち、災厄を招く危険性と凶暴性をはらむ。その意味で民主国家において国民が「政治的に無関心になる自由」はない、とまで私は思う。主権者たるべき国民の猜疑心《さいぎしん》、警戒心、そして十分な当事者意識、それらに基づく適切な権力監視と政治参画こそが、権力に自制を促し、その正常な行使を担保する唯一の途《みち》である。

全ての戦争は外交の失敗。そして民主国家で最も警戒すべきは政治家の私心であり、危険なのは国民の無知と無関心。ウクライナ戦争から汲《く》み取るべき最大の教訓はこれではないか。

日本でも防衛費倍増論がにわかに首をもたげ、現政権は安々とこれを実行に移そうとしている。対GDP比1%という先進国比半分の水準、さらに弾道ミサイルや大型空母、長距離爆撃機など敵国領土を攻撃する能力を持たないとする専守防衛政策、これらが辛うじて戦力不保持を定めた憲法9条の価値を担保してきた。今回の安全保障政策の大転換は周辺諸国との緊張を高め、更なる軍拡競争により却《かえ》って危険性が増すことはないのか。そして憲法は死文化し、もはや法治国家の体裁すら崩壊するのではないか。こうまでしてなお最終的に最大で約10兆円となる防衛費は、30〜40兆円とも言われる中国に遠く及ばない。そもそも通常弾頭のミサイルが真に敵国に対する抑止力たり得るのかも、大いに疑問である。

「成長の時代」から「持続可能性の時代」へ

経済への悪影響も続いている。ウクライナ戦争の長期化に伴い深刻となった円安と物価高である。本編で基軸となる主張は、日本と世界は今後「成長の時代」から「持続可能性の時代」へと大きく針路転換するという点である。これは歴史的必然であり、これからは過去の時代に自然体で実現したインフレや、高い経済成長、そして賃金上昇などの好循環は極めて実現しにくい。従ってデフレ対策が今後は施策の大きな柱の一つになる、との立場を取ってきたし、これからも大きくは変わらない。

しかしここへ来て明らかとなりつつあるのは、経済成長と需要の強さが引っ張る物価高ではなく、円安と原油高、エネルギー価格の高騰というコストプッシュ型のインフレが恒常化する恐れだ。エネルギーや食料のほとんどを輸入に頼る日本にとって極めて深刻な問題である。同時にいわゆるエッセンシャルワークの再評価が一定の賃金上昇圧力になっているとの見方もあり、これ自体は歓迎すべきである。こうした様々な要素があいまってのインフレだとしても、これが緩やかなものにとどまる限り、本編で述べるとおり経済現象としては悪いことではない。正に「インフレは全てが善ではないが、デフレは全てが悪である」との格言のとおりだ。

しかし問題は、インフレに勝る賃金上昇を実現できるかであり、需要の強さが引っ張る物価上昇とは異なり、輸入価格が引っ張るインフレでは価格上昇分は海外への支払いに消える。従ってそれを上回る値上げを継続しない限り、賃上げに回す財源がない。やはり政治が適正に介入して、賃金の不足分を補う再分配政策の強化、そして教育など社会サービスの無償提供、さらには適切な現金給付による可処分所得の増大を、これまで以上に拡充せねばならない。

また食料やエネルギーのほとんどを輸入に依存する日本は、既に貿易赤字に転落しており、いずれ経常収支を含め赤字国となる可能性もある。従ってこれらの自給力強化が死活的に重要な課題となる。この点について最近、究極のソフトランディングの姿が浮かんだ。

例えば1ドル200円、場合によっては300円と、徐々に円が戦後すぐの水準にまで安くなるケースである。貿易赤字から円安に、円安からまた貿易赤字にとの悪循環が行きつく先である。

こうなると実は既に一部で始まっている生産ラインの国内回帰が更に進み、また農林水産物は国産品が一番安く、逆に輸入品は高くて買えないという状況に陥《おちい》る可能性がある。追い込まれた形での自給力、自給率の高まりである。

さらに日本人はもはや、なかなか海外旅行に出かけることはできないが、海外からはたくさんの外国人が安い買い物を求めて訪れる、という昭和〜平成時代とは真逆の現象が強まる。まさに途上国型の経済だ。そのときはもしかしたら、国内で働く日本人が、上を見ると社長は外国人というケースが多くなるかもしれない。日本の近未来像として浮かぶ究極のソフトランディングの姿である。

ちなみにこの時、狭く山がちな日本列島で1億2000万人の人口を養うことは不可能だろう。現在生まれてくる赤ん坊の数が年間70万人台。仮にその水準が今後も続き、彼らが平均100年生きるとすれば総人口は約7000万人。現在の半分程度である。

化石燃料や原発に頼らなかったのは江戸時代が最後であるが、このときの人口が約3000万人だったことを思えば、自給型でかつ消費エネルギー効率を2倍に高めることができれば、江戸時代の2倍、すなわち6000〜7000万人の人口を、この狭い山がちな日本列島で養えるかもしれない。現に人口の将来推計は、今世紀末の日本がそれに近い姿になることを明確に予測している。

そしてどうやらそれは「極東に位置する中規模の島国」という日本古来のアイデンティティの再構築を迫りそうだ。戦後、世界第2位の経済大国として国際社会に存在感を放ってきた日本人としては、それへの郷愁は断ちがたいし、違和感や不安感、焦燥感に駆られる人々も多いと思われる。しかし歴史を振り返れば、日清・日露戦争以前の日本は、数百年単位で異なるアイデンティティをもっていたはずだし、むしろ日清・日露戦争からバブル崩壊までの約100年が、異常に大国意識に駆られた一世紀だった、とも言える。

仮にソフトランディングに失敗し、インフレが急激で苛烈なものとなった場合には、国民生活は一時的に大混乱となり、筆舌に尽くし難い苦難と屈辱をもたらす。しかし、莫大な財政赤字、企業債務や住宅ローンのリセットなどを含め、ゼロからの再出発、更地からの持続可能な社会保障制度の再設計、財政制度の再構築など根本問題の解決には、それが一番早いという声もある。本文で述べる焼け野原待望論である。

いずれにしてもウクライナ侵攻という世界の非常事態が、日本の弱点を浮き彫りにし、存立基盤の脆弱《ぜいじゃく》さを痛撃している。これが本格的な構造改革への契機となるか、それとも引き続き漫然と、緩慢な衰退を受け入れる方向に向かい続けるか、改めて日本と日本人は厳しく問われている。

一億人サイズの「競争力ある福祉国家」

序文の最後に、かつては疑いもしなかった民主制そのものが大きく揺らいでいることを指摘して稿を終えたい。イギリスのEU離脱、アメリカのトランプ政権誕生あたりから、世界の民主制は危険な兆候を示し続けてきた。トランプ氏の大統領選敗北、選挙そのものがフェイクとの主張、さらに議会への大衆の襲撃など、日々民主制の危機は進行している。

一方、ロシアや中国など権威主義国家は、民主国家グループとしのぎを削りながら、むしろ勢力を拡大しているようにすら見える。もはや世界の政治は民主制を所与のものとして前提に置くことはできない。この危機に関する二つの言説を紹介して、今の時代の考察としてとどめたい。

一つ目は世界的ベストセラー『サピエンス全史』を著わしたハラリ氏の分析である。資本主義と社会主義が互いに一歩も譲らなかった時代、資本主義とは経済の分散型情報処理システムであり、社会主義は集中型情報処理システムであった、とその本質を位置づけた。そして集中型の情報処理システムは、これに見合うインフラを持たなかったがために、分散型処理システム、すなわち資本主義に敗れたと言うのだ。

そして分散型処理システムは、政治的にも分散型処理システム、すなわち民主制と親和的で、社会主義すなわち集中型処理システムは独裁制と親和的だと言う。

ＩＴ技術は現在、ＧＡＦＡが席巻する時代から、むしろブロックチェーンの技術など自律分散型のシステムを指向する時代になっているとの議論もある。ただ問題は、今後本格的に政治分野においてＩＴ技術を駆使した集中型の情報処理システムが成立する可能性である。仮にこの方が適切かつ効率的に、国家と社会の意思決定を下せる可能性があるとすれば、それでもなお民主制を採用する理由は何なのか。その正当性はどこにあるのか。テクノロジーの面から民主制が大きく揺さぶられる。

更に社会的条件の変化である。司馬遼太郎氏は作品の中で「法の支配は平和と豊かさを前提とする」との一節を書き残した。法の支配も民主制も平和が崩壊し、戦争となればおよそ機能しない。迅速で集中的な意思決定が求められるからだ。

さらに人々の暮らしや日常から「豊かさ」が失われた場合はどうか。別の形の有事とも言える。貧困や格差の拡大もまた、確実に民主制の存立基盤を弱体化させる。そもそも民主制は手間暇、時間とコストをかけて意思決定を行うシステムである。その手間とコストを人々が受け入れるだけの時間的・経済的余裕、ゆとりがなければ機能し得ない。

民主制は「平和と豊かさ」を前提とする。平和と豊かさが保たれた「平時」においてのみ機能し得る。これが民主制の本質である。つまり民主制の採用は、社会の平和と豊かさを維持する決意を伴うものだと改めて肝に銘じ、心に刻まなければならない。

現在、戦争は目の前にある。隣国との緊張関係も続く。同時にかつて考えられなかったほどに格差と貧困は拡大し、将来の人生設計はおろか、日々の暮らしに安心感を抱けない人々が多数存在する。「平和と豊かさ」の両面から民主制が問われている。テクノロジーと社会的条件、二つのベクトルから同時並行で、民主制は揺さぶられ続けているのだ。

このようなときこそ、民主制を採用する理由と正当性という根源的な問いを意識しつつ、同時に民主制の担《にな》い手は、十分な主権者教育と訓練を受けた賢明な有権者以外にないことを合わせて社会が共有し、実践に移さなければならない。

長い間、選挙区勝利すらおぼつかなかった私は、中央政界においてより大きな役割を引き受けたいと願う一方、それもかなわず自問自答、煩悶の日々を過ごして来た。日々悪化する政治・社会状況を前に、ある種の絶望感とも闘ってきた。2021年の選挙で悲願の選挙区当選を果たし、その後党代表選出馬の機会を得た。敗れはしたものの党政調会長としての職責に当たった。参院選の結果を受け引責したが、この間の経験を今後に活かす責任も感じている。青空対話集会など有権者との接点、交流にもこれまで以上に心血を注ぎたい。

遠心力が働き、政権の受け皿となり得ていない今の野党の惨状に活を入れたい。そのためにも国民の支持と期待を集める強い野党第一党を再建したい。与党が「政権」という求心力のもとにあるとすれば、野党には「政権の可能性」という求心力が必須である。

戦後78年、うち73年政権を担当した現政権党（源流になった政党を含む）が、この先何年政権を担ったところで、これまで長期にわたって放置した構造問題に本格的に取り組み、解決することはあり得ない。これに代わり、正しい社会の変革を安定的に進める政治勢力の再構築が不可欠である。そして多くの国民は、その到来を待ち望んでいる。

同時に、選択肢を持たない状況を民主制とは言わない。選択肢あってこその民主制である。国民には選択肢を手にする権利と資格があり、私たちにはそれに応える義務と責任がある。

この間、考え抜いてきた将来の国家像を表するものとして、一つの言葉にたどり着いた。

「競争力ある福祉国家」だ。私は「競争力のある福祉国家」を創りたい。まず最初に目指すべきは「福祉国家」だ。「福祉国家」がもたらす安心感が、やがては国民の様々な挑戦やチャレンジを後押しし、国家と社会の競争力へとつながる。そんなイメージだ。そして福祉国家の建設を進めるには、国民の政治への信頼が不可欠である。政治への信頼は、国民の高い政治参画意欲によってのみもたらされる。すなわち「投票率90％」だ。「投票率90％の競争力ある福祉国家」を創るのだ。

ひとは言う。そんな北欧型の社会は人口数百万人だからできることだと。確かにその方が容易であるに違いない。しかし規模が大きいからといって、できない理由、その論理的必然性はないはずだ。是非実現したい。「世界初」、「一億人サイズ」の「競争力ある福祉国家」だ。

「世界初、一億人サイズ、投票率90％」の「競争力ある福祉国家」

これ以外に日本が21世紀を生き抜く途はない。世界に冠たる国家として輝き、世界に範たる社会として、世界から憧れと尊敬の眼差《まなざ》しを注がれる途はない。日本人自らの誇りと自尊心を満たす途はない。

今回貴重な機会をくださった河出書房新社編集部の辻純平様、今井章博様始め関係の皆様に、重ねて心からお礼申し上げるとともに、こうして蘇った本書を手にとってくださった読者の皆様に、深い敬意と感謝を申し上げ、再出版にあたっての序文としたい。

目次

序文『日本改革原案』再出版にあたって―― 3
全ての戦争は外交の失敗
「成長の時代」から「持続可能性の時代」へ
一億人サイズの「競争力ある福祉国家」

まえがき 23

I 新たな国家ビジョンで闘う 29

1 閉塞感の正体―― 30
［1］閉塞感の正体 30
［2］『日本列島改造論』の終焉 33
［3］『日本改造計画』の限界 36

[4]国家の壮年期と闘う 38

2 闘うべき相手——41

[1]持続可能性の喪失 41

❶人口構造の激変

❷人口総量の減少

❸もう一つの持続可能性〜エネルギー環境問題〜

[2]超国家問題 48

3 第三の国家ビジョン——51

[1]不都合な現実を直視できるか 51

❶社会にくすぶる焼け野原待望論

❷『失敗の本質』

[2]全てを乗り越える視座 58

[3]第三の国家ビジョン〜日本改革原案〜 61

Ⅱ　三つの革命

4　生涯現役――66

［1］生涯現役社会への針路　66

［2］世代間扶養に持続可能性はない　70

［3］「生涯現役」時代は苦痛か？　78

［4］非常事態を生き抜く　82

［5］本当の「100年安心年金」　90

❶「生涯現役」時代の新たな年金制度

❷年金積立金の計画的取り崩し

❸高齢弱者に寄り添う

［6］生涯健康　100

❶公的医療の持続可能性を死守する

❷医療制度改革の方向性

［7］「生涯現役」は絵に描いた餅か　108

❶労働市場の変革

❷退職金は今もらおう

[8]女性も生涯現役 121
[9]人生の旅立ちにあたって〜チェックアウト〜 123

5 列島開放—— 127

—外への開放

[1]徹底した開放政策への針路 127
❶ 人口減少の加速
❷ 長寿と多産は両立するか
[2]フローを勝ち取る開放政策〜信長に学べ〜 137
[3]訪れたくなる国・日本へ 141
❶ 日本列島を開放せよ
❷ 日本社会を開放せよ
[4]日本人は世界を目指す 159
❶ 国民皆留学
❷ 国際投資金融立国
❸ モノ・サービス・コンテンツの世界展開

――内なる開放
[5]内なる解放政策の針路～成長期の呪縛を解き柔構造の社会へ～　174
❶「人の偏在」を正す安全な雇用市場改革
❷社会保障一元化と企業負担軽減
❸「カネの偏在」を正す金融市場改革
[6]次世代の可能性を解放する　187
❶成熟時代の教育
❷教育課程の柔軟化
❸高等教育も社会で
❹職業訓練と社会の当事者教育
❺地域との関わり
[7]新たな不安から解放する　196
❶雇用はどうなる
❷ベーシックインカム
❸コミュニティ再興

6 環境革命――209

[1]化石燃料の文明に持続可能性はない　209
[2]全ては太陽から　213

[3]環境税 217
[4]原発ミニマム論 220
[5]地上に太陽を 223
[6]緑の「元祖ソーラーパネル」 225

III 国を整え世界を変える

7 国を整える―― 232

[1]デフレとの永久戦争に勝利する 232
[2]国の債務を縮ませる 237
[3]国会と内閣の実質化 239
❶ 国会の実質化
❷ 内閣の実質化
[4]地域の経営機能 248
❶ 自治体の経営機能
❷ 自治体の規模と再編

❸ 道州制と小さな自治

8 世界の変革を主導する―――257

［1］激しいグローバル化と国際政治の遅れ 257

［2］世界は統合し、地域は多様化する 259

［3］私の沖縄論 262

［4］国際社会の統合 265

❶ 欧州の挑戦

❷ 超国家の意思決定

❸ 「聯合国」を「国際連合」に

［5］日本の立ち位置 272

9 最後に―――277

日本改革・競争力ある福祉国家建設基本法案大綱（2014年当時）―――283

電子書籍版増補（2021年当時）――287

はじめに　287
中心におきたい「人の幸せ（幸福感を軸とする持続可能な社会）」　288
政治のターゲットを「経済成長」から「生活保障」へ　289
デフレと徹底的に闘う　291
創造マネーを給付の財源にできるか（試験的ベーシックインカム）　292
本格的なベーシックインカム　296
消費税率と社会保障　298
所得税、法人税、相続税の課税バランス　300
国際社会の変革　302
増補結び　304

謝辞――307

本書は、２０１４年に刊行された
『日本改革原案　２０５０年成熟国家への道』を改題し、
電子書籍版増補と新規の序文を加え、
本文内容をアップデートした決定新版です。

まえがき

日本は簡単には変わらない。

政権が代わっても、震災という危機に直面しても十分には変わらなかった。

一方で、増え続ける借金、年金や医療の危機、経済の低成長、雇用、教育、エネルギー、環境、あらゆる面で本格的な変革が求められている。

この背景には一体何があるのか。

１９７２年、田中角栄氏が『日本列島改造論』を著わした。このとき日本の国民平均年齢は32歳だった。93年に小沢一郎氏が『日本改造計画』を著わしたときが39歳、そして２０１４年46歳。やがて近未来の２０５０年、日本は52歳になる。


国家の青春時代は終わったのだ。

人口はどうか。江戸期まで１０００万人、明治で３０００万人、戦後７０００万人。70年代に１億人を超え、２００８年に１億２８０８万人でピークを打った。以後減少に転じ、最初数万人、現在数十万人、やがては毎年１００万人のペースで人が減る。

国家の成長期もまた終わったのだ。

では、この時代、私たちは未来に向けて何をなすべきか。衰退を容認し、あきらめるのか。それとも過去の成長神話に寄りすがり、今なお栄光を求め続けるべきか。そのいずれでもないと、私は思う。

大事なことは問題を正しく捉《とら》え、課題を設定し直し、解決に向けて知恵を絞ることだ。そこへ向かう決意を固めることだ。

先日、ある大学生に聞いた。

(小川)「今後の日本はどうなると思う?」
(学生)「価値観が変わると思います」
(小川)「どう変わる?」
(学生)「効率性重視から、非効率なものを大事にする世の中へと」
(小川)「そのための突破口は?」
(学生)「多様性の容認です」

久々にしびれた。確実に次世代が育っていることを感じた。そしてこの世代のためにも、私たちの世代分の責任を果たしたい。改めてそう思った。

時代が変わったのに、社会が変われない。そのもつれた糸を一つひとつ解きほぐし、制約から解き放つ。

やがて気づくはずだ。複雑に見えた様々な問題の根が、実は全てひとつのところからつながっていたことに。

どうやら日本は世界で最初に、産業革命以降の成長と発展がもたらした繁栄の制約に直面しているようだ。古い価値観を変え、新しい時代を模索すべきときを迎えたようだ。

私の世代は、人口が1億人を超えた70年代に生まれ、1億人を切る2050年代に人生を終える。前半40年を史上最後の上昇曲線の中で生き、後半40年を最初の下降曲線の中で生きる。

上昇曲線の中で作られた社会を、新しい時代のものに創り替える。これは私たち世代の務めだ。80歳代の先輩方と、0歳児の赤ん坊の、真ん中に立つ私たちの世代が、両者の対話を促し、解決策を練り、出口を模索する。

これは歴史的使命であり、世代的宿命でもある。

私はこの書を通して、「生涯現役」「列島開放」「環境革命」、そして「国際社会の変革」、四つの構想を訴える。そこへの安定的移行こそが、時代の閉塞感を打ち破り、制約から解き放ち、未来への扉を開けると信じる。

不都合な現実も正面から議論する。選挙を背負う政治家として、これほど恐ろしく、困難なことはない。まるで切り立った崖の上で、震え上がるような心境だった。

何度も悩み、もがき苦しんだ。しかし、やっぱり勇気を振り絞ることに決めた。

それをしてこなかった過去の政治が、問題を先送りし、ツケを溜めてきた。そしてそれと闘うために、そもそも私は政治を志した。

いつかどこかで言われた。「小川さん、捨て身になれ。本気で捨て身になった奴を周りは見捨てない」と。これに甘えてはならないし、あてにしてもならない。でも、それも含めて、懸けてみたい、信じてみよう、そう思った。

国民を信頼しない政治家を、国民は信用しない。

本当のことを言う政治家。それを初めて聞く国民。両者の新たな信頼の絆《きずな》を結ぶことはできるのか。

これは国民の力を信じ抜く闘いだ。

個別の論点を超え、全体像を描くことにこだわった。全体最適を論じなければ、個別の利害衝突から抜け出せないからだ。具体論に踏み込むことも躊躇《ちゅうちょ》しなかった。単なる抽象論、精神論で終わらせたくないからだ。

専門的な分析、詳細には検証が必要な部分も多いと思う。厳しい批判、お叱りを待ちたい。

それも含めて大いに国民的論議につなげたい。

「日本改革原案」

懸けるような思い、祈るような願いを込め、世に問う。

2014年5月　小川淳也

Ⅰ

新たな国家ビジョンで闘う

1　閉塞感の正体

［1］閉塞感の正体

失われた10年？　20年？　一体いつまで失われ続けるのか。

確かにアベノミクスは国内外から注目を浴びた。

しかし、誰しも気づいている。いっときの気分高揚はあっても、それだけで日本が抱える問題が片付くほど、状況は容易ではないことを。問題はもっと本源的で、構造的であることを。

「いっときの夢だと分かってる。でもいいじゃないか。久々の夢なんだから」

それにも１００％賛同することにしよう。

しかし、その上で、あえて本格的に語り始めよう。これからの日本を。多くの難題を抱えたこの国の未来を。

1971年生まれの私が社会に出たのは94年。既にバブル崩壊から数年が経《た》ち、就職は氷河期と言われた。その後一度も本格的な好景気を経験したことはない。

国の役に立ちたい、志を持って選んだ官僚としての道も、どうにもしっくりこない。この道は日本の役に立っているのか。実感は程遠い。むしろ役所がやっていることは時代に逆行しているのではないか。単に既得権を擁護しているに過ぎないのではないか。本気で国の将来に役立ちたいと思うなら、それはむしろ闘うべき対象ではないのか。直感的にはそう感じ続けた日々だった。

10年後、私は政治の道を志した。日本の閉塞感、将来の見通しのなさ、展望のなさと闘いたい。このままではいけない。何とかしたい、と。

しかし、何をどうすれば良いのか。そこまでには至らない。あまりに漠然とした、しかし強烈な危機感だった。

政治家としても行き詰まり、限界、挫折があった。しかし、今あえて政治を志した頃の自分に真摯《しんし》に向き合いたい。今の日本が抱える課題と、そこから来る閉塞感に正面から向き合いたい。

そもそもこの長く続く、もやもやとした閉塞感。この正体は一体何だろう。どこから来るのだろう。

閉塞感は詰まった感じ、先に通らない、つながる確信がない状態だ。現在の仕組み、現在の努力が確実に将来につながると思えないのである。今歩いている、あるいは歩かされている道のその先は、閉じている、崖が待っている、壁がある、そう感じているのである。

つまり、今の時代、社会、文明の「持続可能性が失われている」ことに気づいているのである。これこそが閉塞感の正体だ。

状況は変わり、時代は変わった。しかし現状が変わらない。制度、仕組み、慣行が変わらない。だから、この先に未来が確固たるものとして存在し、この道はそこにつながっている、持続可能性によって担保されている、との実感がない。

財政も、社会保障も、エネルギーも、環境も、基本的なもの全てが、である。

となれば、まず必要なのは、持続可能性の回復だ。時代が変わったことを直視し、現行の枠組みの維持に強い慣性が働く、社会の硬直性を叩き壊す。柔軟で、変化に強い、持続可能な柔構造の社会を創りなおす。

一切のタブーを排除する。この国の将来、次世代のために。そして、それはやがて、世界が直面する課題に真っ先に取り組み、新たな地平を切り開く日本の姿と重なる。

厳しい現実から出発する。許して欲しい。しかし、正しく理解し、アプローチすれば、むしろ、素晴らしい夢と希望に満ちた道のり、そう思えてくる。人類史上最初に、新たな時代に入る偉大なステップ、そう思えてくる。世界に先駆けて課題に取り組まねばならない日本の環境は、むしろエキサイティングで、夢に満ちたもの、そう思えてくる。

困難な道のりであることもいやというほど認めたい。これまでの前提を変えなければならないことだからだ。誰にだってある小さな既得権を見直さざるを得ないことだからだ。しかし、信じて欲しい。これまで当たり前と思っていたことを、もしかしたらそうではないのかもしれない、そう疑い始めたらチャンスだ。前提そのものを置き換えることに成功したらしめたものだ。

目の前の利害を乗り越える道理と大義を手にすれば、私たちは自信をもって新たな一歩を踏み出すことができる。

さぁ、一緒に出発しよう。日本の新たなステージへ。いつしかそれが世界をリードする。「課題先進国」日本は、いつしか世界に先駆けて解決策を示し、世界に冠たる「価値で輝く国」となる。その日を夢見て。

[2]『日本列島改造論』の終焉

政治家が著わした本格的な著書の中で、最も売れ、読まれ、注目されたのは、田中角栄氏の『日本列島改造論』、そして小沢一郎氏の『日本改造計画』、この二冊だ。

田中角栄氏が『日本列島改造論』を著わしたのは、1972年。小沢一郎氏が『日本改造計画』を著わしたのは1993年。もちろん二人とも自民党の実力者であったし、政界の表舞台に最大級の期待をもって躍《おど》り出たときの刊行だった。

しかし、事はそれにとどまらず、やはり、時代背景を正しく捉え、確かな課題認識と、全体的で総合的な政策の体系になっていることが、読まれた背景にあると思う。実際にかなり読み応えがあるし、中身、内容の優れた本物の政策本だ。

私など役者不足も甚《はなは》だしい。しかし、あえてこの二人が著わした両著を相当意識して、これからの日本を考えたい。先のお二人には、はなはだご迷惑かと思うが、大きな歴史観、時代認識から出発しようとしている私にとって、この路線は譲れない。

逆に言えば、それだけ『日本列島改造論』、そして『日本改造計画』は時代背景を捉えたものとして秀逸であり、読み応えがあり、完成度の高い、全体的で総合的な政策本なのである。まずは、臆することなく両書の容赦ない評価から入りたい。特筆すべきはその時代認識、時代背景だと思う。

つまり、こうだ。

『日本列島改造論』は成長する日本経済を背景に、新幹線の延伸や高速道路の敷設《ふせつ》など日本列島の改造を唱《とな》えた。人間の肉体で言えば青年期、正に国家の青春時代の課題を描いた作品だと言える。

大きく成長する肉体。そしてその成長がもたらすアンバランス。田中角栄氏自らが日本海、新潟の生まれ育ちであることも手伝い、成長する経済、発展する太平洋側、そして拡大する富の恩恵を、日本海側を始めとした国全体にもたらしたい。その情念が込められている。

冬に降りしきる雪を恨めしく思い、越後と太平洋を隔てる谷川岳を削って平らにしたい、とまで田中角栄氏は言う。その問題意識は当時の日本の状況と国家国民の利益にズバリ的中した。

増える人口、成長する経済、そして、国土の隅々にまで張り巡らすべき公共インフラ。正に国家としての青年期は、青春時代を迎えた思春期の肉体のイメージと重なる。

無限とも思える肉体の成長。ときに引き起こすアンバランス。身体の節々の関節や筋肉の痛み、歪《ゆが》みを矯正し、「国土（肉体）の均衡《きんこう》ある発展」を目指したのだ。

田中角栄氏の『日本列島改造論』は、青春時代を迎えた日本という国家の青年期の課題を捉え、それを論じた。

しかし、この本では、やがて日本の経済成長が終焉《しゅうえん》を迎え、肉体の成長が止まる日がやってくることは、想像だにされていない。

人間の青春時代と同じだ。青年期に、やがては自分の成長が止まり、成人し、成熟していくと想像しつつ、その青春時代を送る少年が、果たしているだろうか。

［3］『日本改造計画』の限界

『日本列島改造論』から21年、1993年、小沢一郎氏は『日本改造計画』を著わした。「グランドキャニオンには柵がない」という印象的なエピソードから始まるこの著書は、私なりに読み解けば、国家としての成人期、成熟期の課題を見事に言い当てている。93年当時と言えば、バブルの崩壊から数年、東西冷戦が終結し、国内外ともに新たな秩序を模索し始めた頃である。

極めつきは湾岸戦争への資金拠出と、それが国際社会から評価されなかったことのトラウマだ。

グランドキャニオンで万一事故でも起きようものなら、日本の場合、やれ政府は何をしている、自治体や公園管理者の責任は、となる。自らの過失そっちのけでお上《かみ》の責任を追及する、と小沢氏は言う。

これに対してアメリカ国民は了解の上で、自己責任を暗黙の前提におき、自己管理、自己規律できているではないか、と。

日本人よ自立しよう。そして、「普通の国」になろう。小沢氏は国連待機軍の創設を含め、国際社会に対しても、血を流す覚悟で、その平和と繁栄に貢献すべきことを唱える。

日本人に自立と自己責任を求め、国際社会の一員として平和と繁栄に身を以《もっ》て貢献する。真にその大人社会の一員になる。

思い切って解釈するならば、これは国家としての成人期、すなわち肉体の成長を終えた後に、精神的な成熟と、大人としての自覚、立ち居振る舞いを日本人に対して求めたものと言える。

正にこれも時代の課題にマッチした問題提起であり、課題認識であった。

しかし、ここでも、今後自らが成人した後、やがて老いを迎えるであろうことは想像だにされていない。

国家の青春時代に肉体の成長と、身体の歪みの矯正を説いた『日本列島改造論』。

国家の成人期に精神的な成熟と、国際社会の大人会員としての自立と覚悟を求めた『日本改造計画』。

この二冊には正にそうした時代にふさわしい課題設定と問題意識が込められていた。

しかし、逆に言えば、『日本列島改造論』が想定していなかったことは、肉体の成長がやがては止まるということだ。

そして『日本改造計画』が想定していなかったことは、やがては国家にも老いが始まり、その衰退期が訪れるということだ。

そこに新たな想定を置くことが、本書『日本改革原案』の求める時代認識であり、課題設定の根本、骨格である。

［4］国家の壮年期と闘う

『日本列島改造論』から『日本改造計画』まで、21年の歳月を要した。２０２３年はさらにそれから30年（２０１４年最初の『日本改革原案』出版までは21年）を要したことになる。

成人してから30年以上を経過した国家は、その後どういう過程をたどるのか。

明らかに壮年期、中年時代を迎えることになる。やがて放っておけば、成人病にかかり、老化が著しくなり、衰退してしまう。

日本は明らかに壮年時代に突入している。初老期を迎えたのである。これからどのような老後を過ごすことになるのか。この10年、20年、人間で言えば、40代、50代の過ごし方次第でそれが決まる。

いかに、運動し、頭を使い、食事に気をつけ、睡眠をとり、趣味を充実させ、仕事の幅を広げるのか。この時代の過ごし方次第で、壮年期は変わる。

国家も同様である。いかにアンチエイジングをほどこし、健康に、元気に、そして生きがいを見出《みいだ》しつつ、成熟期を過ごすのか。大きな大きな課題である。

日本だけではない。世界は、そして人類史から見ても、これからどういう時代がやってくるのか。イノベーションを起こすべきはどういう分野であり、新たに優先すべきはどういう価値なのか。その先にどのような展望が広がり、それは日本と世界にとって、どのような意味を持つのか。

「悲観主義は気分に属し、楽観主義は意志に属する」とはアラン『幸福論』の言葉である。悲観主義に陥ることなく、壮年期を迎えたこの国の在り方を深く見つめ直し、不都合な現実をも直視して、そこから意志を持って再生、再出発の道筋を見出したい。

それこそが、『日本列島改造論』『日本改造計画』に続く、第三の国家ビジョン『日本改革原案』の実像であり、基本的なコンセプトである。

国民の平均年齢

1972年	日本列島改造論	32歳
1993年	日本改造計画	39歳
2014年	日本改革原案	46歳
2023年	日本改革原案 同再出版	48歳
2050年	未来の成熟社会	53歳

2　闘うべき相手

［1］持続可能性の喪失

❶ 人口構造の激変

　国家の青年期、成人期、そして壮年期の課題について述べた。国家の擬人化により、問題を何となく漠然と、しかし直感的に感じ取っていただくためである。あらためて国家の壮年期の課題とは何なのか。闘うべき相手は何なのか。シンプルに、明確にして定義しておきたい。

　日本が立ち向かうべき本当の敵、それは国内最大の構造変化である人口問題を抜きにしては語れない。これほど明確で構造的で事実として動かしがたい、そしてインパクトが巨大なことは他にないからである。

　そしてその人口問題を大きく二つに分けて議論したい。一つは、人口の年齢構成である人口構造が激変していること。もう一つは、人口総量が減少に転じ、そのペースが加速していること。この二つである。

人口構造が激変しているとは、つまり高齢化が進んで高齢者が増え続け、同時に少子化が進んで若年世代が減少しているということだ。

この二つが同時進行することによって、人口構成は天と地がひっくり返るほどの激動期の中を突き進んでいる。正に天動説が地動説に変わるのである。

そしてこの問題は、「世代間扶養《ふよう》」「賦課《ふか》方式」など、社会の様々な制度が置いてきた前提を根底からくつがえすことにつながらざるを得ない。その前提の置換に成功するまで、閉じた感じ、見通せない感じ、すなわち閉塞感は続く。この前提を置き換えられない社会に「持続可能性」の回復はない。

「少ない高齢者、多い現役世代、さらに多い子供世代」という前提から、「多いお年寄り、少ない現役世代、さらに少ない子供世代」を前提とする社会へと、真逆の変化を遂げなければならないのである。

一番しんどいのは、社会の激変期と制度の移行期である。ダイエットと同じかもしれない。新たな均衡点、調和点に達するまでがしんどい。

かつてはいかなる前提のもと、いかなる制度が設計されていたのか。そして積み重ねられたマイナーチェンジは、いかに問題を先送りし、矛盾を拡大してきたのか。そのマイナーチェンジには限界があることについても知らねばならない。

同時に新たな均衡点を目指して、どのようなモデルチェンジをイメージし、改革を実行すれば良いのか。どのようなゴールを描き、どう移行期をしのげば良いのか。そこまで掘り下げて考える必要がある。

❷ 人口総量の減少

今一つ重要なのが人口総量の減少である。有史以来、日本の人口はいかなる時代にあっても、ほぼ一貫して増え続けた。激動期である鎌倉、戦国、幕末維新、戦後においても、その傾向は変わらない。おそらく古来よりそれは変わらない。

ということは、この人口総量のこれから始まる極端な減少は、過去のどの時代にも当てはまらない初めての経験であり、試練である。その限りにおいて、現在の変革期は、明治以来、あるいは戦後以来とよく言われるが、そのレベルではない。

2008年から緩やかにスタートした人口減少は、当初は年間数万人、現在年間数十万人。やがてこれが年間100万人を超え、この状態が数十年続く。明治以降、100年余りで4倍に膨らませてきた日本の総人口を、今度は次の100年でまた半減以下へと急減させる。大変な激動期だ（図表1、2参照）。

毎年100万人単位、巨大都市や一つの県に相当する人口が減るということは計り知れない

図表❶ 人口構成の激変

出典：1955年：総務省「1955年国勢調査」
2021年：総務省「人口推計（2021年10月1日現在）」
2055年：国立社会保障・人口問題研究所「日本の将来推計人口（2017年推計）（出生中位（死亡中位）推計）」

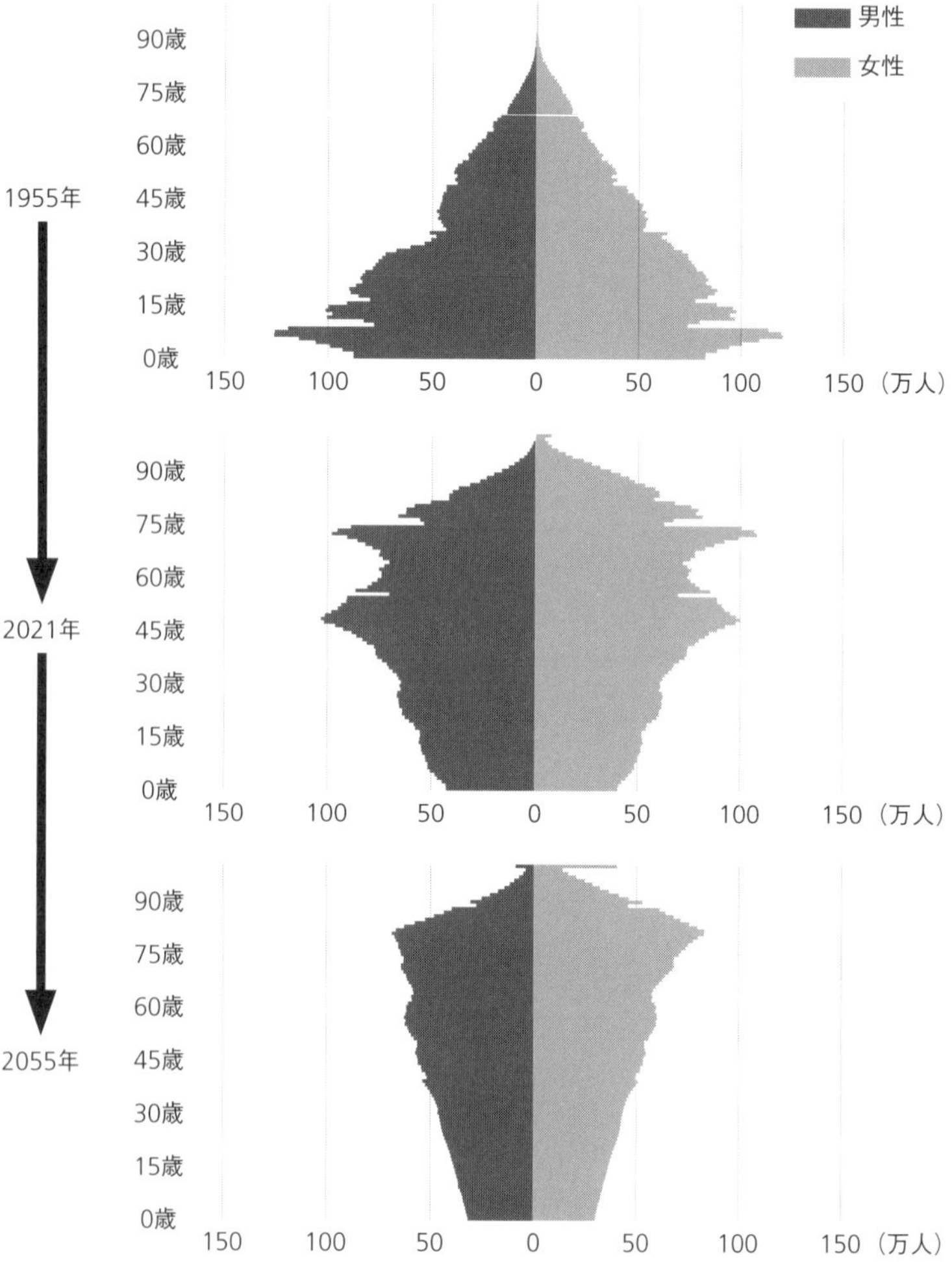

インパクトだ。国内の総需要はそれだけ減少するし、働き手である生産年齢人口も激減し、経済への巨大な下方圧力がかかる。国力低下による国際的なプレゼンスの低下も必至だ。

1億2000万人仕様で整備された、この国のインフラの「持続可能性」も大きく脅《おびや》かされる。道路、住宅、橋、学校、病院、上下水道、空港、港湾、公共施設、全てを維持できるのか。その費用は誰がどう賄《まかな》うのか。不要なものを撤去し、再整備することは可能か。重大な課題を引き起こす。

ハードだけではない。1000兆円を超える政府債務も重荷だ。国民一人当たりの負担がどんどん増していくことになる。

この下り坂の時代、『坂の上の雲』（明治期を描いた作家司馬遼太郎の作品）ならぬ、「坂の下の崖」を見つめながら、それでも人間は平穏に暮らせるのか。心理的にも大きな課題を引き起こすに違いない。

日本列島が、歴史上初めて見舞われる本格的な人口減少。これは何故なのか、一体どういう背景をもつのか。そしてそこにどう立ち向かうべきなのか。世界史的、人類史的にまで見る必要のある大激変である。

❸ もう一つの持続可能性～エネルギー環境問題～

人口問題に関連して、もう一つ、最も深刻で、本源的な社会の持続可能性について触れてお

図表❷ 日本人口の長期推移

出典｜国土交通省、総務省、国立社会保障・人口問題研究所の資料より作成

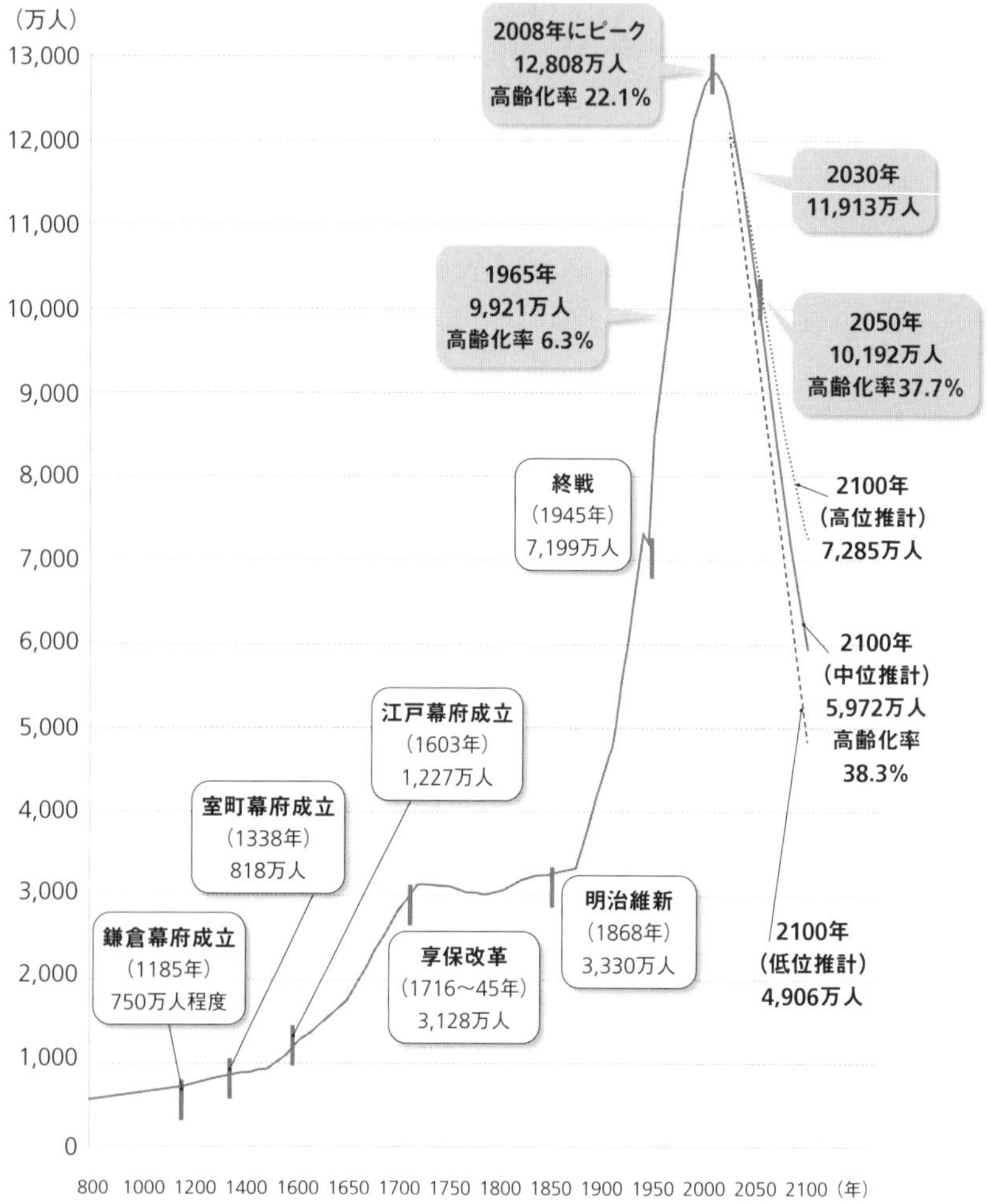

きたい。

エネルギー環境問題だ。

東日本大震災と原発事故を契機として、にわかにエネルギー問題がクローズアップされた。しかし、このエネルギー問題は震災のあるなし、原発事故のあるなしにかかわらず、現在の地球を覆う、最も本質的で構造的な重要問題の一つだ。これが変革を迫る最大の構造要因だ。

この変化は、産業革命以来、数百年の単位で訪れた巨大な変革期の啓示と見るべきだ。新たな均衡点に到達し、持続可能性を回復しない限り、エネルギーの枯渇、地球温暖化、巨大台風、竜巻被害、生態や植生の変化、海面上昇、水や食料の不足など、あらゆる生命の存立を根底から脅かす。世界が四苦八苦する。

化石燃料は動植物の死骸が変成したもの。いわば地球の歴史が始まって以来過去46億年間、太陽光のエネルギーが固定化されてストックされたものだ。産業革命以降の数百年は、このストックの太陽エネルギーと、フローで降り注ぐ太陽エネルギーをハイブリッドで利用した極めて排気量の多い、珍しい時代だ。そしてそれは、毎月の給料に加えて、貯蓄を取り崩す生活に似ており、それ自体に「持続可能性」がない。

そして、実はこのエネルギー問題と、人口問題は密に絡み合っているのではないか。根は一つではないか、というのが本書の根本メッセージの一つである。

検証は難しいが、ここまで到達できて初めて、日本の置かれている現状が、世界に先駆けたものであり、だからこそこれに対する正しい取り組みは、世界の変革を主導するものであると明確に展望することができる。

［2］超国家問題

この人口問題、背後に見え隠れするエネルギー環境問題、さらには金融、投機資金、多国籍企業、法人税、情報流出、ありとあらゆる困難は国境を越え、影響は国境をまたぐ。

この「超国家問題」とも言うべき課題への日本単体での取り組みには限界がある。世界のどの国にとってもそうだ。

率直に言って先進国も途上国も、世界の政治が共通して機能不全に悩まされている。それもそのはずだ。今や全ての問題は国境の外からやってきて、影響は国境の外に及んでいくにもかかわらず、我々は未《いま》だ国境の枠内でしか有権的に取り組む術《すべ》を手にしていない。

各国の国内政治は自国の国民生活に関わる重大な課題を的確に処理できない。国連を始めとした多国間の枠組みも、形はあるが、やっかいな課題の利害を調整し、実効ある解決策を提示できるところにまで至っていない。

これもまた、今後、人類の歴史上初にして、最大の挑戦となる。これだけ複雑に国境を越えて利害が錯綜《さくそう》し合う世界にあって、それに有権的に取り組むことができない国際社会に「持続可能性」はないからである。

かつてはジャパンアズナンバーワンと言われた時代があった。バブル期の日本のGDPは世界の2割を占めた。現在、その割合は1割を切り、やがては数%となる。中国を始めとした新興国が激しく台頭している。

いかにして日本は相対的な地位低下をくい止め、プレゼンスを取り戻すのか。もはや人口や経済のスケール、ロットではないだろう。

必要なのはあらたな「価値」だ。「資質」だ。国家としての人望、徳望だ。世界を覆う課題に本格的に取り組み、その解決策と新たな国家と社会のモデルを提示し、その価値を原動力に世界をリードする。

世界の変革を主導し、国際公益に貢献する新たな日本のプレゼンスを確固たるものとする。世界に冠たる「価値」で輝く国、日本をつくる。

あらためて課題を整理しよう。今、日本そして世界が抱える課題。それは、次のページの通りである。

一、人口構造の激変

二、人口減少の加速

三、エネルギー環境制約

そして最後は、

四、超国家問題への
　　国際政治の遅れ

以上の四点である。

3 第三の国家ビジョン

［1］不都合な現実を直視できるか

❶ 社会にくすぶる焼け野原待望論

今とこれからの日本を考えるに当たって、課題を定義した。同時に世界が共通して立ち向かうべき課題についても触れた。さて、問題はそれを真に共有し、有効に解決に向けて実行に移せるかどうかである。私には期待と不安の両方が錯綜している。素晴らしく変革を遂げた明治の日本と、ずるずると大戦に引きずり込まれ甚大な惨禍《さんか》を招いた昭和の日本と、この二つを歴史として知っているからである。

図表3を見て欲しい。日本の政府債務が対GDP比何割を占めるかを歴史的に見たものだ。現在1000兆円を超えたと言われる政府債務は、既にGDPの2倍を超えているが、過去に

図表❸ 政府債務残高の名目GDP等に対する推移

出典｜財務省「社会保障・税一体改革について」

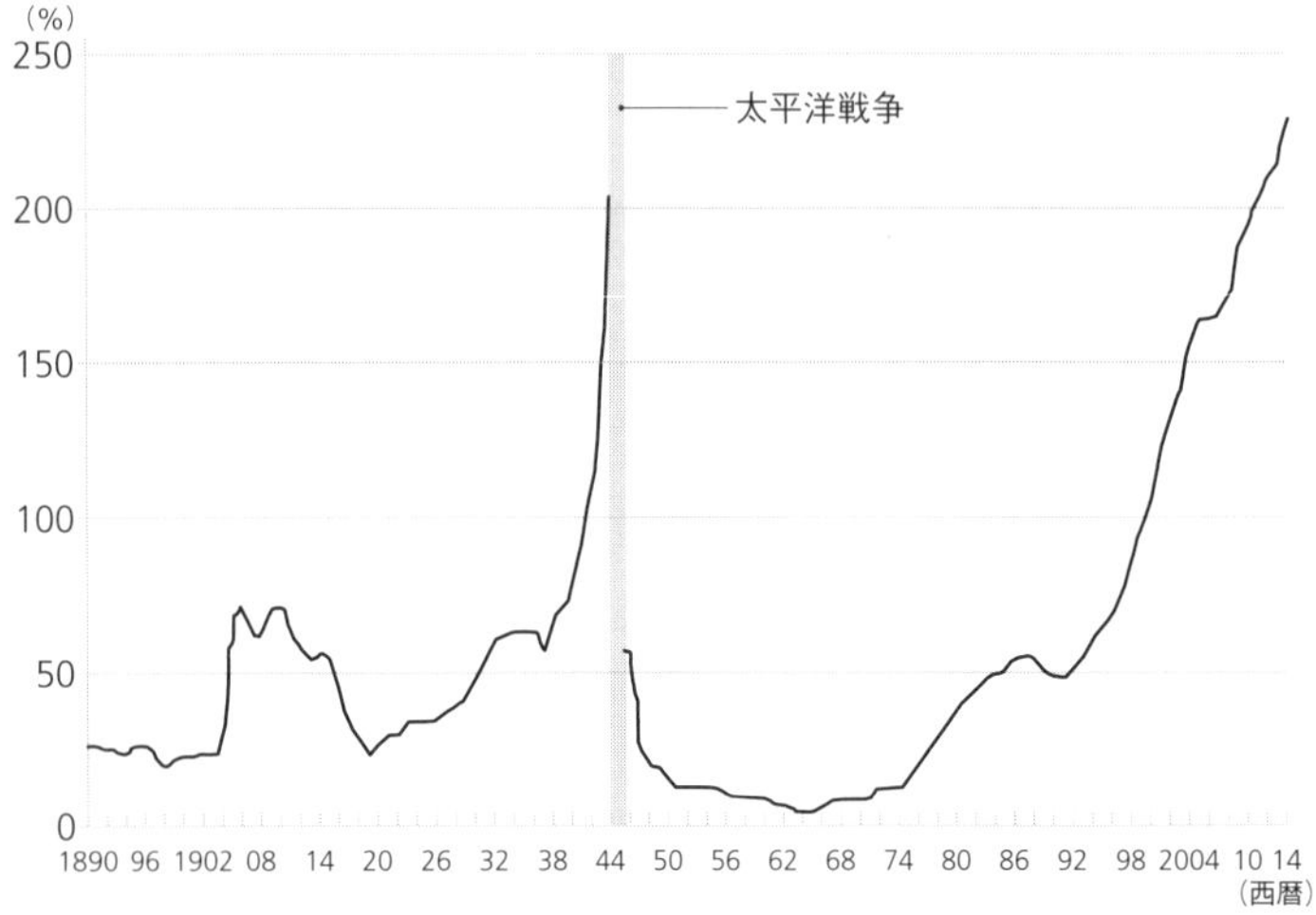

一度、同じ経験を日本は経ている。

現代でも、時代が変わるのに政治と社会が追い付いていない矛盾、膿《うみ》は全て国家の負債という形で積み上がっている。

そして同じような事態が戦争中にも次元が違う形で起きた。泥沼の戦争を前に、戦費調達のための国債が大量に発行され、それを直接日銀に引き受けさせた。ついにその規模は大戦末期、当時のＧＤＰの2倍に達した。現在の国債は、主に社会保障給付のためであるが、財務状況は酷似している。

ではこの借金はどうなったのか。返せたのか。

答えはＮＯだ。

１９４５年の敗戦と同時にＧＤＰは急上昇する。経済が成長したのではない。物価が上がったのだ。急激なインフレである。開戦時

450億円だったGDPは10年後、独立を回復した1951年には5兆4440億円と100倍以上に跳ね上がった。これは真の経済成長ではない。あくまで名目上の話だ。この間物価は200倍に跳ね上がっている。

戦後の金利を見ても、物価の上昇に合わせて、特に1946年以降、10％近くにまで急上昇している。当然のことながら、物価と金利の両面において、急激な調整が行われたのである。

これにより、政府債務の対GDP比は急激に低下する。借金はチャラになり、国民の側からすれば踏み倒されたのである。亡き祖母がよくぼやいていたという。「大切にしていた虎の子の保険金も天ぷら二本買ったら消えてしまった」と。日本中のあちこちでそうした状況が起きた。

円の現金、預金、債券に当時あると信じられていた価値は、実はその200分の1しかなかった、ということがバレた。預金や紙幣は虚構であり「空」手形に過ぎなかったことが白日のもとにさらされたのだ。

若者の間に、いわゆる「焼け野原待望論」があると言われる。激しいインフレで、預金の価値が減じても、それは多額の預金を持っている高齢者が心配することで、若者には関係ない。経済や雇用が混乱すると言っても、それは決まった賃金と退職金、年金に守られた正社員の話であり、若者の多くはそもそも対象外であるという。

財政破綻で困るのは、むしろ守られた人々であり、持てる者たち。いっそのこと若者にとってはこれらの秩序が一度破壊され、一面に焼け野原が広がった方が、環境はリセットされ再出発のチャンスをつかめる。どこか不気味で恐ろしい、しかし本質論でもある。

政府が借金を積み重ね、最終的にインフレを起こせば、実質的には政府が金持ちから金を借り続け、最終的にはそれを踏み倒すことを意味する。増税は一般国民、有権者の反発が強い。そうした反発を避けるため政府は増税を回避して借金に頼る。国内外の資産家は直接間接、政府に金を貸し、最終的にはそれが紙屑《かみくず》となる。

こうした急激な調整過程で、矛盾を一気に解消することはある意味、魅力的ですらある。しかし、そうすることで一体何を失うことになるのか。それは自信と誇りではないか。国家と国民、国民同士が互いに信頼し、約束は違《たが》えない、という一等国としての誇りではないか。

急激かつ強制的な調整過程に委《ゆだ》ねざるを得ない状況とは、とりもなおさず、自らの自己規律、自己統制の失敗である。自らの意思と政治的コントロールで自らを制御できなかったということの告白である。

今一つ、日本を捨てるという議論がある。海外への脱出である。しかし強調しておきたい。日本を出れば出るほど、かえって日本人であることを思い知らされる。世界のどの人から見ても、私たちが「日本人」であることがファースト・アイデンティティだ。結局日本人であることからは逃れられない。日本を良くすることを通じてしか、私たちの自尊心を本格的に満たす道はない。

❷『失敗の本質』

敗戦とその後の惨禍に至った戦前戦中の根深い問題を見ておきたい。不都合な現実を直視する力、合理精神のもとに判断を積み重ね決断を下す力。政府が国民に説明し、説得する力についてである。泥沼に至った太平洋戦争はその教材として十分過ぎる。

１８６７年明治政府の樹立。その後の西南戦争で新旧対立の決着が図《はか》られ、帝国議会開設と藩閥政治がスタート。この間、日清・日露戦争に勝利し、参戦した第一次大戦では戦勝国に仲間入り。国際連盟の常任理事国となり、国内も好景気に沸いた。１９１８年、原敬が総理大臣に就任し、平民宰相、大正デモクラシーの時代となる。しかし、この時代は13年間で11人の首相が交代するという政治的に不安定な時代でもあった。

その後時代は徐々に暗転する。昭和の金融恐慌と世界恐慌、１９３１年には満州事変、翌年の五・一五事件と次第に軍事色が強まる。１９３６年の二・二六事件、日中開戦と決定的な出来事を経て、その後敗戦までの大半は、軍人官僚が首相官邸を握り、泥沼の戦争が遂行された。

この時代をどう反省し、どう総括するのか。

米英などに資源確保を断たれたがための自衛存亡の戦争だった。欧米列強からアジアを解放する正義の戦争だった。こうした色合いも皆無とは言えないだろう。しかし結果として、日本と日本国民、周辺諸国民に対して多大な苦痛と深刻な犠牲を強《し》いたことは紛れもない事実だ。正当化すれば済む話ではない。大いなる反省と総括なくして、次代はない。

研究者に共通する見方はこうだ。軍部の独走が強まる中、政権中枢に断固たる決意と総合判断が見られなかった。無責任と不決断が連続した。軍部は事を楽観的に想定し、都合の良い作戦を構え、事後的にそれを追認し、取り繕うことを重ねた。矛盾に満ちた自己保身的な態度と決定が、事態を悪化させ影響を深刻化させた、というものだ。

『失敗の本質』(戸部良一ほか著)、そして『「空気」の研究』(山本七平著)の両名著は、この分野の研究と分析で名高い。両著は日本人の特性というべきものを深く掘り下げて核心に迫る。今、本気で「闘うべき相手」の正体を見せてくれる。そう思えてならない。

『失敗の本質』によれば、日本海軍の失敗は、速やかに航空戦力主体に転換すべきと主張した内部の意見が受け入れられず、日本海海戦という過去の成功体験、すなわち海軍の伝統たる大艦巨砲主義に固執したことにあったという。

陸軍内部では、沖縄戦において総攻撃を避け、各地で立て籠《こ》もり持久戦に持ち込むべきとの主張が入れられず、「臆病風《おくびょうかぜ》に吹かれた」「精神力が足りない」などと突撃が主張され、多大な犠牲を軍民双方に強いた。持久戦の主張は、後にこれを知った連合軍を震え上がらせたというではないか。

『「空気」の研究』は、空気や情緒が支配しがちな日本社会の特徴を喝破《かっぱ》する。不都合でも現実を直視し、客観的に物事を捉え、合理精神で解決策に導く。それを内外に論理的に説明し、説得し、実行する。そういう過程を得意としないところに、日本という島国の国民性が見出されるというのである。

現代も同様ではないか。現実を直視せず、楽観論に逃げ込み、破綻するまで気づかないフリをする。そうした傾向が我々にないか。一人ひとりが自問自答すべきだ。

『転落の歴史に何を見るか』（齋藤健著）は、明治の改革の成功は、統治者としての総合判断を求められた武士階級の存在によるところが大きかったと言う。しかし、昭和の日本政治は軍部のエリート官僚に担われた点に難があった、とする。

陸軍士官学校や海軍兵学校で、軍事の専門的教育は受けたかもしれないが、内部の派閥抗争や出世競争、官僚特有の事なかれ主義、限られた担当分野でしか物事を考えられない部分性、省益の対立などの組織病理、これらの弊害に見舞われ、指導的立場にある人物が、常に総合判断と不退転の決断を回避した。その能力と責任感覚に欠けていたというのだ。

これらが権力中枢に真空状態を創り出し、国家の統率を脅かし、合理精神と客観的判断を機能不全にし、嘘の上に嘘を重ね、保身と無責任が横行した。この惰性と慣性が無謀な戦争を遂行させた。

そして今、人口減少、超高齢化という国内の構造変化に正面から向き合わず、専門官僚が幅を利かせ、省益と部分最適優先の虚構が積み重ねられている。「成長」が全てを解決すると、今なお原発の「安全神話」ならぬ、経済の「成長神話」が真実を覆い隠す。逆に破綻が全てをリセットすると、傍観者の視点が横行する。

そんな日本をいつまで放置するのか。問われているのは私たち自身の当事者意識と責任感覚だ。

大きな変革期を乗り切るには、従来の楽観的な見通し、準備の怠り、そして不都合な現実から目をそらす取り繕い、指導的立場にある人間の自己弁護と自己保身、薄々気づきながらも傍観する国内の空気と国民の姿勢、これら全ては許されないのである。

［2］全てを乗り越える視座

近代の歴史に希望と不安を半々で抱えつつ今後の日本を語る。これからの国家ビジョンを示す。鍵となるのはやはり不都合な現実の直視だ。これが全ての出発点となる。その上で合理精神を発揮し、抜本的で具体的な対策を難産の末に生み出す。さらに現在から将来に至る移行期を、安定的にしのぐプランを描ければベストだ。

成長期の呪縛から離れ、状況に的確に対応し、将来に向けて変化に強い柔構造を日本の中に創り出す。課題解決先進国家として世界に輝く価値を発信する。

そのために、これまでのお任せ主義や逆に切り捨ての発想、重厚長大、一極集中、前例踏襲といった成長期の価値観、硬直化した社会の仕組み、物質的豊かさを最優先とする世の中と決別する。

新たに以下の視座を獲得するのだ。

自助自立とセーフティネット

個人も企業も地域も、基本的には自助自立を旨とする。自らのことは、まず自らで決着をつけ、生きている限り社会に貢献し、価値を生み続ける。一方、社会が最低限備えるべきセーフティネットは十分に用意し、ハンディを背負った人々、一度失敗に見舞われた人々を含め、広く下支えする懐《ふところ》の深い社会をつくる。暮らしに安心感と緊張感、社会に安定と活力の双方をもたらす。

流動化と分散化

経済価値やエネルギーを生み出す単位は、国際結節点を担うものを除き、可能な限り流動化・分散化し、各地の多様な挑戦を支援する。変化の兆しを国中で模索し、自立したそれぞれの単位が、リスクを取って価値を追求する。見出した成功の兆しには、十分に資源を集中し、いち早くそれを大きな価値に育てる。

フラットで公平

画一的な人生設計を前提とせず、多様な価値観とライフスタイルを旨とした寛容で柔軟な社会をつくる。年齢、職業、性別などによる区別と差別を一掃し、一本化された簡素で分かりやすい仕組みを採用する。負担も一部に偏《かたよ》ることなく、薄く広く分かち合うことで、全ての人が権利者となるフラットで公平な社会を実現する。先送りによる負債の蓄積も、遺産の食い潰しも行わず、今のものは今清算することで社会の持続可能性を担保する。

トレードオフと合理精神

これからの政治も変わる。富の総量が減っていく中で、必要なことを行い、そうでないものは捨てるトレードオフの判断と覚悟が求められる。増大する富の分配ではなく、社会を存続させるための負担を正面から議論できる信頼性が求められる。同時にトップダウンで全体最適を描く、国家経営にふさわしい力量が求められる。もちろん、そうした価値観は国民一人ひとりにも求められる。

日本は国際社会の一員として高い当事者意識を持ち、世界の問題を自らの問題とするべきだ。日本の課題を解決することを通じて、世界に貢献する。ブータンがかつて示した「ＧＮＨ（国民総幸福量)」、スイスが示した「永世中立」は、世界にとっての価値だった。日本は新たな時代を担う価値を創造するのだ。

現在は深刻な状況にあるとしても、一度目標が明確となり、共有すべき方向性を手にすることができれば、日本の底力は計り知れない。一丸となって進むときの日本と日本人の力はすごいのだ。

以上の視座を踏まえて、さあ第三の国家ビジョンに進もう。「日本改革原案」の本体だ。

［3］第三の国家ビジョン～日本改革原案～

変化に強い柔構造を日本の中につくり、価値で世界に貢献する日本を実現するために、第三の国家ビジョンを策定する。

本格的に取り組むべき課題は既に提示した。「人口構造の激変」「人口減少の加速」「エネルギー環境制約」、そして「超国家問題への国際政治の遅れ」である。この四つの課題に取り組むべき国家戦略として、以下の四つを挙げる。

「生涯現役」「列島開放」「環境革命」、そして「国際社会の変革」である。

これが「日本改革原案」の柱であり、この実現を通じて、国内に蔓延《まんえん》する閉塞感を打破し、同時に超国家的な課題解決に向けて真摯に貢献する。

「生涯現役」は文字通り、これからの時代、あらゆる人々が健康寿命を大切にし、生涯を通じて社会貢献し、応分の報酬を得る世の中を構想する。お年寄りも生涯を通じて貢献するし、性別を問わず全ての人が生涯を通じて社会とのつながりを維持する。そのための環境整備は国が行う。女性であれば妊娠・出産のサポート、また、子育てや介護のある人もサポートする。高齢者であれば気力や体力に応じた柔軟な働き方を用意し、意欲ある人が様々な形で社会に貢献する道を開く。そのための雇用制度、雇用環境を整備し、同時に安心感のある、持続可能な社会保障制度を再構築する。

「列島開放」は、これまで以上に国を開くということだ。

人口が減少する中にあって、文字通り外国から人や富を招き入れるだけでなく、規制を緩和し、多様性を受け入れ、社会をオープンなものにすることで多くの創意工夫を生み出す。変化の種を日本中に蒔《ま》き、見込みのある兆しを大きな価値に育てるべく社会全体でサポートする。生まれたイノベーションは海外に輸出し、世界の課題も日本の技術で解決する。そこから多くの創業者利益と憧れや尊敬を獲得する。同時に雇用規制や退職金税制等、硬直的で人を一箇所に縛りつけてきた社会の内なる制約からも人々を解放する。多様な価値観と安定的かつ流動的な雇用市場が社会の成長性と、安定性を同時に高める。人や企業が世界に羽ばたき、世界に価値をもたらすための人材育成を支援する。

「環境革命」は、産業革命以降の持続不可能なエネルギー環境構造からいち早く脱却し、今後、数百年、数千年単位で持続可能な、経済社会モデルを創出する。震災と原発事故という十字架を背負った我々こそが、この問題に誰よりも真剣に取り組み、短期・長期の両面で、答えを出し、世界を主導する。

最後に「国際社会の変革」。日本単体で、あるいは世界のどの一国でも有効に対処し得ない世界の課題に、超国家の枠組みで取り組むことを提唱する。世界の未来を担う主要国としての自覚を国民一人ひとりが持ち、当事者として貢献する。国境を越えて発生し、波及する「超国家問題」の解決に向け、国を挙げて取り組み、世界から利益と尊敬を獲得する日本の姿を思い描く。

いずれも現行制度の修正にとどまらない、「革命的」とも言える変革である。現在まで当然のものとしてきた前提、思想、哲学、価値観を組み替え、優先順位の変更を迫るものだ。同時に、未来に向けて避けて通れない、私たちの世代分の責任を果たすために、必ずや成し遂げなければならない変革でもある。

まず全ての原動力となる国内の変革すなわち、

「生涯現役」「列島開放」「環境革命」

この三つについて、その詳細を述べ、ともに考えていただく。

第三の国家ビジョン

「日本改革原案」

2050年競争力ある福祉国家へ

三つの革命

一、生涯現役

二、列島開放

三、環境革命

そして国際社会の変革

Ⅱ　三つの革命

4　生涯現役

［1］生涯現役社会への針路

まず三つの革命的変革の一つ目、「生涯現役」について考える。何故、様々な改革論議の中で、一番に「生涯現役」を論じ、雇用政策や社会保障改革を訴えるのか。

それは、今後数十年続くと見込まれる人口減少、高齢化率の上昇という二大試練と闘うに当たって、ここが最大の難所であり課題の本丸との認識に立つからである。

何故そうだと言えるのか。

理由の第一は、人口動態が事実として動かし難く、将来を客観的に予測できる唯一の指標だからである。そして、これほど社会に対して確実に、巨大なインパクトをもたらす事象は他にないからである。

人の死亡率や出生率は一定の範囲内だし、人は毎年一つずつ歳をとる。この当たり前の事実を積み重ねた結果が人口動態であり、人口推計だ。これはほぼ確実と言っていい。

理由の第二は、現在の社会保障給付費が、その規模から言って、他にないほど巨大だからだ。例えば東京オリンピックの誘致、この投資総額は8年間で1兆円余り、経済効果の規模も3兆円程度と言われている。また、夢のプロジェクトであるリニアモーターカー。これも投資額は10兆円だ。

しかし、年金支給額は毎年53兆円、国民医療費も毎年43兆円。規模がけた外れに大きく別格だ。国家予算の一般会計、特別会計の純計総額約200兆円のうち、歳出の大半を占めるのは、借金返済の約80兆円と、年金医療の約80兆円。これだけで全体の約8割が消える(図表4参照)。

最後の理由は、社会保障の持続可能性を回復し、そこに安心感をもたらさない限り、私たちの暮らしも経済も伸びやかに営まれることはないからだ。決して消費も投資も安心しては行われない。最低限であっても、きちんとマットを敷き詰めていなければ、人は自由に飛び跳ね、競技し、時に難易度の高い技に挑戦することはできないのだ。

①確定的で危機的な予測、②規模や影響の圧倒的大きさ、③暮らしや経済の安心の基盤、この三つの理由から、全てに先んじてこの改革を論じる。改革の一丁目一番地と位置づける。これは最大の構造改革であると同時に、最大の経済政策であり成長戦略でもある。

日本社会の持続可能性を脅かす最大の要因の一つが人口構造の激変だと何度も述べた。若者

図表❹ 総予算(統計)の概要

	2012年度	2023年度
予算総額	229	254
国債費	85	82
社会保障関係費	76	100
地方交付税等	20	20
財政投融資	16	13
公共事業関係費	6	6
教育及び科学振興費	6	5
人件費	3	3
防衛費(含人件費2兆円)	5	10※2
その他政策経費※1	11	15

(単位:兆円)

※1:予備費(一般予備費、新型コロナウイルス感染症及び原油価格・物価高騰対策予備費、ウクライナ情勢経済緊急対応予備費等)、食料安定供給関係費、エネルギー対策費など。
※2:防衛財源確保法による特会分(3.4兆円)を含む。
財務省資料より作成

が圧倒的に多かった時代の仕組みは、高齢者が圧倒的に多くなる時代には成り立たない。

ここで最初に議論するのが「生涯現役」構想だ。もちろん生涯をフルスピードで働き続けるという意味ではない。あくまで年齢とともに衰える気力、体力に応じて、しかしそれでも生涯を通じて応分の貢献と収入の機会を得る。そんな柔軟で年齢差別のない雇用環境、社会を創るということだ。

変革を進める際に一番求められるのは安定性や安心感だ。最低限の安心を社会が用意しつつ、生涯を通じた自助自立を促し、個人の安心と社会の活力の両立を図るのである。

この章ではまず、日本社会の持続可能性を脅かす最大の要因の一つである人口動態の激変について、歴史的な経過を含め全体を俯瞰《ふかん》する。

その上で、いかにして持続可能な社会を取り戻すのか、社会保障制度はもちろんのこと、それを支える経済・雇用制度について具体的に考える。

同時に、一見厳しいように見えるこの「生涯現役」構想は果たして苦痛の時代なのか。その根本を問い直す。個人の人生、日本社会全体にとって、むしろ幸せな選択肢となる可能性はないか、その点を探る。

さらに厳しい時代に対応する、具体的な年金・医療制度改革の方向性を議論する。ただし、今だけがとりわけ厳しい時代だと甘えてはいられない。私たちの親世代は貧しい子供時代を過ごしたし、祖父母世代は戦争の時代を生きた。その前となればもはや幕末維新の混乱期だ。それ以前の時代には人権という概念すらない。どの時代も圧政、飢え、貧困、天災、内戦と隣合わせだった。人は皆短命だったのである。

どの時代、どの世代にも、それなりの苦労と試練がある。しかし、どの時代も、どの世代も例外なく、それを切り抜け、乗り切ってきた。他の世代にやれて、私たちの世代にやれないはずはない。

さらに踏み込む。今度は、生涯現役構想を実質化する雇用市場改革だ。これが鍵となる。それがいかにライフスタイルや価値観、人生全体にトータルな影響を及ぼすかを考え、合わせて女性の生涯現役についても考える。

そして最後は、社会保障から受ける恩恵の次世代への還元だ。

いずれも深みがあり、本質を捉えた議論を目指す。

以上が、「生涯現役」構想の全体像であり、目指すべき針路だ。

では、まず具体的に人口構造の激変が、いかに世代間扶養の仕組みを劣化させ、その持続可能性を崩壊させてきたかを見ることから始めよう。

［2］世代間扶養に持続可能性はない

最初に、現在前提とする「世代間扶養」の仕組みと、歴史的経過、そして今後の持続可能性を見る。

現在、既に超高齢化社会に突入していると言われるが、その割合は２０２２年時点で29％、実はまだまだこれは序の口だ。最終的に２０５０年の近未来には40％近くにまで到達し、その後その状態でほぼ固定化することが想定されている。

そもそも、長く生きることは幸せの象徴だったはずだし、超長寿社会の到来は人類の悲願でもあった。そして、日本は世界に先駆けてそこに到達した。

しかし、何故今の時代それがあたかも不安の象徴、むしろ閉塞感の象徴のように語られるのか。それは社会が一定の人口構成のもとに設計されたにもかかわらず、その前提としてきた人口構成が変わったからである。持続可能性を脅かす最大の要因は、社会の変化に対応しきれていない制度の硬直性にある。

何故、長寿を謳歌し、超長寿社会に移行することが、社会の持続可能性を脅かしたのか。その原点を探るためには、社会が設計された１９６０年代の日本に遡《さかのぼ》る必要がある。正に第一次東京オリンピックが開催された頃の日本である。

この頃は、東京オリンピックの開催に加えて、新幹線の開通、高速道路の敷設など躍動感あふれる時代だった。高齢化率は約６％、国民の約20人に１人が年金受給世代だった。若者の年金保険料は月額わずかに１００円からスタートし、国民の平均年齢は29歳、会社の定年は55歳。平均寿命はようやく男性が60歳代半ば、女性が70歳代に達した頃だ。

当時の日本の人口構成は、ごく限られたお年寄り、はるかに多い現役世代、そしてさらに多い子供世代という、きれいなピラミッド形をしていた。正三角形に近い。そして毎年、さらに多くの子供たちが生まれていたために、その状態が永く続くと誰もが漠然と考えていた。

この時代、大量の現役世代が、少数のお年寄りを、一人当たり極めて少ない負担で、十分に支える、という社会の基本構造が採用された。世代間扶養を前提とした国民皆年金・皆保険の創設である。

この制度は、若者がこの先も永遠に増え続ける限り安泰で、若者の低い負担と高齢者の高い福祉という、両者の極めて幸せな関係を結ぶことができるはずだった。

しかし実際にはどうだ。親がいて、子が増えて、孫が増えて、ひ孫が増えて……その先次世代が、必ず上世代より多いという前提、どこかで見たような構図である。そう、「ねずみ講」だ。

超長寿化の進行と合わせて、現世代より次世代が必ず増える、という前提を置く社会。当時は当たり前と幻想し、とりあえず今は行ける、と判断したかもしれない。

しかし、ちょっと立ち止まって冷静に考えれば、そんなことはあるはずがない。実現不可能だから、法律が禁止しているのに、あたかも国家が先頭に立って推進したようなものだ。言葉悪く言えば、国家自身が講じた最大のねずみ講であり、その限りで詐欺的とも言える。社会の持続可能性を喪失させ、国民を不安と閉塞感のもとに置いた最大の原因はここにある。

それから半世紀以上が経過した２０２２年には、高齢化率は当時の約６％から29％へと上昇し、人口構成はひょうたん形へと移行した。上の出っ張りは戦後のベビーブーム世代、いわゆる団塊世代で、同年齢が約２５０万人いる。現在75歳前後のお年寄りだ。下の出っ張りは団塊ジュニア世代で、私たちの世代。現在50代前後で、同年齢が約２００万人いる（図表１参照）。これ以降、年齢が下に行けば行くほど絶対数は減少する。いわゆる少子化の進行である。

この少子化の問題については、出産可能な世代自体が減少したことと、女性一人当たりの出生数が減少したこととが入り混じっている。前者は自然的に、後者は社会的にさらに少子化を進行させる。社会的要因の主たるものである晩婚化や未婚化は、雇用の不安定化なども大きく影響していると思われる。

いずれにしても60年代に基礎が設計された現在の社会制度は、次世代のさらなる増加を前提としているだけに、その前提が崩れれば、制度そのものが挫折する。持続可能性が脅かされ、崩壊するのである。

それでもここまでは、制度の基本は変えずに、給付をわずかに切り下げ、負担を大幅に引き上げ、さらに不足する財源を借金で賄ってまで、だましだまし続けてきた。数字のやりくりで根本問題から目をそらし、さらなる事態の深刻化を許してきた。

現在高齢化率は29％、約3人に1人が年金受給世代であり、平均寿命は男性が81歳、女性は90歳に達しようとしている。国民年金の掛け金は、月々1万6000円を超えた。

しかし、この高くなった掛け金、若年層の雇用の不安定化と低賃金化により、支払いが困難となっており、国民年金にあっては2割が未納である。

さて、この高齢化率の上昇カーブである（図表5参照）。先に述べたように、さらに今後、毎年平均0・5％ずつ上昇し続け、2050年頃には40％近くという、超高齢化社会の限界へと到達する。そして、そのまま40％近くで高位安定し、その後も固定化することが想定されているのである。

しかし、逆に言えばである。これが一つのゴールだ。目標とすべき地点である。高齢化率40％近くに到達する2050年を目標に、それまでに、それに耐えられる日本社会へと、変化を

図表❺ 高齢化率の推移

出典｜2055年までは、国立社会保障・人口問題「将来推計人口」データ、2056〜2105年は同じく「超長期参考推計人口」データ、これらの数値からの国会図書館による推計

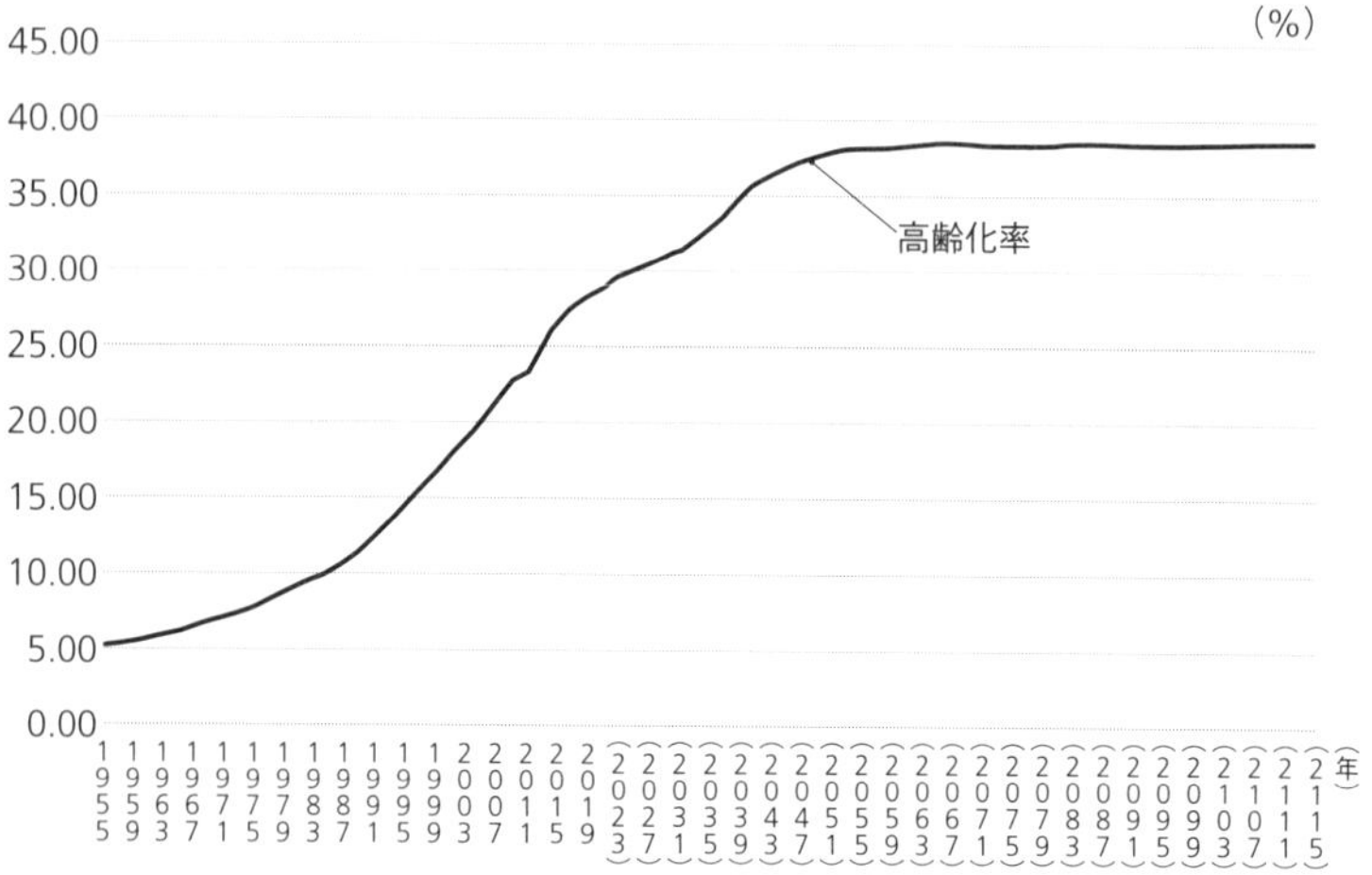

遂げ、移行を進めるのだ。

そして、その変革は早ければ早いほど効果的だ。改革の効用は高まり、後々まで良い影響が増幅する。むしろこれを、明るい見通しとし、この底なし、いや、青天井に見えた高齢化率の上昇に「ゴール」があることを信じて、社会を正しく変革するのだ。

ターゲットは２０５０年。そのときまでに、いやできるだけ早く、持続可能な状態へと変革を遂げる。社会の移行を実現し、見通しをもたらすのである。

人口構成における１９６０年代の正三角形が「天動説」だとすれば、２０５０年の逆三角形は正に「地動説」だ。「高齢者が少なく、若者が多い」構造を「高齢者が多く、若者が少ない」構造に置き換えなければならない。継《つ》ぎ接《は》ぎで対応してきた旧来の発想を飛び

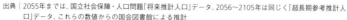

越え、この際、基本哲学を変更する。天と地をひっくり返す。思想的には不連続、断絶を。そして制度的には連続性と安定とを重んじ、社会の変革を安定的に推し進めるのである。

一律一概に「若者が高齢者を支える」と年齢で区切ってきた旧来の発想を改め、能力別に世代内で、強者が弱者を支え、ときに強者と弱者は入れ替わる。それを前提とする社会へと移行する。

加齢により、気力、体力、器官的な衰えは進行する。50歳を過ぎた私も実感する。自然人としては、確かに「高齢者は弱者」であり、「若者は強者」かもしれない。しかし、社会的主体として見たとき、資産や所得、就労の状況などを含め総合判断しなければならない。少なくとも一律年齢において区別することから脱却する。

会社の大小はあれ、ほとんど全ての人が正社員になれた60〜70年代は人口増大と経済成長の恩恵により、年功序列で賃金が上がり、退職金の恩典を受けられた。高齢者が少なく、社会保障の負担も少ない中で大きな給付を受けることができた。しかし現在、非正規雇用が拡大し、人口減少による低成長、高い社会保険料負担、将来の少ない給付と、両世代間の強弱を単純に論じることは難しくなっている。

現在、個人が保有する純金融資産の6割超は60歳以上の高齢者が所有していると言われている。推計によれば、生涯を通じて3000万円の社会保険料を負担し、6000万円の年金、医療、介護の給付を受ける世代がある一方、生まれた時代によっては6000万円の保険料負担に対し、給付は３０００万円に満たない、という赤字世代も出てくる。この状態の社会に持続可能性はない（図表６参照）。

若い世代にとって、高齢者は親であり、祖父母だ。こよなく愛し、支えたい対象である。しかし、社会制度として考えた際、そこに無理が生じるのであれば、次世代の夢や希望のためにも正しく変革を起こさなければならない。安定して働けない、経済力がない、結婚できない、子供を産めない、といった次世代の基盤をますます弱体化させてはならない。

適正な給付と負担という公正な社会制度のもとに置かれ、努力は報われると実感でき、人口構成の変化にかかわらず、社会の持続可能性を回復できれば、将来への見通しを持てる。この社会は確かに続いていくとの確信を持つことができる。言い知れぬ不安や閉塞感から解放され、生きがい、やりがいを取り戻し、息苦しさのない社会を回復することができる。

全く白地から新しい制度を描ける訳ではない。既にこの制度で60年以上の歳月が経過した。そこには全ての世代を通じて、大小の既得権、期待権が発生している。いかにしてこの移行期をしのぐかは、白地から絵を描くより格段に難しい。しかし、そこに英知を結集し、安定的に、十分な経過措置を講じつつ、確実な変革を推し進めるのだ。そこには最大の政治的指導力、その背景となる全国民の徹底した議論と対話が必須だ。

いずれにしても、事態は刻々と切迫化している。長生きすること自体がリスクとなり、心配しなければならない時代においては、全ての国民が当事者だ。だからこそ、この頭の痛い難題

図表❻ 世代間不公平の現状

出典｜学習院大学経済学部　鈴木亘教授「わが国の社会保障制度の世代間不公平の実態と積み立て方式移行による改善策」より抜粋

	年金	医療	介護	全体
1940年生まれ	3,460	1,450	300	5,210
1945年生まれ	2,340	1,180	260	3,780
1950年生まれ	1,490	930	190	2,610
1955年生まれ	970	670	130	1,770
1960年生まれ	460	520	50	1,040
1965年生まれ	-40	380	0	340
1970年生まれ	-560	260	-40	-340
1975年生まれ	-1,030	130	-80	-980
1980年生まれ	-1,480	-40	-120	-1,640
1985年生まれ	-1,840	-240	-150	-2,230
1990年生まれ	-2,150	-410	-180	-2,740
1995年生まれ	-2,420	-480	-210	-3,110
2000年生まれ	-2,610	-620	-230	-3,460
2005年生まれ	-2,750	-720	-250	-3,730

（万円）

1940年生まれと2005年生まれの差額は8,940万円、年金だけでも6,210万円

年金だけでなく、医療、介護も事実上賦課方式なので、社会保障全体ではさらに不公平が広がる。ただし、これは税分を含んでいないので、さらに深刻な状況。

にできるだけ早く取り組み、その解決策をともに考え、変革を進め、不安感・閉塞感から解放するのである。

高齢者の安心と若い世代の希望。これを両立させる社会へ、また、長く生きることが幸せの象徴と言い切れる社会へと、確かな足取りで移行しなければならない。

［3］「生涯現役」時代は苦痛か？

世代間扶養の社会を維持できなくなりつつある今、むしろ、生涯現役を旨とし、年金や医療を、最低限の安心を守るものへと作り替え、生涯を通じて自助自立を促す社会へと移行することが最大の解決策となる。

この一見厳しく、革命的とも思える「生涯現役」社会への移行は、果たして苦痛の時代なのだろうか。実は、一人当たりの医療費が低く、長寿でもある長野県では、高齢者の就業率が高く、自宅での看取《みと》り率も高いという。それはむしろ、新たな幸福の時代の幕開けではないのだろうか。

「生涯現役」を前提とするには、それを支える経済・社会・雇用制度の用意が必須だ。年齢に関わりなく社会に貢献し、応分の報酬を得る環境づくりが「生涯現役」社会の前提だからだ。

これまでの社会は、かつては55歳、現在では60〜65歳で定年を迎え、会社、いや「社会」から放り出されることが当たり前となっている。同時に退職金が支払われ、年金支給が開始される、というのが長らく続いた一般的なモデルだ。

もちろん、定年後のリタイア生活を夢見て、会社員時代を過ごす人が大半だと思うし、老後の「悠々自適」にあこがれるのは、世間一般のささやかな夢、心の支えだと思う。

しかし、実際にはどうだろう。

定年後、数か月は趣味や旅行、孫の面倒を見たり、近所とのお付き合いを大切にしたり、と充実して過ごす可能性がある一方、時間が経過すると、生きがい、やりがい、居場所の喪失、また頭も身体も急に弱り、病気や事故に見舞われる可能性も大きくなるという。配偶者との関係を始め、家族との付き合い方にも悩まされる、といったことも聞く。

敬老の日のニュース番組で、元気なお年寄りがインタビューに答えていた。「年寄りが元気でいるためには『キョウイク』と『キョウヨウ』が必要です！」と。てっきり生涯教育や教養の話かと思いきや、「今日行くところ」と「今日の用事」なんだそうだ。

やはりそうだと思う。人間にとって、行くべきところ、なすべきこと、そして必要とされることは生きがいだ。助けたり助けられたり、貢献したり、手伝ってもらったり。こういう人間同士や社会との関係性の中でこそ、自らの生きがい、やりがいを感じ、生涯を通じて健康に、元気に過ごすきっかけ、秘訣《ひけつ》を得ることができる。

実際、私自身の政治活動も、定年を迎えられた元気で尊敬する先輩方のおかげで成り立っている。身体が元気で、志に富み、社会的な問題意識と、やりがい、生きがいを持って、私自身の活動を支えてくださる。本当に頭の下がる思いだし、だからこそ、私も頑張らねば、という気持ちを奮い立たせることができる。

若いとき、定年に憧れる気持ちには１００％賛同だ。しかし、これは真の幸せか、と問われれば、少々首をかしげたくなるのは、私だけではないと思う。

人生を「現役時代」と「リタイア時代」にあまりにも極端に二つに分け、明確に区分すること自体が、実は最近のことだ。戦後の年金制度と定年制がつくった固定観念だとも言える。退職後を退職金と年金で過ごす現在の前提は、実はここ60年程度、一時的に成立した例外であり、むしろ農耕時代を含め人間は長い間、気力と体力に応じて生涯を通じて働き、社会貢献し、稼ぎ、暮らしてきたのではないか。居場所を確保し、生きがいや、やりがいを感じてきたのではないか。

人生を定年までの過酷な現役時代と、定年以降のリタイア時代に二分するより、分けるなら、むしろ例えば30歳、40歳、50歳、60歳、70歳と10年ごとに小さな節目を設けてはどうだろう。数か月でも1年でも良い。自由な時間を過ごし、その後の働き方やライフスタイルを含め考えなおす。そんな柔軟な生き方と働き方を実現できれば、より自分らしく、無理なく、自然体で生きることができるのではないか。

今でも資格業の方や、自営業を営む方には「生涯現役」を地でいく方が多いし、昔の農家も、漁師も、町工場でも商店でも、生涯を通じて働いたのではないだろうか。歳をとって役割は縮小しても、若い世代がこれを補い、年金という現金給付は十分でないが、周囲との支え合いで豊かに、幸福に暮らしていくことは可能だろう。

今取り組むべきは、新たな形での、生涯を通じた居場所づくり、活躍の場、そして応分の報酬、さらには、年金という現金給付を補う、家族や地域社会の絆づくりだ。

もちろん何もかも自前でとはいかない。ただ65歳で無理やり定年を迎える制度や、75歳でどんなに元気でも後期高齢者呼ばわりをする、画一的な制度には違和感がある。人間を一律年齢で区別し、差別する社会が、本来当然でも、自然でもないことへの問題提起である。

ある会社では、定年は年齢ではなく、社員自身が時期を決めるという。高齢者雇用に特化した専門の派遣会社もあるそうだ。定年後しばらく悠々自適の日々を楽しんだが、しばらくすると暇を持て余す。パートタイムでも仕事に出始めると、やる気と元気を取り戻し、報酬を得ることで社会貢献の実感や居場所の再確認をする。家庭内ではパートナーとの関係まで改善するという。一つの理想的な姿だ。

若い時と同じようにフルタイムで、重責を担うわけでは必ずしもない。週に2〜3日、1日当たり数時間でも良い。重要なことは社会には柔軟な選択肢が用意されていると言える環境づくりだ。80歳でエベレストに登頂した三浦雄一郎氏は、登頂成功後、軽やかに「年寄り半日仕事ですよ！」と笑った。若いときのペースを半減し、かける日数を倍にして、十分休養を取り、気力、体力と相談しながら、しかし、偉業を達成したのである。

「年寄り半日仕事」、つくづく良い言葉だと思う。無理をする必要はない。しかし、一方でいくつになっても、マイペースでできる努力と貢献があり、そこからつかむべき生きがいと、やりがいがある。そう言っているように聞こえる。

問題はそういう時代にふさわしい、柔軟な社会や雇用の仕組みだ。新卒一括採用、年功序列、終身雇用、一律定年といった、あまりにも硬直的な仕組みを柔軟なものに改める。年齢で人を一律区別し、差別した世の中から、そうでない世の中へと、正しく変革する。

「生涯現役」「年寄り半日仕事」を地で行く社会。誰もが生涯を通じて必要とされ、居場所を持ち、社会に貢献する世の中。もちろん国の経済や財政にも貢献し、次世代の負担軽減にも役立つ。そして何より、自らの元気と健康、生きがいにつながる社会。そんな社会を実現したい。

［4］非常事態を生き抜く

しかし、この急激な変化は、やはり非常事態と言って良い。それほどの自覚を持って、できるだけ早急に、具体的な対策を考えねばならない。それは、つまるところ雇用環境の整備と同時に社会保障制度の再構築に行き着く。

　現在の社会保障制度は、少ない高齢者と大量の現役世代を前提とし、世代間の扶養を基本構造としてきた。納めた掛け金の2倍の給付を受け、老後を安心して暮らせる、というのが制度の建て前だ。

　しかし、現実には当時１００人に６人しかいなかった年金受給世代が、現在１００人に29人。やがてこれが１００人に40人となる。現役世代の負担は当時の10倍以上に跳ね上がったが、それでも年間の保険料収入60兆円に対して、高齢者向け給付が年間80兆円と、20兆円足りない。これが毎年の財政赤字の正体だ。

　第一次東京オリンピックの頃は当たり前だった、世代間扶養の仕組みを早急に変更し、世代内扶養、年齢別から能力別の給付と負担へと、抜本的に哲学を変更するのである。

　もうひとつ重要な点を指摘したい。例えば、現役時代、保険料を払えなかった人々を政府は最終的には見捨てられない。史上最大に膨らんだ生活保護世帯の半分は既に無年金のお年寄りだ。年金というセーフティネットの枠から外れても、国家はその人々に生活保護という最後の救済手段を発動し、手を差し伸べる責任がある。

　であるならば、それらの人々を含めて、最初から全ての費用を、社会の構成員全体で分かち合うのが正しい。全ての国民が権利者となるために、負担も薄く広く全ての国民が保険料ではなく税で分かち合うのである。

二つの課題を設定した。

一に、世代間扶養の構造を脱却し、能力別に社会保障の給付を受け、負担も全世代で公平に分かち合うべきこと。

二に、全ての国民が権利者となるために、負担を全員が税で薄く広く分かち合うべきこと。これにより全ての人が安心して暮らし、能力に応じて負担を分かち合い、同時に人口構成の変化に強い、柔軟な日本社会を再構築することができる。

より具体的な方向性にブレークダウンする。

社会保障給付は最低限の安心を確保するものとし、必要なところには必要な分、そうでないところにはそうでない、とメリハリをつける。最低保障機能を強化した上で、自助努力を促す方向へと変革する。

そのための費用負担は、全国民、全世代で分かち合うこととし、必然的に所得税、法人税、相続税、消費税など税を中心としたものへと改めることになる。同時にこれにより全ての国民が権利者であることも明確化する。

これらは、ひいては年金、医療、失業給付、さらには生活保護といった社会保障制度を、統合し、一元化する方向とも親和的だ。

特に社会保障財源としての消費税の議論は、単に財政赤字の埋め合わせという狭い概念ではなく、こうした抜本的な負担の構造改革、そして制度の哲学の変更と捉えるべきである。これらにより、将来的には現役世代と事業主が負担している重い社会保険料負担を軽減し、経済や雇用を含めた社会全体の活力と持続可能性を回復するのだ。

それでは、今後具体的に、給付と負担の構造をどのように改めるべきなのか。全体の大枠を考えてみよう。

現在（2014年時点）の高齢者向け社会保障給付は、その総額が約80兆円と言われている。今後、高齢化率が2倍近くに上昇することを考えれば、その給付総額は約160兆円程度にまで引き上げられることが想定される（人口減少や経済成長はこの際捨象《しゃしょう》する）。

一方例えば消費税率であるが、仮に、単純化するためにこの増加分80兆円を全て消費税でまかなうとすれば、37％まで引き上げなければならない。また全てを社会保険料の引き上げで賄うなら給与の60％を労使折半することになり負担は現在の倍になる。両方とも現実的ではない。現在、世界で最も高い水準の消費税率は北欧諸国の25％などが代表例であり、経済への影響や心理的な負荷も含めて考えれば、このあたりが上限と思われる。

では、37％まで引き上げなければならない消費税率を、仮に最大25％で止めるとすれば、今度はそれに見合う消費税率12％分、社会保障給付費を合理化しなければならない。金額にして約30兆円分、将来推計総額160兆円との対比で言えば、約2割の合理化、圧縮である。

これが、高齢化率が40％近くに到達する2050年までに、持続可能な世の中へと移行するために、最低限行わなければならない構造改革の大枠である。非常事態宣言と言っていいだろう。それほどの激変であることをよく自覚した上で、政治が国民を説得し、納得を得る努力を始めなければならない。

非常事態宣言

2050年までに年齢差別を撤廃し、「生涯現役」時代を支える社会・雇用制度を用意する。

同時に社会保障給付費を総額で2割圧縮し、例えば消費税ならば最大で25%まで引き上げる。

２０５０年までに社会保障の最低保障機能を強化する一方、全体経費を2割合理化する。同時に消費税率を最大で25％まで引き上げ、全国民が権利者となると同時に、全世代型の負担構造へと転換する。

この消費税の引き上げについては、単純に税収の不足を補うためのものでは決してない。それぞれの税の「最適化」を図り、また負担の公平と持続可能な給付を制度化するためのもので、実施するためには、生活の安心と政治への信頼を取り戻すことが先決だと考えている。また、後に少々軌道修正したかった部分もあり、詳しくは、本書に収録した「電子書籍版増補」の、「消費税率と社会保障」「所得税、法人税、相続税の課税バランス」２９８ページの項をぜひお読みいただきたい。

これらの施策が実現すれば、日本社会は超長寿時代にあってなお、持続可能性を回復する。今の安心と将来の見通しの双方を獲得する。

この大変革を果たして日本社会は受け入れられるだろうか。政治は、政治家は、この不都合とも言える現実と改革のプランを国民に説明し、説得し、それでも信を得られるだろうか。

しかし、これ以外に日本社会の持続可能性を回復し、将来の見通し、展望を回復することはできない。高齢者の安心と、若者の夢や希望を両立させる術はない。

この実現性に関する私の唯一の希望はこれだ。

政治家になって20年、地域の公民館を歩き、また、青空のもとスーパー前や駅頭で、有権者と対話を重ねる。ひざ詰めで話し合う。ときに話題は日本の構造変化の問題にも及ぶ。高齢者の先輩方の参加が多いが、最近こうした声が多い。「小川さん、若い人たちが希望を持てる日本にして欲しい」と。高齢者の先輩方の声なのである。私も以上に述べた現状説明と改革プランを、包み隠さず正面から議論する。

そんなとき私は感じる。確かに高齢者の先輩方は自分の年金や暮らし、医療・介護など様々なことを心配しておられる。と、同時に、それに勝るとも劣らず、自分の子供や孫の顔を思い浮かべながら、その将来を心底心配している。

この問題に解答を見出し、決着をつけるためには、ここしかない。この心情、心理、善意に働きかけ、懸けるしかない。この問題を決して、世代間対立にもちこむことなく、世代間の対話を促し、世代間の和解を目指す。それが私たち世代の大きな役割だ。80代の先輩方と、生まれたばかりの赤ん坊世代の真ん中に立つ、私たち世代の務めだと思う。

次の項では、「生涯現役」時代を実現するための新たな社会制度を具体的に考える。それは全ての国民が権利者となり、最低保障機能が強化された、持続可能で一元化された新型基礎年金制度の具体化から始まる。

[5] 本当の「100年安心年金」

❶「生涯現役」時代の新たな年金制度

社会保障のセーフティネットは、本来手厚いことが望ましい。しかし、財源が限られ、負担の担い手が減少する今の時代にあっては、本当に必要な人のところには必要な分、そうでないところにはそうではない、といった過不足のなさ、メリハリのつけ方が重要だ。社会の安心感や信頼性と、制度の持続可能性の双方のバランスを考える必要がある。

そこでまず、「生涯現役」時代にふさわしい新たな基礎年金制度はどうあるべきで、どうすれば持続可能か、その観点から考える。

まず、現在政府が「100年安心」としている年金制度への信頼性が崩れていることは、多くの方の認めるところだと思う。掛け金の未納率は現在2割であるし、積立金の運用率は年率4%で100年間計算している。こうした実現の難しい前提を置いたのでは、不安の解消を図り、信頼を得ることにはつながらない。また、基礎年金の二分の一を税金で賄うことになっているが、現在ですらこのための財政赤字は莫大なものとなっている。

第二に、掛け金を払えなかった人々への措置を考慮に入れていない。既に述べたとおり、史上最大を更新し続けている生活保護世帯の半分は無年金のお年寄りである。確かに、掛け金を払わない人には、年金を払わないから大丈夫というのは年金財政収支のみを考えればそのとおりだ。しかし国家財政全体を考えれば、こうした国民には別途、生活保護という最後の救済手段を差し伸べる必要がある。であるならば、むしろ最初から国家経営・国民経済全体の問題として捉えた方が合理的だ。

数字のつじつま合わせと、年金財政収支しか考えていない点、この二つにおいて「政府の100年安心年金」は信頼に値しない。

では、人生100年時代、高齢化率約40％時代にあってなお信頼に足る、本当の「100年安心年金」とは一体どういうものだろうか。

ひとつには今後、さらなる年金受給開始年齢の引き上げも検討せざるを得ないだろう。現在の高齢者は元気で働ける方も多い。生涯現役構想を前提とするなら、将来的には支給開始年齢を65歳以上からさらに上に引き上げることも視野に入ってくる。

ちなみに人生100年時代になったにもかかわらず、高齢者を65歳以上と定義する場合には2050年の高齢化率が40％近くに到達するが、仮にこれを70歳以上とすれば32％、75歳以上とすれば24・6％となる。統計によれば、現在の高齢者の体力はかつてより11歳若いという。確かに昔の60歳と言えば、文字通りおじいちゃん、おばあちゃん、といった感じの方が多かったが、今は本当に元気で若々しい方が多い。

また、現行の年金抑制措置、すなわち「マクロ経済スライド」は物価が安定的に上昇するときを基本に、年金の上乗せを抑制する。そのため事実上の年金カットとして働き、長期的には有効に機能する可能性がある。しかし、これでは少額部分も一律カットされてしまうし、現在はインフレ下にあるとは言え、そもそも安定的な物価上昇を将来にわたって期待することそのものが今後は容易ではない。それに可能な限り早期に、制度への信頼感や安心感、持続可能性回復への確信を得たいではないか。

以上を前提に、大胆だが一例として、以下のような制度改革を議論の出発点として提案したい。人生１００年時代、生涯現役社会を旨とする中での新しい基礎年金制度である。極めて実務的に、実際に数字を置いて、全体最適から逆算して、制度を設計し直してみるのだ。

基本コンセプトは「２０５０年までに社会保障給付費を2割合理化する」の大命題に正面からチャレンジし、負担と給付の構造を見直す。そして人生１００年、生涯現役時代にふさわしい年金制度の確立を目指す。真の「１００年安心年金プラン」は以下だ。

まずはいわゆる1階建て部分と言われる基礎年金制度についてである。現在の基礎年金制度は、65歳以上の高齢者に、収入や資産に関わりなく満額支給されており（2階建て部分は月収36万円から減額が始まり月収56万円で全額支給停止する）、その支給総額は年間約20兆円と言われている。

まず、最低保障機能は今まで以上に強化し、全高齢者、全国民に対し、国家が責任をもって最低限の安心を確保し、提供することを目指す。

図表❼ 新しい基礎年金制度 出典｜衆議院調査局提供データに基づき小川事務所作成

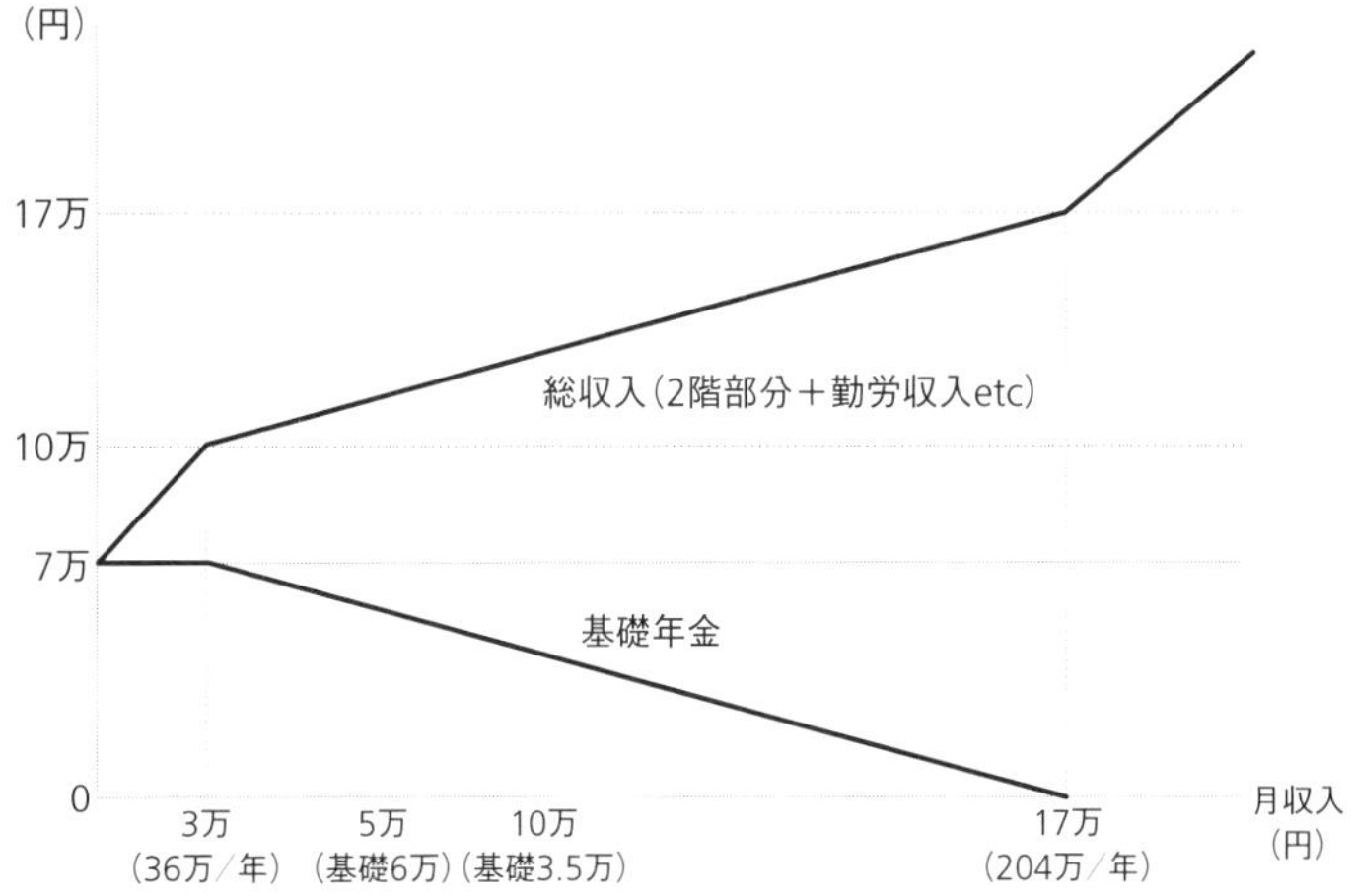

すなわち現在、基礎年金の支給額は満額で約6万6000円、実際の支給額は平均で5万6000円と言われているが、この際、最低保障額を大幅に増額し、一人7万円、夫婦で14万円に引き上げる。同時に、生涯現役時代は、高齢者も自前で一定の収入を得ることを前提とするから、その収入次第で年金支給額を調整する（図表7参照）。

私の具体的な提案は以下である。

自前の収入が月に3万円、基礎年金と合わせて月10万円までは、年金減額を行わない。夫婦であれば月額20万円である。

収入が3万円を超えると、超えた分の半分だけ年金を減額する。例えば月に5万円の収入があれば、3万円を超える分、すなわち2万円の半分（1万円）を減額し、支給額を6万円とする。

生涯を通じて働くインセンティブを維持し、最低保障をきちんと担保した上で、支給額を圧縮する。稼いだ分の半分は自らの収入となり、半分は国家財政に貢献し、次世代の負担を軽減する。これが同時に、ご本人の生きがいや健康、社会での居場所の確保など、トータルな幸福感を増すことにつながればベストだ。

これを前提にすると、月額17万円を自前で稼ぐ高齢者への基礎年金支給は停止する。月収17万円は年収換算で２０４万円。これは現役世代（男性）の平均収入４４７万円の約半分に相当する。

つまり現役世代の約半分、所得代替率50％を自前で調達できる高齢者への年金支給は停止することになる。そもそも年金支給の基本が、現役世代の収入の半分を保障すること（所得代替率50％）を目標としていることとも整合する。

問題は先にも述べたが、年金減額に勝る幸福感や充実感、達成感を人生の後半において獲得できるかどうかにある。経済・社会・雇用の仕組みをトータルで見直すことができるかどうか。そして、それによって真に幸せな老後のかたちを用意できるか、という問題に行き着く。

いずれにしても、こうした最低保障機能の強化と、自助自立可能な人々への支給額の抑制により、試算であるが、基礎年金の支給総額は最低でも2割から3割程度の合理化に成功する

（衆議院調査局提供データに基づき小川事務所が推計）。

❷ 年金積立金の計画的取り崩し

今度は、年金制度のもう一つの柱である、いわゆる2階建て部分、厚生年金や共済年金について考える。社会保障制度改革全体を貫く大命題「2050年までに社会保障給付費を2割合理化する」の原則はここでも維持する。

現行制度では、2階建て部分の総支給額は約30兆円。これを2割圧縮すると、年間約6兆円程度の合理化を目指すことになる。

現在、会社員の退職世代の夫婦が受け取っている年金月額は、おおよそ以下のようだ。

会社員の基礎年金	6万6000円
専業主婦（主夫）の基礎年金	6万6000円
2階建て部分の厚生年金	8万円
合計	21万2000円

このうち、基礎年金の新たな姿については先に説明した。ここで極めて重要なポイントは、2階建て部分の年金収入を、基礎年金算定の際の「自前の収入」に含めることだ。

新しい基礎年金は、あくまで最低限の暮らしの保障として位置づけるため、それを上回る部分、二階建ての年金収入も自前の収入にカウントすることとなる。現在、基礎年金財源の半分は税金（借金を含む）であることからもやむを得ない。
新しい基礎年金制度のもとで、厚生年金支給額を2割合理化した場合、新たな支給額は以下のようになる。

会社員の新型基礎年金　7万円
専業主婦（主夫）の新型基礎年金　7万円
2階建て部分の厚生年金　6万4000円（2割圧縮）
合計で　20万4000円

これが出発点だ。
しかし、このケースでは、会社員、専業主婦（主夫）の2階建て部分の収入、それぞれ一人3万2000円ずつが、自前の収入としてカウントされる。そのため3万円を超える2000円の半分、すなわち1000円分が基礎年金から減額され、支給額は以下のようになる。

会社員の基礎年金　6万9000円
専業主婦（主夫）の基礎年金　6万9000円
厚生年金　6万4000円

合計で　　　　　　　　20万2000円

現行制度より支給総額は1万円の減となる。

最後に、高齢化率が40％近くに到達する今後30年を最大の激変期と位置づけ、ここをしのぐために、積立金120兆円（その後の株価上昇等により現時点の時価は200兆超）を計画的に取り崩す。これが最後の提案だ。

年金受給世代が、現役時代に納めた掛け金の余剰分がこの積立金の原資である。それゆえこれを取り崩して、現受給世代に還元することには一定の理があるし、激変緩和策としても有効だ。

120兆円を30年かけて3兆円ずつ取り崩せば、一人当たり追加で1～2万円を給付できる計算となり、トータルの減額幅は最小限に抑えることができる。

年金受給世代の先輩方はこの提案をどのように受け止められるだろうか。

これに加えて、基礎年金の財源は基本的に例えば消費税に移行することを目指すため、合わせて現役世代や会社の負担を徐々に引き下げる。新制度への移行は極めて難しい。白地から絵を描くよりはるかに困難だ。恐らくは10年程度、集中改革期間を設け、徐々に改革を進めざるを得ない。

例えば、10年かけて、

① 2階建て部分の2割合理化を段階的に10分の1ずつ実行に移し
② 10年程度かけて徐々に例えば消費税率を引き上げ
③ これに合わせて企業や現役世代の保険料率を徐々に引き下げる
などの対応が考えられる。

❸ 高齢弱者に寄り添う

この改革により見込まれるもう一つの重要な果実を強調しておきたい。現在、生活保護世帯の半分は無年金のお年寄りであることは何度も述べた。しかし、新しい基礎年金制度に移行できれば、現在多数存在する無年金のお年寄りの存在という問題が解消し、全ての高齢者の暮らしと安心を守れる。これにより不要となる高齢者への生活保護費は年間約2兆円と大きな財源効果が見込める。

もちろん現役時代に掛け金を納めた人と、そうでない人を一律に扱うのは不公平である。制度移行期に要件を満たさない人に新しい基礎年金を支給する際には、資産の有無などについてテストを行うことも必要だ。

しかし、いずれにしても例えば消費税を財源にした新たな負担構造のもと、最低保障機能を強化した新しい基礎年金制度を設計し、収入や資産の十分でない全ての高齢者に例外なく安心と安定を提供する。また、自助自立を妨げない工夫を施《ほどこ》した上で、収入のある高齢者への必要性の薄い給付を抑制し、現役世代や企業の負担を引き下げ、制度の持続可能性への信頼と社会の活力を取り戻す。

また現在、介護などが必要になっても、有料の高齢者施設に入れる方々は限られている。特別養護老人ホームには27万人を超える待機老人がいるし、民間施設に入るためには高額の一時金や月々の入居料が必要となる。この結果、劣悪な状況下で老後の生活を強いられる方々、また自立が難しいにもかかわらず独居、そして最終的には孤独死など、望まない状況に追い込まれる高齢弱者も多い。

こうした様々な矛盾と課題を解決するためにも、財源効果を十分に活用し、同時に様々な規制緩和を進めて、収入や資産のない高齢弱者でも安心して暮らせる環境づくりを進める。すなわち自宅での暮らしを社会的に支え合う仕組み、国営公社による特養の抜本拡充、基礎年金程度の費用で最低限安心して共同生活を営める施設整備などを考えるのである。新しい時代にマッチした、安心と充実の高齢ライフスタイルを社会が支援するのだ。

［6］生涯健康

❶ 公的医療の持続可能性を死守する

「生涯現役」社会を実現するためには、「生涯健康」に向けて今まで以上に努力することが必須だ。すなわち「健康寿命」を増進する努力である。病気や事故を予防し、回避しながら、可能な限り生涯を元気に、健康に過ごすのである。

予防医療に力を入れ、日々の努力を奨励すると同時に、逆に言えば、終末期の医療や延命治療のあり方については、人間の幸福や家族の心情、また制度の持続可能性という双方の観点から、これをタブー視することなく、議論しなければならない。

まず絶対に守るべきは、日本が世界に誇る、公的医療への安心感や信頼感だ。しかし年金同様、高齢化の進展に伴って、脅かされつつある制度の持続可能性をいかに担保するか、その点が大きく問われてくる。

技術の進歩と高齢化により、医療費は増大し続けている。実際に医療は日本の主要な成長産業のひとつとも言え、今後も、日本が世界を牽引《けんいん》する可能性のある分野である。医療ツーリズムという言葉があるとおり、日本の安全安心で、高度な医療は世界の人々にとっても魅力だ。

問題は、現行制度のままでは、医療費の増大が直《ただ》ちに国民負担の増大に直結し続けることだ。

現在44兆円まで膨らんだ国民医療費は、その9割が保険料と税負担で賄われている（保険料5割、租税と借金4割、自己負担1割）。この医療費増大に伴う国民負担の増大にどこまで耐えられるか。制度の持続可能性の観点から、真剣に考え直さなければならない。

もちろん、収入の多寡《たか》にかかわらず、安全安心で高度な医療サービスを受けられる環境づくりが基本だ。しかし、一方で、真に安全安心な公的医療制度を守るためには、国民負担の増大をコントロールし、制度の持続可能性を担保しなければならない。「目先安心だが、将来は分からない」という制度に、真の安心感、信頼感はない。

やはり年金同様、年齢別から能力別へと負担の構造を転換し、業種や地域ごとに細分化され格差が生じた制度を一元化し、医療の提供体制や診療報酬のあり方、さらに少額医療費や高額療養費の負担のあり方、最終的には終末医療のあり方など、死生観にかかわる問題を含め、大いなる国民的論議が必要だ。

2050年の日本社会の持続可能性にかかわる命題、「社会保障費の2割合理化」は医療においても避けられない。それによって長期にわたって持続可能な、安心できる医療環境を死守するのだ。

❷ 医療制度改革の方向性

現在の公的医療制度には、年齢による区別、職業による区別、一律の自己負担、という三つの大きな特徴が見られる。これが社会の高齢化や、雇用の不安定化、保険財政の悪化などにより、それぞれ成り立ち難くなっている。

となれば、年齢区別や職業の縦割りを廃して制度を一元化し、同時に医療費の額に応じて、無理なく適切な自己負担を分かち合う考え方を基本に、制度全体を見直していくのが大枠のイメージだ。

これは公的医療保険制度を、現在でいう自動車の自賠責《じばいせき》保険、すなわち強制加入で最低限の安心を担保する制度へと変革するイメージに近い。新しい公的医療保険制度で最低限の安心を守りつつ、それを上回る部分については、民間の任意保険に委ねるなど自己負担も加えて賄う方向だ。個別の課題として、例えば、以下のような論点が考えられる。

（1）年齢別から能力別へ

人間を一律年齢で区別し、差別してきた従来のあり方を見直す。従って、現在後期・前期高齢者医療制度など年齢別に構成されている医療保険制度を統合することが必要であり、その限りで窓口負担についても、年齢を問わず、能力に応じて一定の自己負担をお願いすることになる。

（2）制度の一元化

現在の日本の医療保険制度は、職業によって細分化され過ぎている。職域団体の国保、大企業の組合健保、中小企業の協会健康保険、自営業者等の市町村国保等々。そして、地域や団体の財政力によって保険料や給付水準にバラつきがあり、格差が生じている。流動化する雇用市場に的確に対応し、格差のない公平な制度とするために、縦割りを廃し、制度の統合・一元化を図るべきだ。

（3）高額療養費

現在どのような高度医療を受けても、一か月あたりの自己負担は高額療養費制度により、基本8万円台で済む。かつてガンの摘出手術を受けた先輩議員の言葉が忘れられない。「こんなにありがたい手術を受けたのに、負担が少なすぎて申し訳ない。収入がある者は100万円でも寄付したい」。こんな心境の方も少なくないのかもしれない。高額療養費制度も、収入や資産の多寡に応じて、きめ細かく能力別に適切な負担をお願いする方向へと見直す必要がある。

（4）低額医療費

一方低額部分の医療費の自己負担についてはどうか。これまで数百円の医療費から、数万円の医療費まで、一律3割負担を原則としてきた。病院で診察を受けた際、支払いが数百円だったりすると、「こんなに安くていいのか？」と思った経験のある方は、私一人ではあるまい。

保険制度の本旨は、日常経費に収まらない不意の支出に備えることにある。一般の損害保険の場合には免責制度も存在する。超長寿社会にあっては、財源が限られる以上、日常経費の枠内は高めの自己負担、それを超える部分は安心の公的保険という制度設計が考えられる。

（5）財源の問題

現在、保険方式をとっているために、保険料の滞納が生じると、直ちに保険証を取り上げられる。実は財源の相当部分が税金によって賄われているにもかかわらずである。これでは事実上医者にかかれず、医療サービス提供の枠外に置かれてしまう人が出てくる。この際、新しい公的医療保険制度は、基礎年金同様、思い切って全額税方式に移行すべきだ。格差の生じる市町村や職域団体に任せることなく、政府が全国民に対して直接責任を持つ。全世代型の負担構造で、持続可能な、そして一元化された新たな制度だ。

（6）給付の合理化

給付の合理化も検討せざるを得ない。医療サービスの価格設定などについても、ある程度自由化し、競争原理を働かせるのである。

現在の日本の医療サービスは、全て公定価格によって一律に定まっており、全国いかなる地域で、いかなる病院で、いかなる医師の診療を受けても、同一診療は同一価格と決められている。

例えば土地代ひとつとっても、都心と地方では異なる。一見、公平性の保たれた制度ではあるが、コストを顧《かえり》みない、競争性の排除された制度でもある。医療行為は極めて人道的な要素が強いとはいえ、やはりサービス産業の一種でもあり、問題は両者のバランスだ。

地域、病院、設備、医師等によって、ある程度の競争と、適正な差別化は自然なことであり、必要なことでもある。

診療報酬体系の見直しに当たっては、現在の開業の自由化や、民間医療主体を改め公的医療を大幅に拡充する必要がある。またこうした医療提供体制の見直しに加えて、例えば標準価格を採用し、上下何割かの範囲で価格を自由に決められるようにすることも考えられる。ただし、その幅には自《おの》ずと限界がある。医療サービスに「高かろう良かろう」は許されても、「安かろう悪かろう」は許されない。人の生命や健康にかかわる医療行為が、他の産業と決定的に異なる点である。

(7) 混合診療

関連して、現在、保険診療と、保険外診療の組み合わせ(いわゆる「混合診療」)は基本的に認められていない。保険外の自由診療(高度・先進医療、美容医療など)を受ける場合には、合わせて受ける保険診療が全額自己負担となる。

所得の多寡によって、受けられる医療行為にできるだけ格差を設けない考え方はこれからも必要だ。しかし、医療技術の進歩は速いため、全てを公的保険の枠内に取り込むには時間もかかるし、国民負担も増大し過ぎる。ある程度発展、普及段階に違いが生じることを容認した上で、混合診療を認めるべきだ。

（8）終末医療

近年、お見舞いに出向くと、高齢者の先輩方が寝たきりで、いわゆる「スパゲティ症候群」のような状態になっている様子に胸を痛めている。これはご本人、ご家族にとって本当に幸せなことなのか。そして社会にとって持続可能なことなのか。そんな思いを抱くことも少なくない。実は世論調査によれば、延命治療を望まない人々が国民の9割を超えると言う（神戸新聞２０１９年12月12日　延命医療「望まない」95%）。

日本では高齢者一人当たりの医療費は現役世代の約4～5倍だ。欧州ではこれが3倍に圧縮される。老人ケア施設の平均在所日数は、日本の平均が10年、欧州は3年、先日（２０２３年9月）に訪問したスウェーデンでは実に6ヶ月。欧州では基本的に自分で食事が摂《と》れなくなったら、できるだけ自然な形で人生を閉じる準備を始めるという。ご本人、ご家族を含め、回復を前提としない、健康寿命を長らえるものでない医療行為をむしろ慎むという。

回復の見込みのない「延命医療」を具体的に定義することは極めて難しい。生命倫理、生き方、死に様、死生観全てに関わる人生の深刻な課題を提起する。しかし、これもタブー視せずに、正面から向き合って議論せざるを得ない。生きるとは何か、死ぬとはどういうことか。その際、家族や社会との関わりをどう考えるか。

最近「胃ろう」に関する報道も多い。口から食事をとれなくなった患者に、胃壁の穴からチューブを通して、直接栄養を送り込むのである。回復を前提とする場合は当然緊急避難的に公的保険を適用して行うべきだが、そうでない場合はこれをどう考えるべきか。

大変シビアだが経済面から見る。この胃ろう行為を必要とする患者の年間医療費は一人当たり約500万円と言われている。一か月約40万円余りとなるが、高額療養費制度により、月額の自己負担は8万円前後となる。そして、意識や回復の見込みの有無にかかわらず、患者さんに約20万円の年金が支払われるケースもある。

人の生命にかかわることに、お金の話を持ち出すことは誠に気が引ける。しかし、新たな時代の死生観と、制度としての社会の持続可能性を考える上ではどうしても避けて通れない。

2012年末、教職員の早期退職が話題となった。年度末の3月をまたず、学年途中の12月で教員が大量に退職したのだ。背景には年末をまたぐと退職金が150万円減額されることがあった。そのため途中で子供たちへの責任を放棄し、経済合理性を優先して、教壇を去ったのだ。教職員だけではない。警察官や消防職員を含め他の公務員にも見られた現象だ。

反省を込めて言うが、問題は社会制度を設計する側にあったと思う。退職金の減額措置を新年度である4月から適用するか、あるいは毎月少しずつ減額するなどの工夫がなされていれば、こうした事態は避けられた。少なくとも、人間の自然な感情と経済合理性とが、矛盾を来たし、葛藤をもたらすことがないように社会制度は設計されるべきだ。死生観や生命倫理、社会性にかかわる規範意識を逆なでしない方向で考えられるべきだ。

故郷の偉人、空海は、死を迎える4年前、吹き出物により自らの死期を悟ったという。以来一切の穀物を断ち、草木だけで延命。4年後に61歳で亡くなった。周囲は栄養の摂取を勧めたが、空海は譲らず、生命力を回復させると、生命力の一変形である病気を活気づかせ、無用に葛藤し、見苦しい死を迎える、と言ったという。とても常人にはたどり着けない境地ではある。

しかし、医療技術の進歩により、機械的に延命することが比較的容易な時代になったからこそ、真にQOL（クオリティ・オブ・ライフ）を問い直さなければならない。本人、家族そして社会全体にとっての幸福感や持続可能性の観点から、真に公的保険がカバーすべきはどの範囲か、本格的な議論が必要だ。

[7]「生涯現役」は絵に描いた餅か

図表❽ 労働力人口の推移

出典｜総務省「労働力調査」、独立行政法人 労働政策研究・研修機構「労働力需給の推計」(2018年)より作成

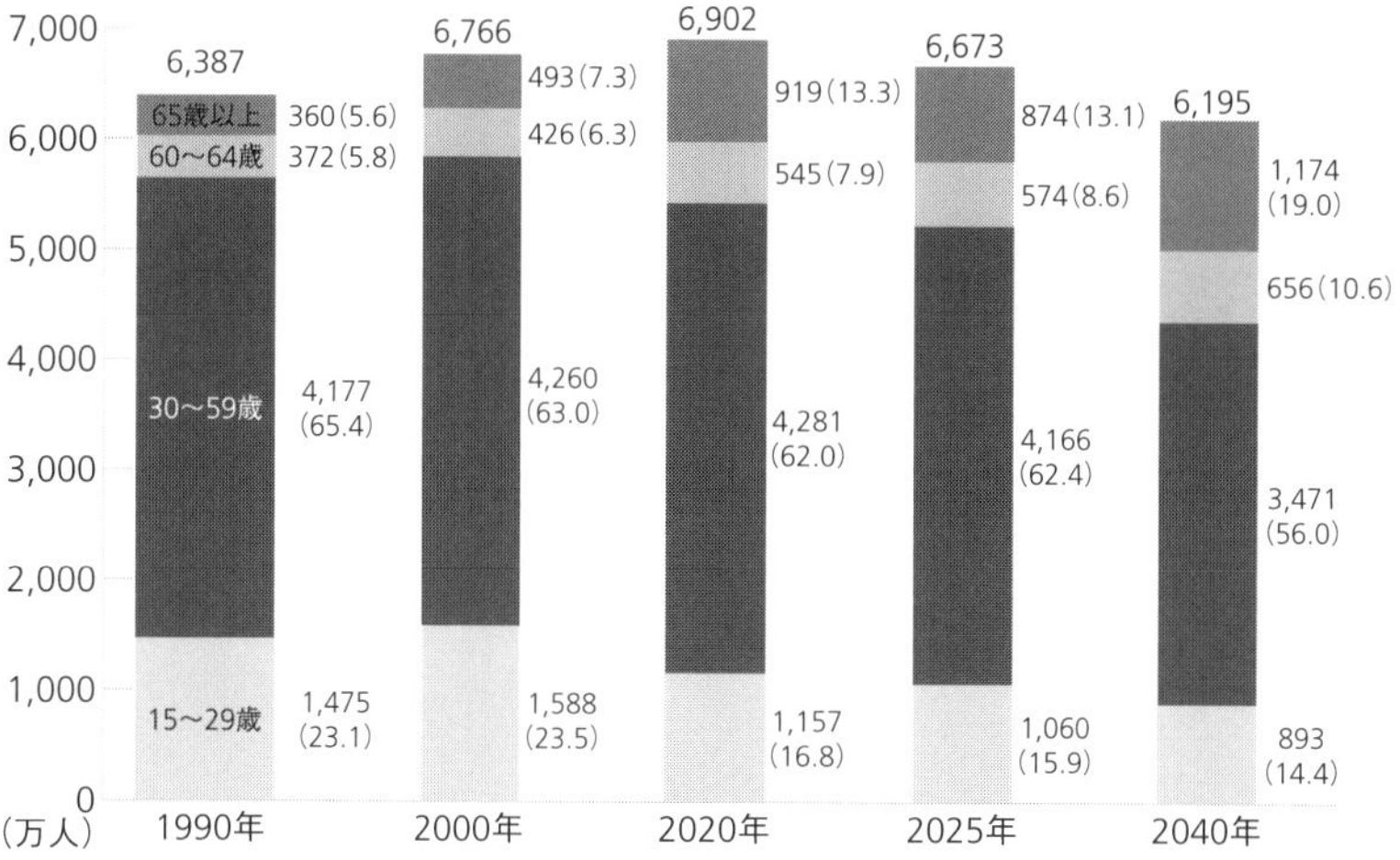

※カッコ内の数字は各世代の割合。

さて「生涯現役」時代を前提に、あるべき社会保障制度について考えてきた。しかし、これに勝るとも劣らず重要なことは、生涯現役時代を実質化するための雇用市場改革だ。「生涯現役」を地で行く社会をいかに実現するか、社会全体の視点で考える。それができなければ「生涯現役」構想は、単に「絵に描いた餅《もち》」となり、単なる「社会保障の合理化方針」となることを超えられない。

そして、この問題は個人の新しい幸福のかたちを追求する問題であると同時に、社会全体の活力を問う、国家的課題でもある。

図表8のグラフを見て欲しい。

日本における労働力人口の推移である。これも最大の構造変化のひとつだ。

生涯現役構想を通じて、個人に生きがいと充実をもたらし、社会保障の持続可能性を回

復する。さらに国内の労働力人口の減少を補う。全てを総動員して国家に重くのしかかる下方圧力と闘う。生涯現役構想は、この三拍子が揃《そろ》って初めて意味あるものとなる。

例えば、現在15歳から64歳と定義されている生産年齢人口の概念を打ち破り、年齢を引き上げれば一気に仮想の労働力人口は増加する。少子化対策や外国人政策に比べても、最も即効性があり、抵抗感が少ない。

では、この雇用市場改革は、一体どこから手をつけるべきか。まず入口の起爆剤として、定年制の廃止から議論したい。

(1) 定年制の廃止

個人のライフスタイルの充実と、労働力人口の減少緩和という二つの観点からアプローチするのが、定年制の廃止である。これを「生涯現役」構想の入口とする。単純に言えば、64歳までとされる生産年齢人口を、70歳、75歳と徐々に引き上げ、最終的には定年制そのものを廃止するのだ。

現在、60歳ないし65歳になれば定年となり、言わば自動的に会社から放り出される(法改正により70歳に引き上げられる途上にある)。「会社」から放り出されるということは、事実上「社会」から締め出され、活躍の場、生活の糧《かて》を得る機会を閉ざされるのが現代社会だ。何故、人生60年時代の発想を、人生100年時代となった今も、そのまま引きずるのか。これはむし

図表❾ 年齢別就業率（2022年） 出典｜総務省「労働力調査」

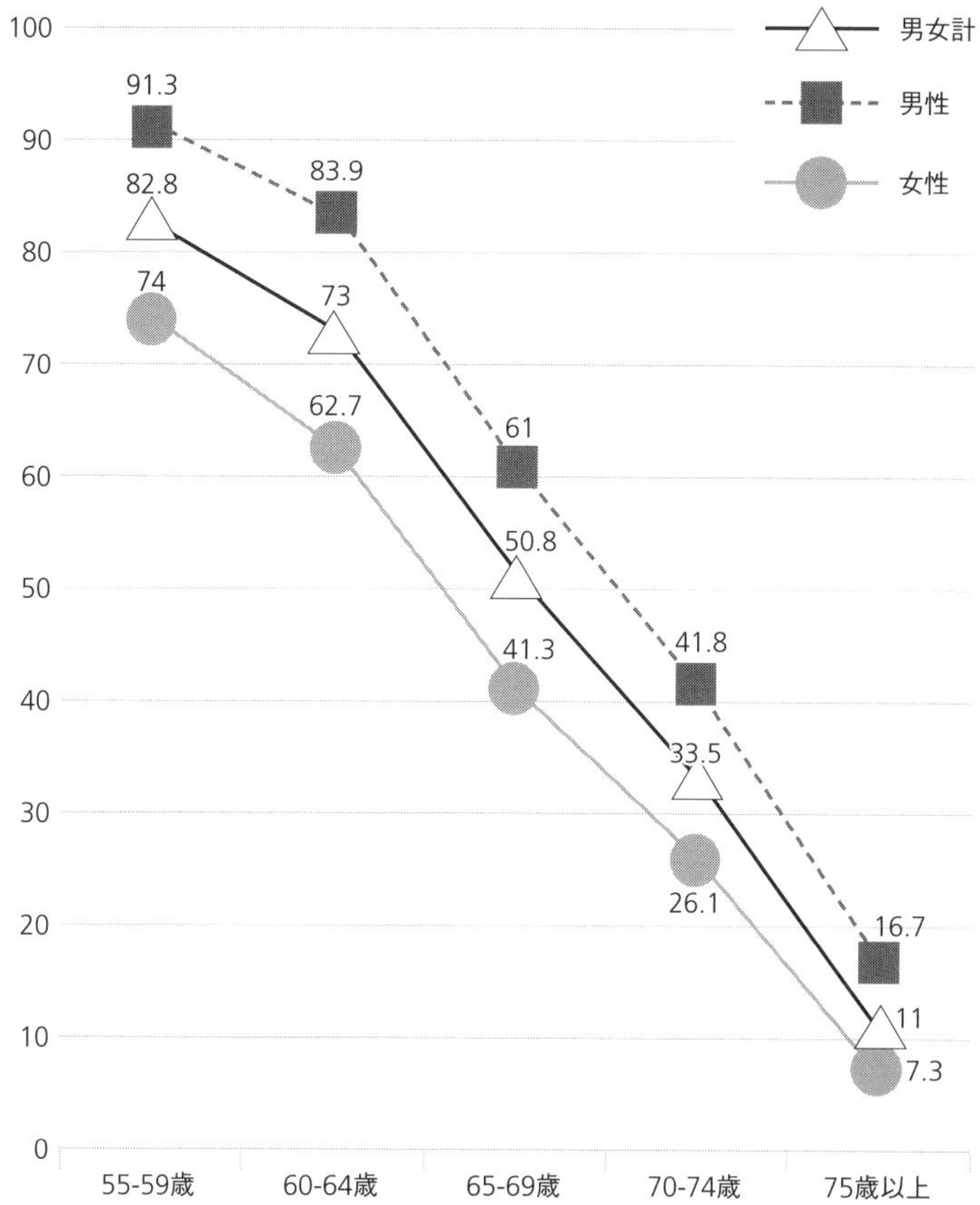

注：年平均の値。岩手県、宮城県及び福島県を除く44都道府県の集計結果。

ろ不幸なことではないか。

そんな問題意識から出発し、前提、価値観、常識を書き換える。社会の制度や慣行は全て相互に関連しているため、その影響を深く洞察し、将来を展望するのだ。

図表9の年齢別就業率を見て欲しい。59歳までの就業率は82・8％、60歳から73％、65歳から50・8％、70歳から33・5％、75歳から11％と下降する。定年制の廃止により、この下降カーブをさらに緩やかにするのだ。

同時に雇用の際にとかく人を年齢で一律区別・差別し、取り扱いを異にしてきた制度を撤廃する。社会保障のみならず、雇用市場にも年齢不問、エイジフリーの考え方を持ち込み、これまでの常識をこれからの非常識とするのだ。

これが今度は賃金カーブに全体として影響を及ぼすに違いない。

(2) 年功序列

定年制が廃止されれば、年齢を重ねるごとに上がり続けることが前提となってきた年功序列の賃金体系が成り立たなくなる。70代、80代まで賃金を上げ続けることは不可能だからだ。

となれば新たな賃金カーブをどういう曲線で描くべきか。既にこの傾向は見られつつあるが、気力・体力に富んだ20代、30代は賃金が上昇するものの、一定の経験・人脈を備える40代でピークを迎える。そして、今度は気力・体力の衰えとともに50代から下降する。気力・体力の貢献度と、経験・人脈の貢献度がトレードオフとなる。

どこの世界でも、先輩への敬意や遠慮は普遍のものだけに、なかなか大変な壁ではある。しかし、ここを回避し、放置する結果が、中央官庁では天下り、民間企業では追い出し部屋等々、問題の本質を覆い隠す形で、別の形で歪みとなって噴出する。年功序列の壁を壊す試みは、日本社会を挙げて正面突破を図るべき課題だ。

(3) 人生設計

真に生涯現役時代が到来すれば、概《おおむ》ね賃金は40代でピークとなり、一般的にはその後、緩やかに低下することが想定される。そうなれば晩婚化の時代、子供が高校、大学に進学し、学習塾に通う家庭、あるいは重い住宅ローンを抱える家庭の生活保障を、別次元で考えなければならない。

ここでも旧来の常識を書き換える。子育てや教育、住宅ローンなど人生のステージに応じて会社がそれに適した賃金体系を組み立てるのが、今までの年功序列という終身雇用を前提としたシステムだった。言わば企業に社会福祉的役割を担わせてきたのである。家族の扶養手当や住宅手当などもそのひとつだ。企業にこれを強いるのが、暗黙の前提だったが、それは右肩上がりの成長期にのみ通用した古い概念だ。今後は会社が社員のライフステージに応じて過不足なく面倒を見る、ということはもはや不可能であるし、適切でもない。

賃金体系はこの福利厚生的体系から、経済性や生産性を軸としたものへ転換しなければならない。各人の貢献度に応じて報酬を受け取る体系へと移行するのだ。そのとき住居や子育て、教育に手を差し伸べるべきは、「会社」ではなく「社会」である。つまり自治体を含めた政府であるべきだ。

欧州型の全世代向けの住宅手当、子育て手当、そして大学授業料まで含めた教育費の無償化（北欧は無償、フランスでは国立大学なら年間3万円程度）など、極めて軽い家計負担で、暮らしと子育てに十分な安心を保障していくのである。

教育に関して言えば、日本では、もともと国家予算に占める教育費の対GDP比が低く、他の先進国の半分程度である。教育は家庭の負担、親の責任という文化が根強い。しかし、右肩上がりの時代にはその家計を企業がライフステージに応じて支えることができたが、今後それは望めない。頭を切り替える必要がある。企業に福祉的役割を担わせることには無理があり、限界があるのである。

ここに開いた穴、真空地帯にこそ政府が出張っていくべきだ。子育てや教育に関する費用も、社会の再生産及び個人の幸福追求の最重要基盤として、政府が手を差し伸べる。これにより会社と社員との関係は、従来の結婚、住宅、子育て、教育から冠婚葬祭まで、全てを担保する保護者的関係から、経済性を軸としたものへと変わり、次第に暗黙の前提だった滅私奉公といった価値観も修正されていく。

（4）様々な波及

これらがやがては、全ての出発点である新卒一括採用を不自然なものとし、より柔軟でフラットな雇用慣行、社会構造へと変化させていく。より出入りが自由な風通しの良い雇用市場へと変わるのだ。

女性の雇用についても同じことが言える。結婚や子育てで仕事が中断するM字カーブはよく知られている。こうした不自然な雇用慣行も、より柔軟で出入り自由な雇用市場ができれば修正される。もちろん保育所を始めとした、社会基盤整備が前提だ。

柔軟で流動性の高い雇用市場は、医療・年金を始めとした社会保障制度に対しても、簡素で分かりやすい一元化されたものへと変革を迫ることになる。

社会保障や税制の垣根が低くなれば、正規と非正規の雇用差別も次第に意味がないものとなっていく。流動化した雇用市場と、国が一元管理する社会保障制度のもとでは、もはや、正規雇用と非正規雇用を区別する必然性がないからだ。

欧米でもフルタイムとパートタイムの違いはあるが、正規と非正規という身分的雇用格差はない。新卒一括採用、終身雇用、年功序列、縦割りの社会保障制度、福利厚生、退職金優遇税制など、雇用格差を生じさせる制度を、一つひとつ丁寧に解体し、是正する。ここから初めて、同一労働同一賃金というお題目が実質化する可能性が開けてくる。

（5）労働団体

さらに労働組合のあり方も変わらざるを得ない。現在の日本の労働団体の代表格である連合は、傘下の産業別労働組合、企業単位組合ごとに組織化されているが、大企業の正社員の組織という性格が強く残っており、社会全体における非正規雇用の増大とともに、多くの勤労者の利益を代弁するという意味では課題が多い。

組織率は全勤労者の約17％と言われ、逆に言えば8割を超える一般勤労者にとって自らの声を代弁する組織がない状態にある。昨今、非正規労働者の割合は増加の一途をたどっており、全体でも4割近く、女性に限って言えば5割を超える。

これ自体が、右肩上がりの時代の雇用慣行に企業が耐えられなくなった歪み、ひずみの表れであり、この問題と正面から向き合うことでしか、公平な雇用市場と信頼に足る社会を取り戻す道はない。

広く一般勤労者、一般生活者の声を代弁し、その権利を守る労働団体の存在が必須の課題だ。北欧諸国では労働組合が企業別ではなく職能別に組織され、さらに職業訓練、職業紹介、失業給付などの雇用施策を総合的に担っていると聞く。組合の組織率も7割を超えており、こうした労働団体育成の基盤となる、新たな制度も検討されて良い。

正社員の狭き門をくぐっても、滅私奉公、社内失業、追い出し部屋に過労死。非正規となれば低賃金で人生設計が成り立たない事態。この正規の酷使と非正規の不安定という、両極端を廃さねばならない。必要なのは正しく変化を捉え、根本を見据えるアプローチだ。

❷ 退職金は今もらおう

柔軟な雇用環境の創出にあたって、極めて大きなハードルのひとつが退職金を大幅に優遇する退職金税制の見直しである。

新卒一括採用、年功序列、終身雇用、定年制と続き、最後の総仕上げが、大きな退職金の支払いと、それを大幅に優遇する退職金税制の存在である。世界的に見ても極めて稀《まれ》なこの制度について考えたい。

右肩上がりの時代に確立した日本の雇用慣行は、良く言えば安定的、悪く言えば硬直的である。若いうちは比較的安い賃金で際限なく働き、年齢が上がるにつれて重労働から解放され、賃金が上昇する。

極めつきは大きな額の退職金の支払いと、これを大幅に優遇する退職金税制の存在である。国家によって、一つの会社で長らく勤めることを奨励する制度が採用され、据え置かれているのである。

逆に長く勤めないと損してしまうこの仕組みは、ひとつの会社に忠誠を誓わせ、人を縛りつける方向に働く。同時に社員と会社の命運をあまりにも強く結びつけ、雇用環境と産業構造をますます硬直化させている。

会社の側から見れば、正社員を一人雇うには、重い社会保険料負担と、40年間の雇用保障、そして多額の退職金の支払いまで覚悟することが必要となるため、今の時代、非正規雇用が増えるのは当然である。企業は今後も限界まで正社員の採用を抑制し、絞り込むだろう。

そしてこれからの時代、若い社員に今我慢すれば、40年間の雇用保障と賃金上昇、そして十分な退職金で報いる、と言い切れる会社がどのくらい存在するだろうか。さらにこれを奨励する国家税制の存在をどう考えるべきだろうか。この退職金優遇税制を見直さない限り、フラットで流動性の高い、公平な雇用環境を創ることはできない。

具体的に見る。日本の退職金税制は、数千万円の退職金に対して、ほぼ税金がゼロとなる。勤続一年ごとに認められる控除額が40万円。勤続年数が長くなれば、この額はさらに上昇し、20年を超えると年当たり70万円になる。さらにこれらに加えて控除後の所得を半分で計算する。

税率は195万円未満の5％から4000万円を超える45％の累進課税であり、これらを具体的に当てはめるとどうなるか。例えば、日本の大企業で長く勤めると平均で2000〜4000万円の退職金が支給されるという。仮に40年勤めて3000万円の退職金を受けたとすれば、所得税はわずかに47万円で済む。これが通常の給与であれば、1000万円以上の所得税が課される。もっと高額になって8000万円程度の退職金をもらっても、本来3000万円を超えるはずの所得税が、800万円で済む。これが実態だ。

若いときの低賃金、一つの企業での長期勤続、硬直化した雇用慣行、正規と非正規の格差、こうした一連の雇用市場の歪みの温床が退職金優遇税制であり、他の先進国に例はない。

例えばアメリカやイギリス、ドイツでは退職金に対しても他の給与と同じ所得税が課されるし、フランスでも退職金に40万円の所得控除が認められているだけだ。イギリスやドイツにおいては別途、解雇に伴う補償金として支払われた場合には、社会保障政策の観点から約500万円の控除が存在するが、それだけだ。

直ちにとは言わない。しかし、将来を見通し、例えば10年かけて、課税所得を半分にする特例を徐々に圧縮し、控除額も10年かけて10分の1ずつ圧縮するなど、抜本的な改革を安定的に推し進めるべきである。同時に退職金税制の見直しを強化する分だけ、所得税を全体として引き下げることも検討して良い。

こうなれば、社員への退職金の支払いは、最後の清算としてではなく、正に働いたそのときに、その年の、その月の給与として支払われる方向に働くだろう。正規と非正規を区別してきた主要な壁の一つが無くなる。流動化され、柔軟な雇用構造の創出に一役買うはずだ。

企業の側からすれば、将来の退職金の支払いを気にせず、社員の採用を考えられる。社員も必要以上の滅私奉公から解放される。企業と社員との関係も変わり、硬直的な雇用構造を壊し、人材流動化、フラットで柔構造の社会へとさらに近づく。

北欧では会社を守らず、人を守るという。社員も比較的簡単に解雇されるが、その人々に対する十分な職業訓練と、就労支援が、次なる成長産業へと人材資源を再投入していく。積極労働市場政策と言われるものだ。それが成長率の高い経済構造の一つの秘訣でもある。これを担保するのは、流動性の高い雇用市場、積極労働市場政策、さらには歪みのない、フラットな税制や社会保障の仕組みである。

社会全体として見れば、市場に適合しなくなった古い会社を無理やり存続させることには無理があるだろう。むしろ所属する人々の生活を守りつつ、会社には速やかに市場からの退出を迫る方が望ましいのではないか。これを妨げないのが柔軟な雇用市場であり、社会の新陳代謝こそが生産性の高い産業構造を創る。

かつてイギリス勤務時代に印象に残ったエピソードを紹介したい。イギリスのロンドン都庁の変革だ。サッチャー政権が廃止したロンドン都庁では、2万人いた職員が全員解雇され、半数が東京23区に相当するロンドン各区に、もう半数が他に職を求めた。

その後政権交代により、労働党がロンドン都庁を復活させたが、真に必要な広域交通や環境行政に特化するなど、職員数わずか250名程度で再スタートした。

政治的駆け引きがあったと言われるが、日本でこれだけの大変革が起きることを想像できるだろうか。日本で言えば、東京都庁を廃止して全員解雇し、その後100分の1の職員数で真に必要な分野に限って再スタートするのである。こんな大胆な変革が日本で実行可能であろうか。柔軟で流動性の高い社会構造は、柔軟で流動性の高い雇用市場によってのみ担保される。

生涯現役社会と、新型基礎年金で老後不安を解消しつつ、過度に優遇した退職金税制を、本来あるべき所得課税の姿へと、時間をかけ、徐々に変革していく必要がある。

［8］女性も生涯現役

これからは女性も「生涯現役」だ。古い雇用慣行と縦割りの社会保障制度は、女性に結婚して専業主婦となり、家庭に入ることを奨励した。ようやく改正の動きが出て来たが、いわゆる年金の3号被保険者の仕組みや、所得税、社会保険料の１０３万、１０６万、１３０万円の壁、配偶者控除など、現在も残る仕組みは多く、まだまだ不十分だ。

母親が家庭で乳幼児の保育を全うすることが基本となっている弊害は大きい。保育所が足りない問題はようやく解消されつつあるが、結婚や出産、育児の前後で女性が職場を離れるM字カーブはよく知られており、制度に加えて、雇用慣行や無言の圧力、無自覚な女性差別という問題もある。

女性の社会的自己実現と、子を持つ労働者への環境づくりが決定的に遅れているのだ。男女の育児休暇の権利も、法的には認められているが、それを許容し、包容する文化が弱いため、有形無形の圧力でまだまだその行使が困難だ。

性別を問わず、一人ひとりの人生の充実と、社会全体の活力維持のために、女性の活躍の場を広げるべきだし、女性に限らず、あらゆる人の社会的役割と家庭的役割の両立を支援すべきだ。これを全力でサポートする雇用市場と社会環境を整備したい。

「生涯現役」時代の構想は、当然女性も例外ではない。保育園整備と利用料の軽減、子育て中や子育て後も、様々な働き方を選択できる柔軟な雇用市場、さらには正規と非正規の壁の撤廃、同一労働同一賃金原則の実質化など、労働市場の本格的な改革こそが、労働社会から排除されがちな女性の生涯現役を担保する。

女性の専業主婦化を誘導し、優遇してきた過去の遺物のような制度を見直し、取り払っていくのだ。

変革に当たっては、やはり10年程度時間をかけて徐々に移行していくべきだろう。3号被保険者の問題も、例えば10年間、保険料を10分の1ずつ引き上げることを検討すべきだし、配偶者控除の廃止に際しては、世帯全体の所得を把握して所得税を課す、欧州の制度なども参考にすべきだ。また社会保険料の106万円、130万円の壁については、既に述べた税を財源とした、新たな基礎年金や公的医療制度の創設が最大の解決策となる。

社会的基盤については保育所整備と、利用料の引き下げが重要だ。しかし同時に、こんな話を聞いたことがある。延長保育の際、子供に絵本を読み聞かせた保育士さんが「今日はこれでおしまい。絵本は本棚に返しますね」と言うと、子供は「いいなぁ。絵本には帰るおうちがあって」とつぶやいたという。

こうしたことまで含めれば、必ずしも保育所の整備だけでなく、家庭内保育に対して現金給付を行うことも検討に値する。実際ある市長によれば、保育所整備・運営には子供一人当たり20～30万円の経費がかかるため、家庭内保育を保護者が望む場合には、月5万円でも10万円でも支給した方が、経済的にも合理的だと言う。

確かにパート勤めに出て、月に5万円から10万円の収入を得ても、それが保育料で吹き飛ぶくらいなら、むしろ、家庭内保育に現金給付を望む保護者もいるかもしれない。そうであれば、一石三鳥の施策だ。

例えば先進国の家庭内労働については、介護の場合、ドイツで月4～12万円、オーストラリアで年67～390万円、スウェーデンでは1時間5000円程度が要介護者に支給され、それが家庭内介護者に支払われていると言う。家庭内労働に対して、こうした目に見える形で社会が現金給付する制度も一つの参考例になる。

［9］人生の旅立ちにあたって～チェックアウト～

さて、生涯現役時代について様々な角度から考えてきた。最後に大変センシティブな話だが、人生を終える際の、個人と社会との関係について考えたい。最低限の暮らしの安全・安心を社会が提供する一方、人生を終えるに当たって、次世代との関係において、それをどう清算し、引き継ぐかという問題である。

これまでの世代間扶養のシステムは、全ての現役世代の負担により、全ての高齢世代の安心を支えてきた。しかし、高齢世代と若年世代の割合が逆転すると、今度は、高齢世代から次世代への逆給付が重要になる。死亡時の相続である。しかし相続は性格上、全ての高齢者から全ての若年世代への給付ではなく、一部富裕層から限られた親族への給付となってしまう。これがひいては格差の固定化や、社会の階層化という問題につながる。

加えて、超長寿化の進行によって、現在相続の多くで90歳代で亡くなった方の遺産を70歳代で相続するというケースが増えており、いわゆる「老々相続」という問題にもつながっている。70歳を超えて相続しても、相続財産は消費や投資に回りにくく、社会全体として活性化された資金循環につながりにくい。

現在、年間約80兆円とも言われる相続財産は、様々な控除があるため実際に相続税を納めるのは全体の約９%、相続税収は年間約３兆円程度にとどまる。単純に相続税を引き上げる議論は、富裕層や資産の海外逃避という問題を引き起こすため、ここでも大切なことは、何が公平であり、次世代の社会の持続可能性を担保するために、どういうプランが必要かという説得力ある説明である。

現在、国内の純金融資産の6割超を60歳以上の高齢者が保有している。そして、この高齢者の資産の相当部分は、現役時代に納めた社会保険料と、年金や医療を通じて受けた給付との差額という側面がある。世代によってはこの給付の超過分が３０００万円を超え、世代によっては３０００万円のマイナスとなるのだ。

子供や孫の顔を思い浮かべつつ、いかにこの世代間格差を解消し、格差の固定化や社会の階層化を防ぎ、社会全体の活力と持続可能性を回復させるか。その観点から、最後にひとつのプランを提示したい。

人生を終えるに当たって、受けた社会保障給付の総額のうち、自らが支払った保険料を超える部分、すなわち税金（実際には相当部分が借金）によってまかなわれた部分を社会に還元し、納めていただく制度である。

一部経済団体などが提唱している「社会保障の個人会計」という考え方であり、既に政府でも議論されている。社会保障を個人単位で考えることについては、社会全体の支え合いという観点からの批判もあるが、実際に限られた親族だけでなく、広く次世代に自らが受けた恩恵を還元し、格差の固定化や社会の階層化を防ぎ、世代間不公平を緩和し、社会の持続可能性担保に努力を払う必要がある。

長生きすることをリスクに感じ始めた今の時代、人は過剰に貯蓄する傾向がある。こうした不安を、一刻も早く一掃したい。一方で、安心な社会から受けた恩恵を、広く次世代に還元することで、そうした社会を将来にわたって引き継ぎたい。それが公平で持続可能な新しい社会の姿ではないだろうか。正に人生の清算、チェックアウトと言える仕組みだ。

こうした制度はひいては、大きな課題である、過剰な延命治療を防止するという副次的な効果をもたらすだろう。人間の倫理観と、経済合理性が矛盾しないのだ。ここに矛盾や葛藤を生じさせる社会制度は、それ自体が悪であり、不謹慎でもある。これらを旨として、社会全体を考え直す時期にさしかかっている。

5 列島開放

外への開放

［1］徹底した開放政策への針路

ここまで人口構造の激変がもたらすインパクト、それに対応する「生涯現役」構想について述べた。これは一人ひとりの人生の質を高めると同時に、社会の持続可能性の回復を目指すものだ。あくまでピンチはチャンス、ピンチを通じてこそ社会は変わる。

もう一つの激変である人口減少も同様だ。有史以来、開かれてはいても、島国として独自の発展を遂げてきた日本のあり方を見つめ直すチャンスだ。

今後、人口は半減に向かう。その前提の中で、いかに国力を維持し、暮らしの質を高め、インフラを整備し、社会を発展させるか。総数が減る分、一人ひとりの価値を高める以外に選択肢はない。

同時に、これまで以上に世界に開かれた形で、国際社会との共存共栄を日本列島において実現する。真にグローバル化する国際社会に日本列島を適応させるのだ。これを通じて国家と国民の価値を、新しい時代にふさわしいものへと高める。

日本は貿易立国と言われて久しい。しかし実際にGDPに占める輸出依存度はわずかに15％しかない。お隣の韓国、欧州のドイツなど貿易で存在感を発揮している国の輸出依存度は、既に40〜50％と遥《はる》かに高い。人口半減時代にあってなお国力を維持するために、目指すべきは正にこの「外需50％」の国づくりだ。一人当たりの価値という意味では、例えばスイスでは既に一人当たりGDPが約9万ドルと、日本の2倍以上である。

製造業や輸出産業の振興はもちろんのこと、アジアを始めとした新興国の成長に積極的にコミットし、投融資を通じて稼ぐ国際金融投資立国も重要な選択肢だ。

国内環境についても、徹底した空港・港湾戦略、規制緩和、法人税改革、雇用市場改革などを通じて、外国の人や企業から見て十分に魅力的なものへと変革する。同時にいかに多くの日本人、モノ、カネ、情報を世界に展開させるか、大きな戦略が問われる。

さらに、古い社会制度の制約から解放し、次世代、未来の可能性を最大限に引き出し、花開かせることも考える。最終的には教育を含めた人づくりの課題に行きつく。

人口減少時代を、これまでの日本列島と日本人のあり方を見直す大きなチャンスと捉えるべく、「外への開放」と「内なる制約からの解放」を基本に、近未来の日本の姿を描く。それが「列島開放」のコンセプトだ。正に日本人と日本列島の改造計画でもある。

まずこの章においても、この先も続く厳しい人口減少の現実、この直視から始めることとしたい。

❶ 人口減少の加速

有史以来、日本の人口は増え続けた。特に明治以降の増加が急激である。2008年にピークを打った日本の総人口は、その後減少に転じ、減少スピードは加速度を増している。もちろん徹底した少子化対策は必須だ。しかし、人口の多い世代が、既に出産適齢期を過ぎた以上、少子化対策によって、人口減少そのものを食い止めることはできない。そのレベルで止められる人口減少ではない。

今一度、詳しく日本の人口動態を見てみよう。有史以来、800万人前後でスタートした日本の総人口は、その後一貫して増加曲線をたどった（再掲の図表2参照）。

平安期以降、日本の総人口の変化は緩やかで、常に1000万人前後で推移した。

しかし、江戸幕府成立とともに、人口拡大期に入る。江戸中期までの100年余りで、それまでの1000万人台から一気に3000万人台へと駆け上がった。恐らくこれは、江戸幕府という安定政権の樹立と戦国時代という内戦の終結、そして天下泰平のもと進められた新田開

（再掲）図表❷ 日本人口の長期推移

出典｜国土交通省、総務省、国立社会保障・人口問題研究所の資料より作成

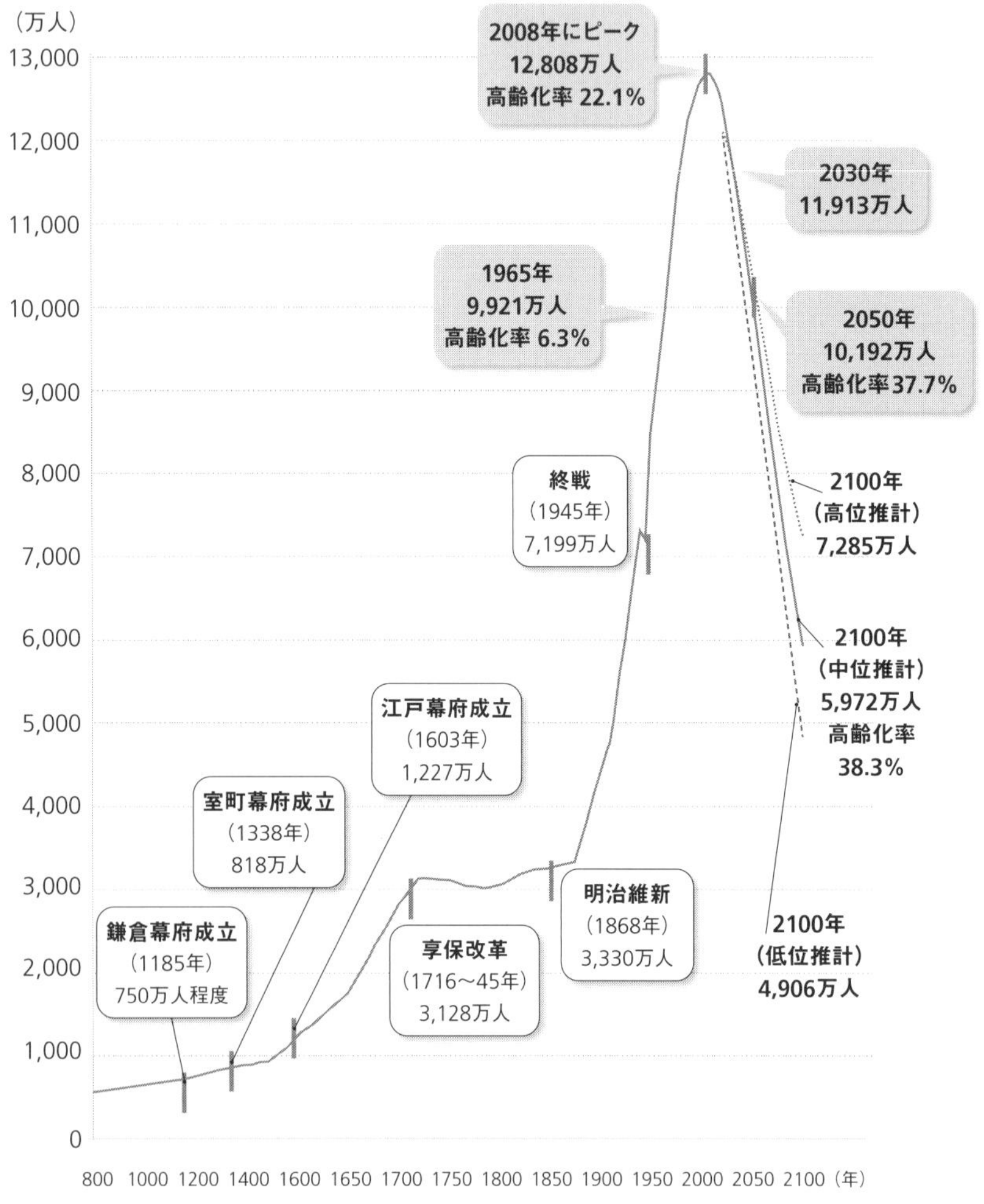

発による経済成長に要因があった。全国各地に「新田」という地名が増えたこの時期、人口増大と経済成長が、相互に影響し、牽引し合ったのである。

興味深いのは、この人口増大が江戸中期に頭打ちとなり、飽和状態に達したことである。ここから、むしろ人口減少、停滞期に入る。これは恐らく、日本列島という山がちな国土で、農耕社会が抱えられる極大人口に到達した、そう解釈するのが自然ではないか。

そして人口減少・停滞期の享保《きようほう》年間は、八代将軍徳川吉宗による幕政改革が行われた時期と重なる。悪化した幕府財政再建のための質素倹約、目安箱を始めとした民意の集約が進められた。現代で言えば行財政改革が進められたのである。

人口の増大が経済を成長させ、経済の成長がさらに人口を増大させる。しかし、ある時点でそれは止まり、経済の成長も人口の増大も停滞期に差し掛かる。それが政権の財政基盤を揺るがし、行財政改革を迫る。今と全く同じだ。歴史は繰り返す。

問題はその後だ。明治以降、日本の人口曲線は歴史上経験したことのない急カーブで上昇する。明治維新は天皇親政、中央集権国家の成立など政治面の変革がクローズアップされがちだが、その本質は、英国を発祥とする産業革命に対する日本なりの必死の適応だった。明治政府の掲げたスローガン、「殖産興業《しよくさんこうぎよう》」「富国強兵」がそれをよく表している。

これにより過去1000年間、緩やかに上昇した日本の人口曲線が激変した。過去とは比較にならないペースで拡大し、急上昇を続けた。産業革命に適応した日本が、化石燃料という莫

図表⑩ 世界の超長期の人口推移

出典｜国連人口基金東京事務所HP　総務省統計局「世界の統計2014」を参考に作成
http://www.unfpa.or.jp/publications/index.php?eid=00033

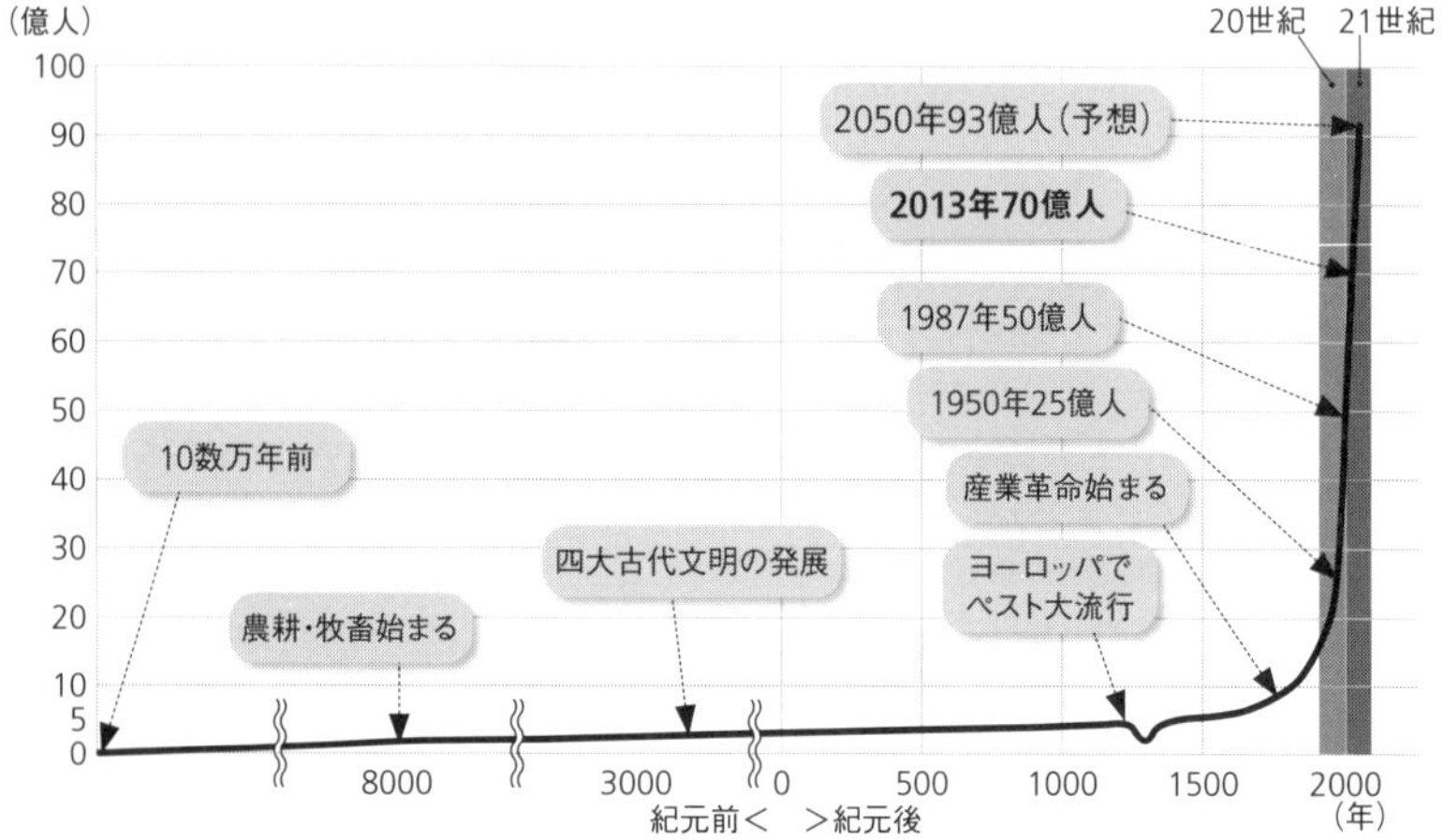

大なエネルギー源と、産業技術を手にし、生産力を各段に高めた結果である。

　農耕時代を遥かに超える人口を養うため、特に戦後は世界から食料が輸入された。現在、先進国で最低水準となっている食糧自給率38%という数字も、この観点から見れば頷《うなず》けるものがある。

　そして、実はこれは日本に限ったことではない。図表10で分かるように産業革命以降、世界で人口が過去に見られない急激なペースで増加した。やがて人類全体が人口という点において、ある種の飽和状態に達する日も近いかもしれない。近未来むしろ減少に向かうとの予測すら存在する。もしそうだとすれば、この人口減少は、人類史的な出来事であり、未だ誰も経験したことのない巨大な試練、変革期である。そしてその先駆けとして、日本が先頭を走っている。こうした問題意識が頭をかすめるのだ。

ここまで思考が至ると、急激な人口増大は産業革命がもたらしたものであり、その文明が、今や環境・エネルギー問題、水や食料不足といった、地球環境の制約に直面していることを想起させる。今後、進行する人口減少は、産業革命以降の地球上の制約の問題と深く関わっている。ここに最も本源的な問題意識が芽生えてくる。

産業革命後の人口増大は、大量のエネルギー消費と廃棄によって支えられた。これが拡大するにつれ、地球温暖化や巨大台風などの気候変動、海面上昇、水や食料不足など、人類の生存と生態系を脅かす事態に至ろうとしている。

考えてみれば、永遠に人口増加が続くことはあり得ない。永遠の大量エネルギー消費と大量廃棄、そして過重な環境負荷を前提とする文明に持続可能性はない。未来永劫これが続くはずがない。

エネルギー問題は別途項を割くが、あらためて人口問題について言えば、なおしばらく地球規模で人口増大が続くものの、現在80億人の人口が１００億人程度に達すると、その後は飽和状態に達し、むしろ減少に向かうのではないかとの予測がある。そして、この道行きの先頭を日本が走っているのである。

興味深いのは、ある生物学者の研究結果だ。培養した細菌は、シャーレの大きさの限界まで分裂が進むが、シャーレ内が飽和状態となれば、自然に自己増殖を抑え、調整過程に入るという。

人類も地球という巨大なシャーレの中で、エネルギーを自在にあやつり、自己増殖を図ってきた。しかしそれは、数百万年に及ぶ人類の歴史のわずかに0・01％、産業革命以降の数百年の出来事でしかない。ここへきて人類は初めて地球環境の有限性に直面し、それを深刻なものとして無意識のうちに自覚し始めた。そしてこれから長い時間をかけて、調整局面に向かう。この認識が必要だ。

同時にもうひとつの重大な変化を指摘しておきたい。人口増大と合わせて、特に先進国を中心に、超長寿化を実現したことである。短命で終わっていたはずの個体の命が、快適な環境や医療技術の進歩により、超長寿を手にしたのである。長寿は人類の長年の夢でもあった。

地球上のエネルギー・環境制約への直面と、超長寿の実現、この二つが同時進行している人口減少と、少子高齢化問題の正体である。各国が抱える問題の根っこにあり、根底に広がる背景である。そして、その深い問題意識こそが今後を読み解く鍵となる。

❷ 長寿と多産は両立するか

『老化の進化論』（マイケル・R・ローズ著）は興味深い。「生存」と「生殖」はトレードオフの関係に立つというのだ。交尾をさせないハエは、交尾を行うハエより寿命が長い。去勢された中国の宦官《かんがん》は、一般男性に比べて長生きしたという。つまり生殖は命を削ることと引き換えだと言うのだ。

生存と生殖がトレードオフの関係に立つ。極めて興味深い視点だ。確かに種の保存という観点で考えれば、自らが個体として長生きするか、子孫を多く残すか、いずれかしかない。個体の生命が脅かされれば生殖に励み、個体の生存が確保されれば生殖を控える。極めて理にかなっている。現在の少子化や晩婚化、あるいは草食系男子などと言われる社会現象も、もしかしたら根底にこの変化が横たわっているのかもしれない。

産業革命以降の社会が、莫大な人口増大と個体の長寿命化を同時に実現し、そのことが地球上のエネルギー・環境制約に直面する深刻な状況を創り出した。こうしてついに人類は、多産・多死・短命社会から、少産・少死・超長寿社会への移行を選択しつつある。合わせて、総人口を調整する局面へと歴史上初めて差しかかろうとしている。

ここから再び数百年かけて、エネルギー消費を抑制しつつ、高度な技術を利活用して、少産・少死かつ超長寿社会へと完全に移行していく。正に文明史的転換である。まず先頭を走るのが日本。そしていずれの国も、やがては同じ課題に直面し、同じ過程を辿《たど》るに違いない。

前述したように日本の人口は2008年に1億2808万人でピークを打った。ここから減少局面に入り、最初は年間数万人だったものが、現在数十万人、やがて年間100万人単位で減少していく。現在の香川県ほどの人口が毎年失われる激しいインパクトが数十年続く(図表11参照)。

図表⑪ 毎年の人口減少数

出典｜国立社会保障・人口問題研究所「日本の将来推計人口」を基に小川事務所作成

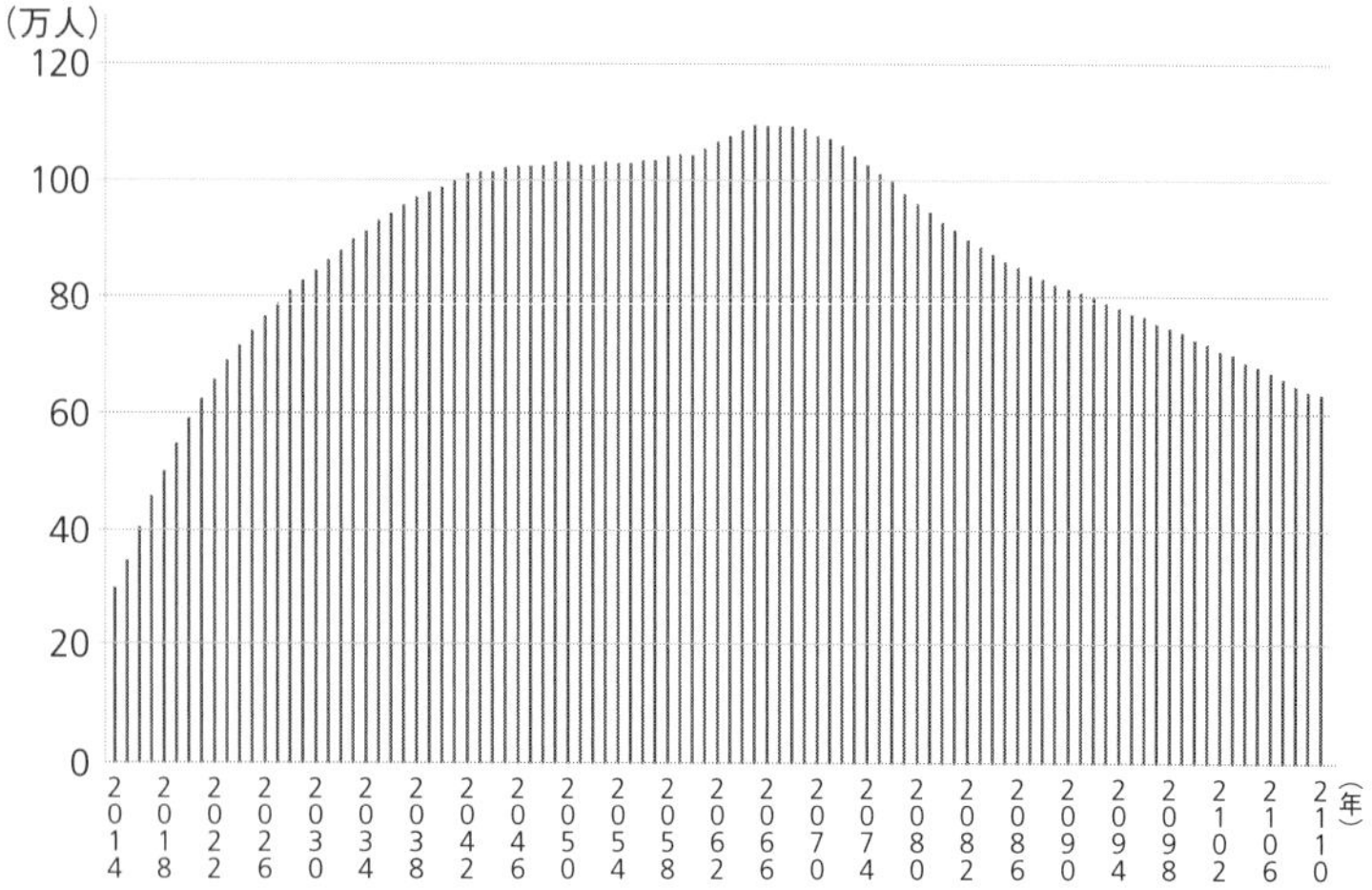

そして今世紀半ば、ついに1億人を切り、今世紀末には6000万人前後と、現在の半分程度にまで縮小する。極端に言えば、農耕文明の最終段階であった江戸時代に近い水準で将来的に均衡し安定することが視野に入ってくる。これに超長寿化による人口構造の激変が合わせて進んでいく。

もちろん今後も少子化対策には十分に力を入れる。子育て手当、保育所整備、教育費の負担軽減などが柱となる。しかし分母たる出産適齢期の人口が、団塊世代は同学年が250万人、団塊ジュニア世代は200万人であるのに対し、現在生まれてくる赤ん坊は年間80万人に満たない。この世代が親世代となるときに、仮に女性一人当たり3倍の子供を産んでも、出生数はかつてと同じだ。少子化対策をしても人口減少そのものを食い止められないし、むしろ人類史、地球史から見て、より根本的な変化が起きていると捉えるべきだ。私の世代は人口が1億人を超える1970年代に生まれた。そして再び1億人を切る2050年代に約80年の人生を終える。人生の前半40年を最後の人口増大曲線の中で過ごし、後半40年を最初の人口減少曲線の中で生きる。

この世代が中心となって、人口減少、人口構造の激変、その背景にあるエネルギーや環境制約の問題、これらに真摯に向き合わずして、一体どの世代が向き合うのか。右肩上がりの成長期に作られた制度や価値観を、正しく置き換える使命を、私たちの世代が果たさずして、どの世代が果たすのか。こうした問題意識を共有し、責任感と使命感をもって事に当たるのだ。人口減少ペースの加速はとにかく急だ。これを後戻りできない本質的な変化と捉えつつ、その影響を最小限にくい止める努力を払う。むしろこれを旧来の日本社会を変革する最大のチャンスと捉える。一刻の猶予もない。これも非常事態宣言に値する衝撃的な変化なのだから。

［2］フローを勝ち取る開放政策～信長に学べ～

人口減少が進めば、世界で新興国が台頭する中、人口や経済規模の観点から、日本のプレゼンスはさらに低下する。そして、国内のインフラや政府の借金など、過去の資産と負債は、一人当たりの負担を増やすことにつながる。

こうした制約と闘いながら、いかに日本列島の元気を取り戻し、国力を維持し、活力に満ちた社会を創るか。これが今後死活的に重要なテーマとなる。

これと向き合う最大のキーワードが、徹底した「開放政策」だ。

これまで国内で賄ってきたものを、海外に求め、製品も人材も資金も情報も、海外との関わりの中で、その価値を高め、交易を拡大する。

外需50％、一人当たりの付加価値（GDP）の向上、金融・投資立国、訪日客の倍増、外国企業誘致、国際交通のハブ化、日本人や日本企業、モノ・サービス・情報、あらゆるものの世界展開。これらをセットにした徹底した開放政策が、ひいては異文化の刺激を受け、それとさらに融合した、真に国際社会に開かれた日本列島と日本人を創り、その価値を高める。

国内ストックが減少する以上、徹底した開放政策でフローを獲得し、フローで勝負する国づくりを進める。これが「列島開放」の核心だ。

様々な法制度、慣習、慣例を正すには勇気が必要だ。いつの時代も、外に向けて社会を開くことには不安と抵抗が伴う。慣れ親しんだ価値観や環境をいったん離れ、未知の危険、恐れ、不安と向き合わねばならないからである。江戸時代の鎖国、幕末の尊王攘夷《そんのうじょうい》運動などもこの例外ではない。

かつて戦国時代、織田信長はずば抜けた見識と胆力で徹底した開放政策をとった。室町幕府の弱体化に伴い、各地の戦国大名がしのぎを削るこの時代、通常、大名は互いに国を閉じることでその平穏を保った。街道を破壊し、通行を妨害し、橋を焼き落とした。互いに疑心暗鬼に陥り、敵の侵入を恐れたのである。恐れ、防ぎ、閉じることによって領内の安定と小さな覇権を維持しようとした。

しかし、真逆の発想に転じたのが信長だった。奇才、天才と言うべきか。信長は街道を整備し直し、橋をかけ、領内への人々の往来を促した。人とモノの交流を拡大し、同時に楽市楽座という徹底した規制緩和によって商売を奨励し、交易を拡大した。徹底した開放政策と規制緩和を同時に進めたのである。

域内の交易は拡大し領内は賑わい、栄えた。そこからの上納金で信長は潤い、今度はそのお金で、農民兵を農村から切り離し、専門の常備軍として雇い入れたのだ。農繁期《のうはんき》に戦《いくさ》ができない、軍事訓練を施せない農民兵の弱点を克服したのである。さらに潤沢な資金で鉄砲を始めとした武器を大量購入し、最強の戦国大名となった。ここから天下統一に向かうのである。

全ては徹底した開放政策と規制緩和から始まった。

頭では理解できる。しかし実行は容易ではないはずだ。この極めて大胆で抵抗の強い開放政策と規制緩和を、信長は何故断行できたのか。やはり将来を見通す力、そしてそれに裏打ちされた決断力、胆力のようなものが背景にあったのではないか。瞬時に損得を算段する割り切りのようなものと言っても良いのかもしれない。

不安を抱えつつも、果実と危険の大小を判断し、決断する。リスクを最小限に止《とど》め、果実を最大化する術を考え抜く。その類《たぐい》の総合力が今の日本には求められる。

これから総人口の加速度的な減少という、かつてない試練に直面する日本列島が、いかに国土と国民を外に向けて開放し、その可能性を開くか。交易と交流によって新たな価値を生み、それを高められるか。そして高めた価値と魅力で、いかに世界のフロー獲得競争に勝利できるか。どのように文化や背景を異にする人々と共存共栄を図るか。

人口減少時代だからこそ、日本列島と日本国民の見識と度量が問われる。

かつての遣隋使《けんずいし》、遣唐使、元の来寇《らいこう》、朱印船貿易や勘合貿易。鎖国と開国。日清・日露戦争、日中開戦、太平洋戦争。占領統治、独立回復。常に外との関わりにおいて、この国の歴史は大きく動いてきた。それはこれからも、またどの国でも変わらない。世界は常に交流と交易の拡大の歴史だった。移動やコミュニケーション手段の発達に伴って、世界は交流の範囲を広げ、相互依存を深めてきた。総人口が極端に減少し始めた今こそ、日本列島が飛躍的に外との関わりを拡大する好機である。日本列島と日本国民のあり方を長期にわたって見直すチャンスである。

［3］訪れたくなる国・日本へ

❶ 日本列島を開放せよ

開放政策を考えるに当たって、まず物理的に日本列島、日本国土を徹底して開放することから始めたい。信長に倣《なら》えば、街道を整備し、橋をかけ直すのである。

海に囲まれた日本列島へのアクセスは、空港と港湾だ。「島国の国力は、空港や港湾の能力を超えられない」。これはシンガポール建国の父、リー・クアンユー氏の言葉である。

日本も島国だ。外からやってくる人もモノも全て海を渡るか、空を飛んでやってくる。空から来る人、海からくるモノに対して、いかに便利で快適な、そして安価で利用できる空港と港湾を用意できるか。今後の日本社会の浮沈にかかわる重要政策だ。

以下2014年時点の記述を参照して欲しい。

日本にやってくる人々の94％は空から入ってくる。その4割は空の玄関口、成田空港を目指す。この成田の年間旅客取扱数は約4000万人と言われている。この成田空港と東アジアのハブ空港の座を争っているのが香港のチェックラップコック空港、シンガポール・チャンギ空港、韓国・仁川《インチヨン》空港、上海の浦東《プードン》空港などである。

旅客一人当たりが支払う空港利用料金を比較すると、成田が４５７８円であるのに対し、韓国は３５１０円、香港は３０７７円、シンガポールは２４６４円、中国は２４５７円と、全ての主要空港に対して割高である。

日本と同じく西の島国であるイギリス・ロンドンを見てみたい。ここには旅客取扱数において世界一を誇るヒースロー空港が存在し、その年間取扱数は６０００万人に上る。

東の島国日本の成田空港と、西の島国イギリスのヒースロー空港、かつてこの二つの空港の着陸料には、極めて大きな差があった。当時のジャンボ機１機着陸させるのに、成田では１００万円。同じ機材でヒースローでは８万円という時代があった。次元の異なる料金設定だ（最近では成田が引き下げ、ヒースローが引き上げたためその差は縮小している）。

アジアで直接競争にさらされている韓国、シンガポール、上海、香港などの主要空港の着陸料は現在も成田の２分の１から３分の１程度の水準で旅客機を受け入れている。

さらに問題にしたいのは、世界一高いと言われている日本の着陸料の年間収入総額である。日本には北海道から沖縄まで約１００箇所に空港がある。そこで収入される着陸料を全て足し合わせると、約１５００億円である。年間の公共事業費約６兆円との比較で言えばわずかに２％分である。思い切ってこの２％の資源配分を変えることができれば、今日明日にも日本の全空港を世界に向けて無料で開放することができる。

現在、日本の地方空港を飛び立つ人や貨物が、羽田や成田に向かわず、仁川を目指すケースもあるという。そこから世界に向かうのである。一刻も早く劣勢を挽回するため、こうした物理的障壁を取り払い、往来を増やさなければならない。空の街道を広げ、整備しなおすのだ。

次に海だ。まず日本と世界の港を比較してみよう。横浜港はバース（船席）が５１８０m、ガントリークレーン（橋脚型大型クレーン）40基、面積２１３ha。対して、貨物の取り扱いが非常に大きく伸びている韓国の釜山《プサン》港は、バースが９４７３m、ガントリークレーン76基、面積が４０６ha。シンガポールに至ってはバースが１万５５１０m、ガントリークレーン１９０基、面積が５９５ha。この圧倒的な差は目を覆うばかりだ。

世界のコンテナ取扱量は爆発的に伸びているにもかかわらず、荷物の大半が上海やシンガポールに流れ、これを釜山港が追い上げている。日本国内では東京港がトップだが、世界では26位に過ぎない。横浜港はかつて世界の三本指に入る国際港湾でありながら、現在世界36位。神戸港もかつての世界4位から現在では40位。日本の港湾は世界との競争に立ち遅れている。勝敗を分けた要因は、クレーン整備、広大な後背地、迅速な荷捌《にさば》き、利用料金の低さ、24時間化等々に代表されるインフラとしての魅力の差だ。

２０１４年の記述はここまで。

この９年間で空港の着陸料等の差は縮小したものの港湾の競争力はさらに低下し、東京湾は世界41位、横浜港は72位、神戸港は73位となっている。

日本の港は、国際結節点であるということを意識せずにきた。むしろ港湾整備は地元対策の公共事業だった。事業の効用そのものより、工事がそこで行われ、お金が落ちることが重要だったのだ。現在、国際戦略港湾として、東京、横浜、川崎、大阪、神戸が指定されているが、なお国内の重要港湾が100箇所以上指定されている。何がどう重要で、どう戦略性を持たせて事業展開を図るのか。全体としては極めて見えにくい。今後さらに熾烈《しれつ》さを増す国際競争を十分意識し、極めて重点的で戦略的な投資が必要だ。

アジアの貨物を視野に入れ、釜山に対抗するのであれば北九州や福岡、そしてロシアを含めた極東を視野に入れるなら新潟など北陸、そして太平洋側は阪神や京阪など対象を絞り、大規模かつ集中的に資源を配分し、世界にとって魅力的な、立ち寄りたい、立ち寄らざるを得ない、そんな港を造らねばならない。

同時にそれ以外の全国の港に対して、今までのように横並び、分散投資はもはやできない。それが許される時代ではないことを説明し、説得し、その理解を得る必要がある。

それにしてもこの差は一体どこから生まれてきたのか。貿易立国と言われて久しい日本だが、既に述べたようにGDPに占める輸出依存度はわずかに15%程度である。韓国の36%、ドイツの39%と比べてもはるかに低い。日本には国内に1億人を超える人口が存在するため、これまでは内需で事が足りたのだ。製品開発も物流も人の往来も、国内に目を向けていれば済んだ幸せな時代が続いたのである。

しかし、今世紀中に人口が半減することも予想される中、こうした緩慢な発想を脱却し、国際社会との結節点を十分に意識して、近未来を考えねばならない。本格的な国際競争時代に、人口減少下にあってなお、交流・交易の拡大によってフローを獲得し、活力を維持するのだ。同時に国内環境においても、高速道路、鉄道や公共交通機関の料金引き下げなどによって、国内の移動コストを引き下げ、障壁を取り払う。人とモノの往来を促すことで、経済や暮らしの活力を高めるのだ。

国際結節点と国内環境の双方で街道を広げ、橋をかけ直すのである。

❷ 日本社会を開放せよ

(1) 日本社会の壁

空港・港湾といったハード面の壁を取り払い、国内の往来環境を整えたら、今度は社会制度というソフト面で、障壁を引き下げる。いかにして観光客やビジネス客にとって魅力的な環境を用意し、その流入の拡大を図るか。その観点から、日本社会のあり方を見直す。

ビザの撤廃など自由度の高い出入国管理、在留資格の拡大、外国人や企業にとって望ましい規制緩和、法人税制。最終的には異なる言語や文化に対して寛容で、包容力ある日本社会。これらを総合的に押し進め、日本社会を変革していく。

既に外国の人や企業から見て、日本社会が備えた魅力は多々ある。快適な都市環境、治安の良さ、高く信頼に足る技術、高度な医療、時間どおりの交通機関、おいしい食べ物、おもてなしの精神、まじめな国民性。他には見られない利点を挙げればきりがない。しかもそれらは全て、一朝一夕にして獲得できない、長い年月の中で培われてきた優位性である。これらの魅力は、これからも日本社会の最大の強みとして大事にしたい。

一方弱みとなりかねないのが、やはり言語環境、法人税制、硬直的な雇用市場、閉鎖的で同質的と言われる国民性などだろう。

英語などの国際公用語が通用しにくい国内環境は、今後最大の障壁となりかねない。既にシンガポールやフィリピン、マレーシアなどのアジア諸国、インド、ケニアなど英国を旧宗主国とする新興国、北欧やオランダなど欧州の中小国では英語が公用語またはこれに準ずる地位を占め、国民は母国語と同等に自在に操っている。

法人税制の改革も重要だ。現在フランスや中国は25％、イギリスは19％、ドイツは16％という税率で外国企業を引きつける努力をしている。日本の23・2％という法人税率は、これらの中間にあると言える。外国から投資を呼び込み、国内企業の再投資を促すためにも、国際スタンダードを意識した税制改革が必要だ（国際社会挙げての法人課税の適正化については増補300ページ以降参照）。

さらに何度も述べるが、硬直的な雇用市場の変革も避けて通れないテーマだ。規制を緩和し、自由で流動化された雇用市場を創出する一方、そこに所属した人々を守る職業訓練や失業給付、新たな産業への移動支援を柱とした積極労働市場政策こそが、外国人から見ても魅力的な日本の雇用市場を創出する。

詰まるところ、国内の人口や経済規模が大きかっただけに、ともすれば内向きになりがちだった日本社会。真の国際化を怠ってきたとも言える日本社会の課題を整理し、大切に守るべきものと、大胆に変えるべきものを見分ける。グローバル化する国際社会に日本の良さを活かしつつ適合する。日本社会の類まれな魅力、強みを活かしつつ、弱みを克服し、世界に開かれた日本社会を構築する。

人口減少が本格的に進む今こそが、変貌を遂げる最大のチャンスだ。

（2）外国人観光客

外国から人とモノを呼び込むに当たって、最も歓迎され、抵抗感も少ないのが外国人観光客だ。既に「ビジットジャパン」の取り組みなど、外国人観光客の呼び込みに向けた取り組みが進められた。人口が本格的に減少する日本列島にあって、観光、ビジネス、先進医療の提供など、あらゆる機会を狙って、フローの流入客を拡大し、訪日外国人数を増やす。これからの国の経済と社会の活力にとって鍵となる。

２０１４年当時、私は次のように記述した（以下２０１４年の記述そのまま）。

図表⑫ 海外への日本人旅行者と日本への外国人旅行者

出典｜日本政府観光局「年別訪日外客数、出国日本人数の推移」より作成

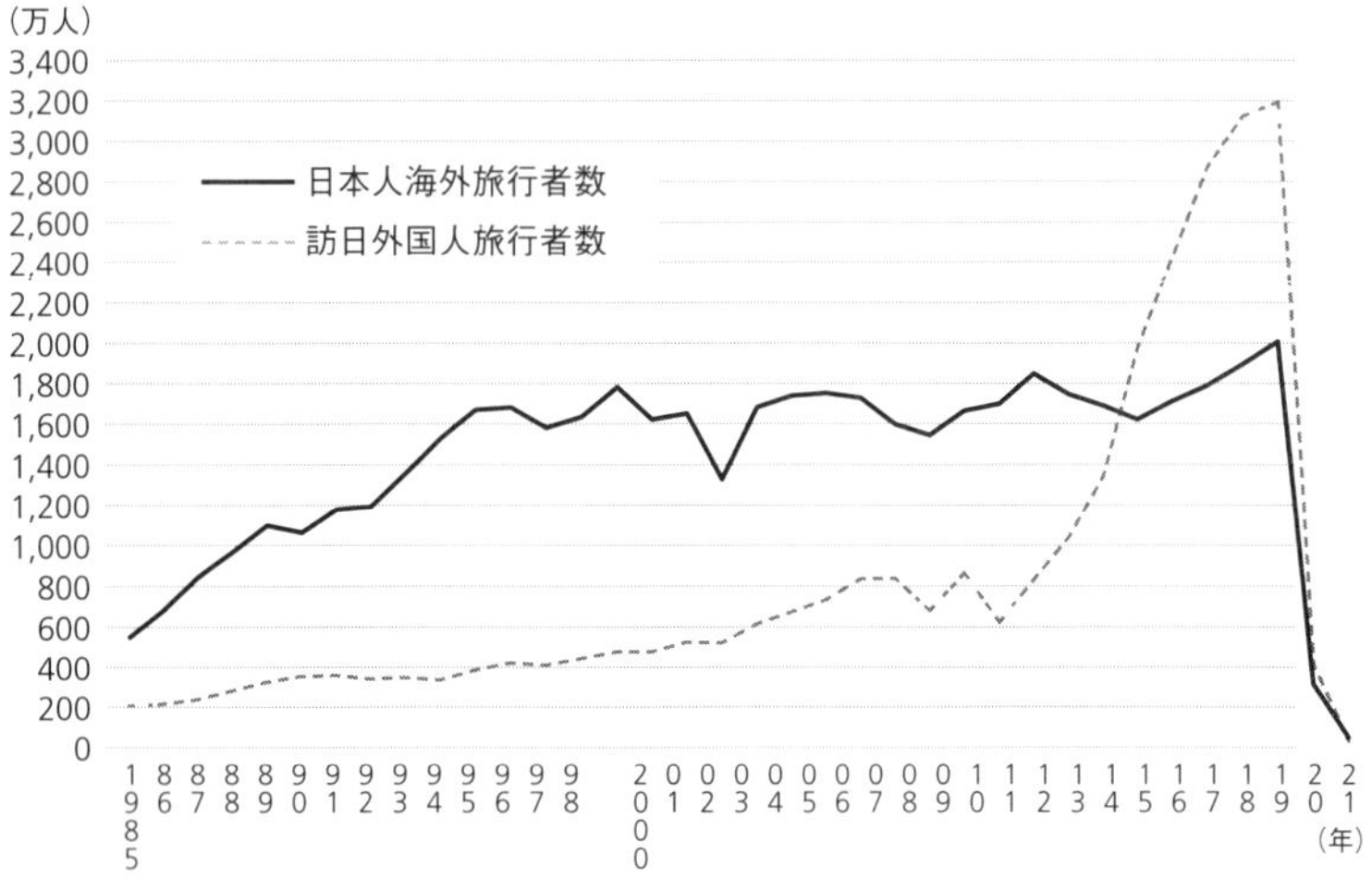

日本人の出国者数と、訪日外国人数のグラフを見て欲しい（図表12参照）。

年間約１６００万人の日本人が海外へ出かけるのに対し、日本を訪れる外国人は７００〜８００万人で推移して来た。２０１３年は初めて訪日外国人が１０００万人を超えたが、まだまだ年間約１０００万人近い「交流赤字」が存在する。

出国者数の国際ランキングで日本は世界11位なのに対し、外国人受け入れランキングでは39位と低迷している。日本は迎える人よりも、出る人の方がはるかに多く、国の魅力を増やさなければならないことがよく分かる（図表13〜16参照）。

訪日外国人一人当たりの消費額が一番多いのはフランス人で、一人当たり約23

図表⑬ 海外出国者数ランキング（2013年） 出典｜『平成25年版観光白書』

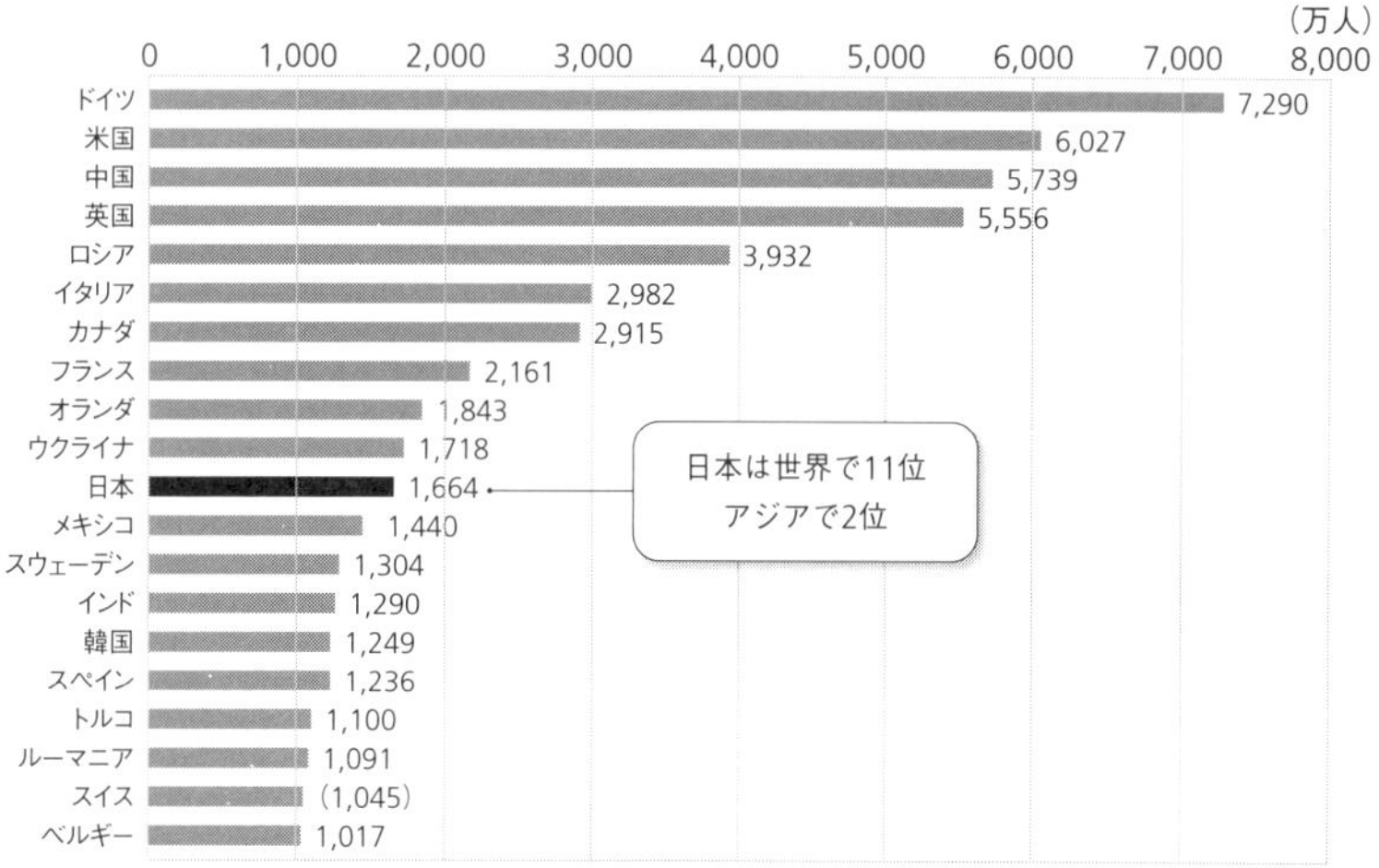

図表⑭ 海外出国者数ランキング（2019年）

出典｜日本政府観光局『JNTO日本の国際観光統計2020年版』

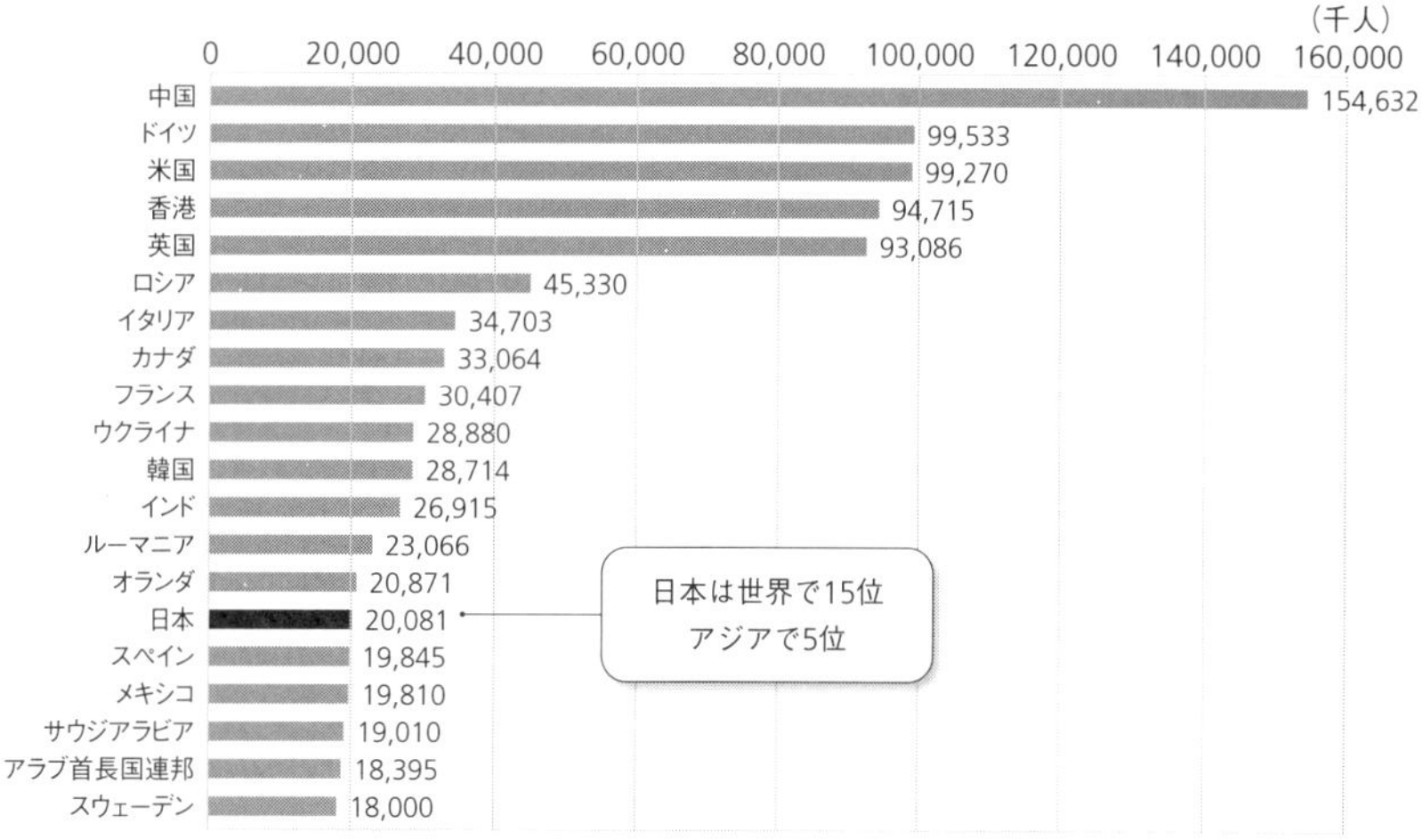

注1：本表の数値は2021年6月時点の暫定値である。
注2：オランダ、ブラジルは2019年の数値が不明であるため、2018年の数値を採用した。
注3：出国者数は、数値が追って新たに発表されたり、さかのぼって更新されることがあるため、数値の採用時期によって、その都度順位が変わり得る。
注4：本表で採用した数値は、香港、英国、ロシア、韓国、ルーマニア、日本、台湾、豪州、カザフスタン、アイルランド、ウズベキスタンを除き、原則的に1泊以上した出国者数である。

図表⑮ 旅行者受け入れランキング(2013年)

出典｜『平成25年版観光白書』

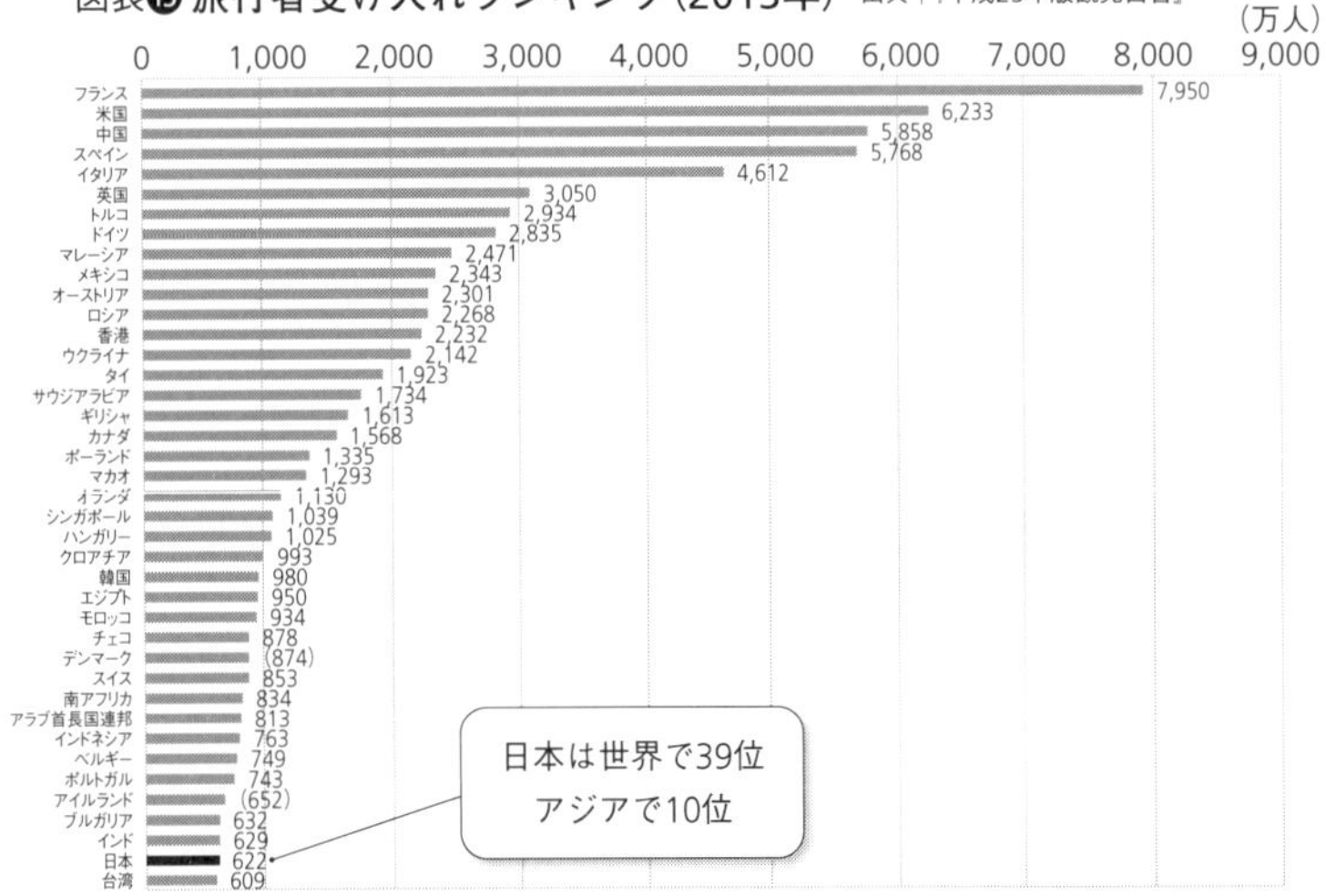

図表⑯ 旅行者受け入れランキング(2020年)

出典｜日本政府観光局『JNTO日本の国際観光統計2020年版』

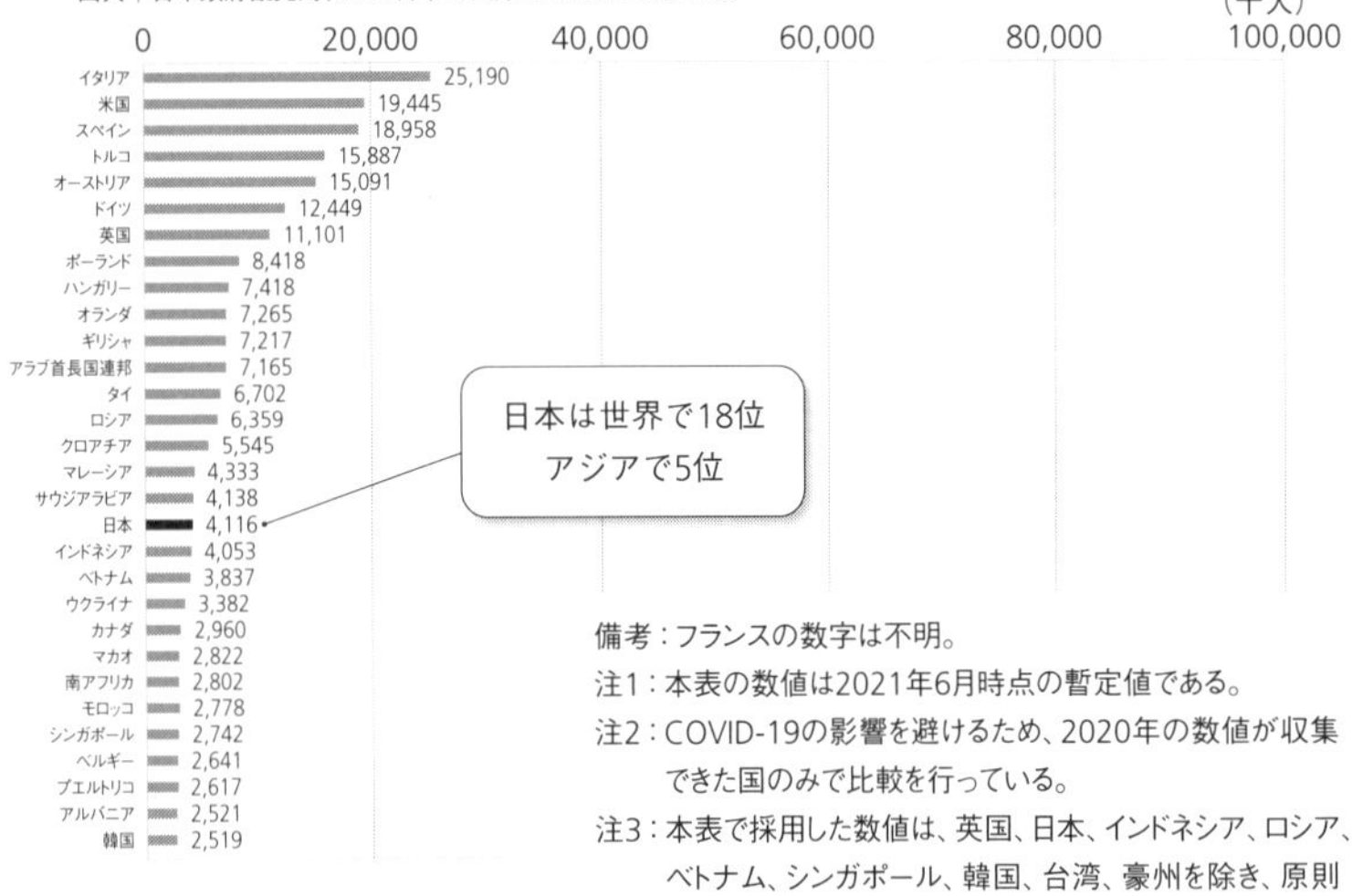

備考：フランスの数字は不明。

注1：本表の数値は2021年6月時点の暫定値である。

注2：COVID-19の影響を避けるため、2020年の数値が収集できた国のみで比較を行っている。

注3：本表で採用した数値は、英国、日本、インドネシア、ロシア、ベトナム、シンガポール、韓国、台湾、豪州を除き、原則的に1泊以上した外国人訪問者数である。

注4：外国人訪問者数は、数値が追って新たに発表されたり、さかのぼって更新されることがあるため、数値の採用時期によって、その都度順位が変わり得る。

注5：外国人訪問者数は、各国・地域ごとに日本とは異なる統計基準により算出・公表されている場合があるため、これを比較する際には注意を要する。

万円、それに続くのがロシア人の約22万円、インド人・中国人の約18万円。バックパッカーなど倹約しながらの旅を楽しむスタイルもあるが、それでも一人当たり平均すれば20万円前後を消費するのが外国人旅行者だ。

訪日外国人が日本で消費する金額は2012年の試算で1兆円を超えており、わずか700〜800万人の訪問客でこの水準である。仮に出国者数と同等の1600万人前後が日本を訪れたとすると、2兆円規模の需要につながると思われ、GDPで言えば約0・5%分に相当する。関連する波及効果などを含めれば、大きなインパクトがある。

実は日本人が海外旅行で買い物をする際の支出額は3兆円以上と言われている。2001年に発生した9・11テロ事件の直後は、日本国内の観光地や百貨店の売り上げが伸びた。日本人が海外に行くことを控え、国内で旅行や買い物をしたのだ。それだけ旅行消費は大きく、経済効果は大きいのだ。

各国の国際旅行収支を示したグラフを見て欲しい（図表17参照）。

旅行収支のプラスが大きいのはスペイン・アメリカ。マイナスが大きいのがドイツ・イギリス・ロシア・日本だ。この収支を改善するため電化製品だけでなく、世界無形文化遺産に登録された日本食、伝統工芸品など、日本人の技術と感性、歴史と文化を活かしたモノやサービス、街の魅力を高め、ブランド力を増すのだ（ここまで2014年の記述そのまま）。

図表⑰ 国際旅行収支（2012年） 出典｜『平成24年版観光白書』

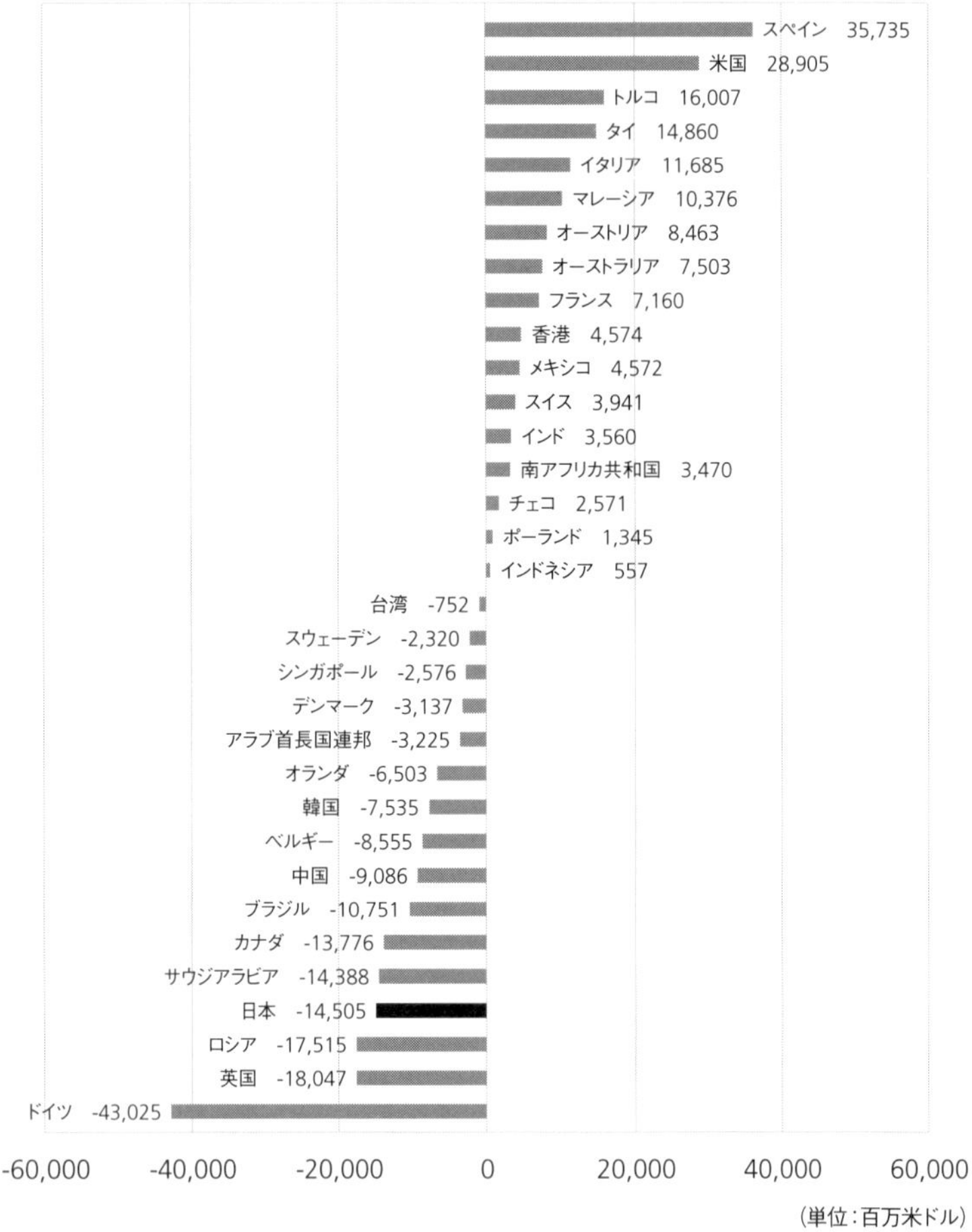

図表⑱ 国際旅行収支（2020年） 出典｜『令和4年版観光白書』

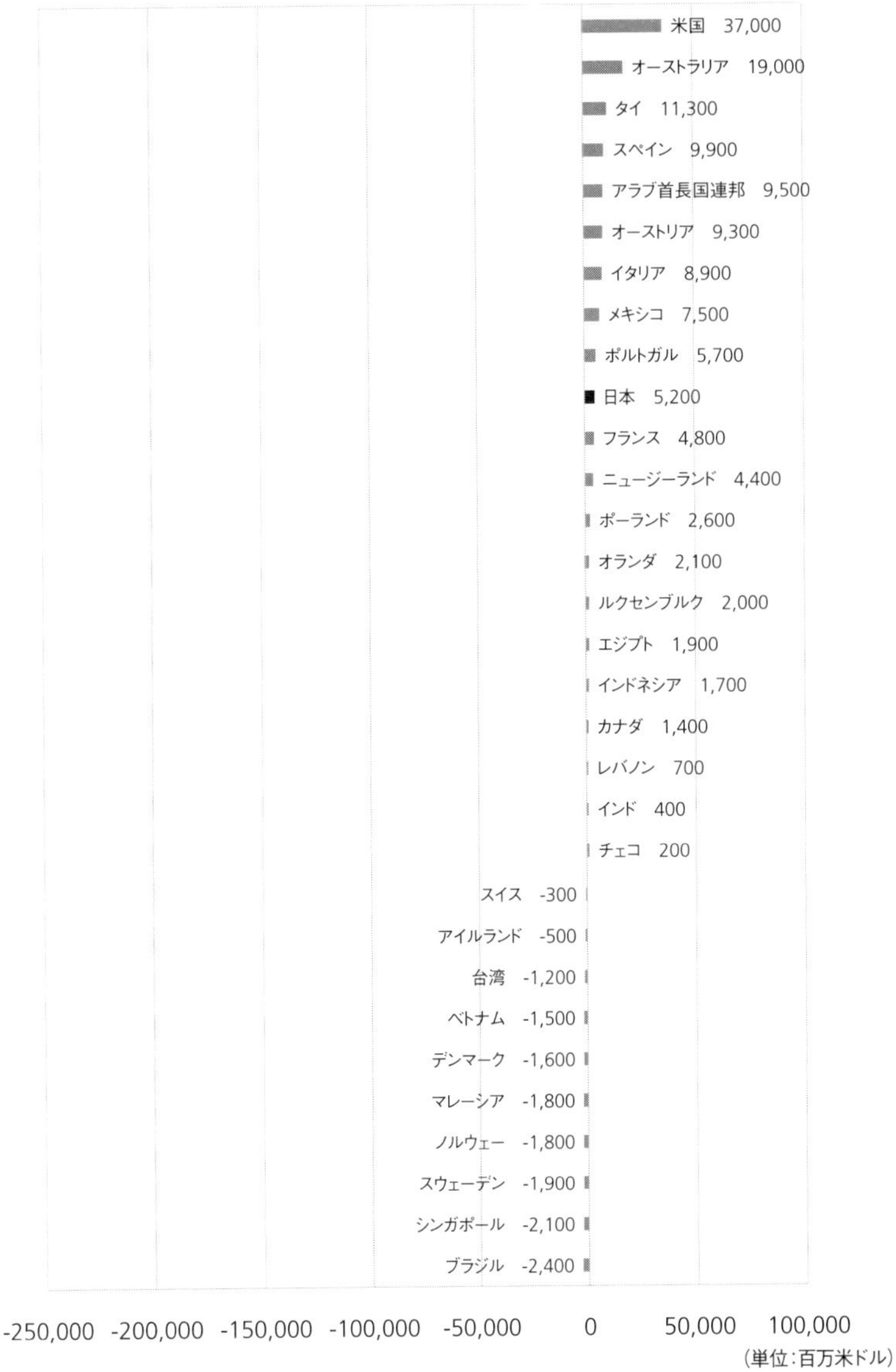
米国 37,000
オーストラリア 19,000
タイ 11,300
スペイン 9,900
アラブ首長国連邦 9,500
オーストリア 9,300
イタリア 8,900
メキシコ 7,500
ポルトガル 5,700
日本 5,200
フランス 4,800
ニュージーランド 4,400
ポーランド 2,600
オランダ 2,100
ルクセンブルク 2,000
エジプト 1,900
インドネシア 1,700
カナダ 1,400
レバノン 700
インド 400
チェコ 200
スイス -300
アイルランド -500
台湾 -1,200
ベトナム -1,500
デンマーク -1,600
マレーシア -1,800
ノルウェー -1,800
スウェーデン -1,900
シンガポール -2,100
ブラジル -2,400
-250,000
-200,000
-150,000
-100,000
-50,000
0
50,000
100,000
（単位：百万米ドル）

図表⑲ 各国の査証免除国数

出典｜外務省「ビザ免除国・地域（短期滞在）」、UK Visas and Immigration, "Check if you need UK visa", Federal Foreign Office, "Table of countries whose citizens require/do not require visas to enter Germany", U.S.Visa, "Travel Without a Visa".

	日本	イギリス	ドイツ	アメリカ
査証免除国・地域数	69	89	91	40

今回改めて、２０２０～２０２１年のデータを追加したが（図表18参照）、９年前の初回執筆時から情勢が最も大きく変わったのがこの点だろう。２０２０年に始まった新型コロナウイルスによるパンデミックにより出入国者数は激減したものの、日本を訪れる外国人観光客は急増し２０１５年を境に出入国者数は逆転した。国際旅行収支も、２０２０年時点では黒字に転じている。外国人観光客は日本に魅力を感じていると言える。進行する円安や物価の安さ、経済力を増す新興国など喜んでばかりいられない要素も多いが、それでも日本のポテンシャルは高いと言えそうだ。２０２３年５月、ＷＨＯは新型コロナウイルスに対する緊急事態宣言の終了を発表した。この機会に私たちは日本の魅力をさらに世界

に向けて発信していかなければならない。

中国からの観光客も過去の年間約100万人程度から1000万人前後へと急拡大している。ビザの発給要件が緩和されたが、不法滞在や不法就労など出入国管理対策と合わせて、さらなる規制緩和を進めたい。もちろん何より、抜本的な日中関係の改善に向けた取り組みが前提だ。

ここで各国のビザ免除国数を見てみよう（図表19参照）。日本はアメリカよりビザ免除国数が多いものの、イギリス・ドイツに比べればまだまだ少ない。かつて2013年、観光ビザを免除したタイやマレーシアからの訪日客がそれぞれ対前年比で7割増、5割増と拡大したように、将来的に成長期待の大きいアジア・アフリカ諸国などに対し、ビザなしで日本を訪れる機会を拡大すべきだ。

(3) 定住人口の拡大

一連の開放政策は、最終的に定住外国人受け入れの拡大という課題に行きつく。これについてどう考えるか、避けて通れない極めて重要なテーマだ。

「移民問題」と言えば、大きな議論を巻き起こすだろう。依然、日本には外国人と共存することへの不安や心配、違和感が根強い。しかし、これは決して日本に限ったことではない。欧州など移民の受け入れに積極的な国々においても、経済や雇用環境次第で、常に移民への反感が広がり、排斥運動や極右政党の台頭など、大きな政治社会問題に発展する。

しかし、総人口の加速度的な減少を機に、日本国土と日本社会のさらなる開放を論じ、国力の維持・増進を目指すのだ。これまで以上に、日本と日本人の魅力と国際的地位を向上させる。そのためには、より国際社会に対して開かれ、それと親和的な日本社会を築かねばならない。日本列島でともに暮らし、働き、学び、消費する外国人と、一層の共存共栄を図るのである。

既にロシアや韓国、中国でも人口が減り始めている。移民受け入れに寛容でない国では、例外なく人口減少が進む。むしろ、これからいかに有意な、価値ある外国人に日本を選択してもらい、就労、学習、研究、居住、消費を行ってもらうか、その獲得合戦になると思った方が良い。

同時に、日本列島内部に国際色豊かな環境を創ることが、日本人がグローバル化に適応する最も早い近道となる。真に国際化した日本人、日本の資金、モノ・サービス、情報が、今度は世界を駆け巡ることになる。国際社会に対して寛容で多様性を旨とした国づくり、これに勝る生存戦略はないのである。

では国家としての同一性、一体感を保持した上で、世界に開かれた日本を創るとは、具体的にどういうことか。先進国、特に移民の受け入れに経験豊富な国々の様子を見ておきたい。

アメリカやオーストラリアは、そもそも国自体が移民によって構成されているため、ここでは直接参考とはしない。注目したいのはイギリスやフランス、ドイツなどの欧州先進国、そして近隣のアジア諸国である。

これらの国々は、もともと単一国家でありながら、早くから世界を相手に交易を拡大し、特に19世紀から20世紀にかけて、世界各地に植民地を経営した。その過程で本格的に多民族から成る国家へと変貌を遂げた。しかし、今もってなお、イギリスはイギリスであり、フランスはフランスであり、ドイツはドイツである。国家としての同一性、言語や民族、風俗などにおいて、一体感を保持している。

国内で暮らす外国人の割合というシンプルな事実に注目したい。大まかに言って、イギリスやフランスでは人口の約1割が外国人であり、特にロンドンやパリといった国際的大都市においては、都市人口の2〜3割が外国人となっている。先に述べた、一人当たりGDPが日本の2倍以上に達するスイスでも、外国人の割合が2・5割となっている。

直感的にはどうだろう。この辺が一つのラインではないか。国家としての同一性を保持したまま、国際的により開かれた社会を創る一つの水準が、経験的にこの数値ではないか。国土全体に約1割の外国人が暮らし、首都圏など国際的大都市においては都市人口の2〜3割に相当する外国人が共存共栄するという構図である。

ちなみに、アジアでは、シンガポールで約360万人の国民に対して約200万人の外国人が居住し、加えて年間1900万人の訪問客が訪れている。韓国でもこの20年間で、外国人比率は人口の0・1%から、3%へと30倍に膨らんでいる。

これらを踏まえて現在の日本を見る。現在、日本に定住する外国人は約300万人（201

4年執筆時は200万人）と言われている。総人口の約3％だ。半数は中国や韓国を中心とした近隣諸国の人々であり、歴史的経緯が色濃く反映されている。

日本全体としてはこういう状況だが、既に局所的には、極めて国際化の進んだ街が点在する。代表例の一つが群馬県の大泉町だ。この町には富士重工の大規模工場が存在し、ここで働く労働者の多くが、在留資格で優遇された日系ブラジル人などである。町の人口に占める外国人比率は実に19％（2022年度）であり、一般的な日本の地方都市からはその姿を想像もできない。町のあちこちに外国語の看板が立ち、学校での多言語教育が当たり前に行われているという。

近隣に住まわれる方の中には、教育上、子供を大泉町の学校に通わせたいという家庭もあると聞く。子供の言語や国際感覚の習得に意欲を見せる親世代の存在である。首都圏でも子供をアメリカン・スクールに通わせる家庭が見られるし、最近では多民族、多言語国家であるマレーシアやシンガポールに家族ごと移住し、子供の外国語力と国際感覚を磨くというケースもある。とかく島国で、閉鎖的と思われがちな日本人だが、実は外への好奇心が旺盛で、極めて高い適応能力を有しているのだ。

既に東京都新宿区の外国人比率は10％を超えた。最近では、都内のコンビニや牛丼店で、日本人の店員を見つけることがむしろ難しくなっている。近年インドネシアからは介護就労を目指す研修生の受け入れ拡大が図られたが、日本語の壁が高く、多くが帰国を余儀なくされた。

今後、ますます膨らむ介護需要などを考えれば、こうした分野でも規制緩和を進めるべきだ。

現在、日本で就労が認められている在留資格は外交官や国際公務員、研究者、芸術家、宗教家、マスコミ、経営者、法律家、医師、技術者、会社の転勤などに限られている（期間は最長5年）。これまで、技能実習制度や、特定技能制度など制度の拡充が行われてきたが、家族の同伴なども含め今後はより本格的に対象を拡大しなければいけないし、豊かなシニア世代に来てもらうために、リタイア後の快適な暮らしを提供するのも一つの方法だ。あらゆる面で在留資格を見直し、緩和すべき規制は緩和し、有意な形で外国人を招き入れ、多様で活力と魅力にあふれた日本社会を創るのだ。

［4］日本人は世界を目指す

❶ 国民皆留学

外国の人や企業に日本列島と日本社会を開放し、人口減少が進む中にあって活力を維持し、国の魅力を高める必要性を強調した。

次に議論したいのは、逆に日本人が外に出ることである。人だけではない。資金やモノ、サービス、情報全ての世界展開を考える。実はこれが日本列島内部を国際化する最も確実な近道である。

日本人が外へ出れば出る程、日本列島と日本社会は国際化され、グローバル化に適合していくことになる。変革が速く進み、国際社会から見て魅力ある国づくりにつながる。外へ出ることがすなわち、内なる変革をもたらすのである。

世界の人々に日本を目指してもらったら、今度は日本人が世界を目指すのだ。

日本は島国である。陸続きで国境を意識する機会に恵まれず、周囲にいるのもほとんどが日本人だ。髪が黒いのも、目が黒いのも、日本語を話すのも当たり前。背景や価値観も、基本的に同じものを共有していることが暗黙の前提となっている。そのためか説明や説得、自己PR、自己主張なども苦手としがちだ。

しかし、世界の多民族国家、多言語国家、陸地で国境を接する国々ではそうはいかない。異なる背景が前提になっているから、それでも共有できる議論や論証、ロジックが必須の共通基盤となる。常に物事を客観化し、相対化することから始めなければならない。

私自身もかつて、たっての希望で1年間ロンドンで働き、家族とともに暮らす機会を得た。とにかく世界は相対的だった。国境の内側では絶対と思われた時間、言語、通貨が、国境の外では全く通用しない。異なる取り決めのもとに置かれている。当たり前のこととはいえ、こうした感覚を実感するには外に出る以外にないのだ。

日本人が外に出る機会が少なくなって久しいと言われる。世界の名門大学に留学する日本人学生の数も減少している。18歳人口そのものの減少が背景にあるが、とにかく絶対数で韓国や中国の後塵《こうじん》を拝している。

日本が現在置かれているのは明らかに数千年来の分岐点だ。人類史的に見ても初となる巨大な転換点である。ここを乗り越えるためには、相当な知恵と工夫、努力、そして決意が求められる。

国民挙げて内向的になり、国内問題に向き合うべき時代という見方もあるようだが、こんなときこそ、あえて、外に出るのだ。本格的な国際競争の時代にあって、語学力はもとより、文化や価値観を含めて、多様性を受け入れ、十分なコミュニケーション力を養い、ものごとを客観的、相対的に捉え、説明、説得できる人材を育てる。そのためには実際に島国日本の外へ出てみることに勝る方法はない。外敵の侵略、興国と亡国の歴史にさらされなかった日本と日本人が、真に国際化するためには、外に出ることが最も効果的なのだ。

ひとつの突破口として、希望する全ての子供たちを国費で海外に留学させてはどうだろう。国費による国民皆留学である。もちろん希望しない子供や家庭の意向は尊重する。しかし、少なくとも本人の意欲と、家族に支援する意思がある限り、経済的な理由やノウハウ不足などで、そのチャンス、可能性の芽を摘むことは、国家にとっても損失だ。国が責任をもって十分な機会を提供する。

早ければ中学、遅くとも大学時代までに、少なくとも1年間、子供たちを海外に送り出す。

これに一体どのくらいの費用がかかるか。概ね1学年に100万人の子供たちがいる。この子供たちを毎年海外に送り出すのだ。どこだっていい。アメリカ、ヨーロッパ、アジア、アフリカ、行きたい国へ1年間国費で送り出す。先進国なら一人当たり数百万円程度は必要か。途上国なら100万円で済むだろうか。もちろん場合によってはそれ以上かもしれない。

仮に一人100万円の支援額で計算すると、100万人に100万円で総額は1兆円。100万人に200万円なら総額は2兆円。確かに大きな額であることは間違いない。しかし、国家と国民の将来のために、これ以上効果的なお金の使い方、次世代への投資の仕方が他にあるだろうか。全100兆円の社会保障予算と比べてもわずかな金額だ。これを次世代のために投資するのだ。

近未来の日本の子供たちは、語学力を高め、異文化を理解し、自国の制度や文化を相対化する力を備え、そして何より日本への理解と愛着を深めて帰ってくるに違いない。家族や故郷への敬意と感謝を自然な形で育《はぐく》んで帰ってくるのだ。

これからの時代を生き抜く、希望の星、日本の子供たちに、この時期ならではの経験、出会い、刺激を十分に与えよう。私たち大人世代の、今の時代にふさわしい形での次世代への責任の果たし方だ。

もちろん、海外での学習過程は、日本の学習過程と相互に交換可能とする。留学したからといって、進学や卒業に不利になる取り決めは一切なしだ。

「こうした制度が一番変えるのは、親の意識かもしれない」。そう指摘したのは私の近親者だ。早ければ中学時代に、わが子を一人で海外に送り出す。親にも相当の覚悟が求められる。そのためにはどういう気構えで子供に向き合い、親自身の心構えを整え、子供に自立を促すか。親自身が根本的に変わるとの指摘だ。

ある意味、これこそ子育ての核心であり、中核的価値ではないか。子育てとは、愛情いっぱいにその存在を慈しみ、同時に意外と早い時期にやってくる自立に向けて、最終的に子供の独り立ちを助け、支援し、物理的、経済的、精神的に応援し続けることに他ならない。親世代を変える可能性、国民皆留学には計り知れない副次的効果が見込まれる。

もう一つ、世界戦略とも言える副次的効果を指摘しておきたい。年間100万人の子供たちを海外に送り出せば、単純計算で世界の1万都市に100人、1000都市なら1000人、100都市なら1万人の日本の子供たちをそれぞれの都市に送り出すことになる。これに接する同世代の子供たち、そしてそれを見守る大人世代、それにともなう日本文化、日本食、日本のアニメ、おもちゃ、ゲーム等々、日本のプレゼンスの拡大、存在感の強化も、巨大なものとなるに違いない。これ以上ないほどの日本の世界展開戦略だ。

もちろん子供たちの安全の確保など、日本政府、在外公館の務めと責任は、各段に増える。しかし、希望の持てる、未来につながる政策だ。精一杯の努力と貢献を政府を挙げて行うのだ。

将来、この政策によって導かれた子供たちが、真にグローバル化した国際社会の中で、日本の未来を担う。そして世界で活躍する。

ちなみに、２０２１年度予算では、「大学等の海外留学支援制度」として、72億円ほどの予算措置が講じられた。将来を担う子供たち世代への投資として、十分と言えるはずがない。

❷ 国際投資金融立国

人の海外展開の次は資金の海外展開だ。遡れば、明治の近代国家建設期、国内の様々なインフラ整備は、国策金融によって進められた。郵便貯金がタンス預金を引き出し、それを原資に鉄道を始めとした国内のインフラ整備が進められたのである。

明治以来百数十年、国鉄、郵便、電電公社、専売公社など次々に国策会社が建設され日本列島を開発した。それが民営化されたのは近年になってからであり、もともと大規模な開発は、政府の手で行われたのである。

現在の日本の経常収支を見たい。かつての貿易主導型から、所得主導型へと変遷してきたことが分かる。モノ作りで稼ぐ国から投融資で稼ぐ国へと変わってきているのだ（図表20参照）。しかしそれでも、他の先進国に比べれば対外直接投資の対ＧＤＰ比はまだまだ低いのが現状である（図表21参照）。

国内が縮む中、世界で稼ぐためには、世界への日本の資金展開に、今一度政府が先頭に立つべきだ。ある程度の水準に到達し、完全に民間に引き継ぐまでの数十年、思い切って国家が牽引すべきだ。成長し続けるアジアやアフリカ地域などにおいて、かつて国策金融が国内のインフラ整備を牽引したときと同様、国策金融が海外での投融資を主導し、民間資金の進出を促すのだ。

かつて国内における財政投融資は40～50兆円の規模を誇っていた。行革意識の高まりで多くが撤退・縮小され、現在10～20兆円程度にまで縮小している（図表22参照）。

現在日本の政府系金融機関が海外へ投融資を行っているが、その総額はまだまだ不十分だ。国際協力銀行（ＪＢＩＣ）や国際協力機構（ＪＩＣＡ）の資金枠を大幅に拡充し、そのための財投債を発行して、日本資金を世界に展開する。

特に十数年前の厳しい円高のような際には、こうした積極的な日本資金の海外展開が、単純な為替介入とは異なる次元で、円の外貨への転換を促し、為替水準の適正化にも役立つ。ＪＩＣＡによる途上国支援、ＩＭＦや欧州安定メカニズムへの出資、特に円高期にはこうした為替介入でない形での外貨購入を進め、国際公益への貢献と、適正な為替水準の維持を両立させるのである。

これらを通じて、国内とは比較にならない高い金利、投資の配当など世界の成長の果実を、総人口が減少し、高齢化が進み、経済に強い下方圧力がかかる日本列島に還元するのだ。海外子会社から国内親会社への配当金の還元なども、思い切って無税とするなど、還流の仕組みも合わせて整える。

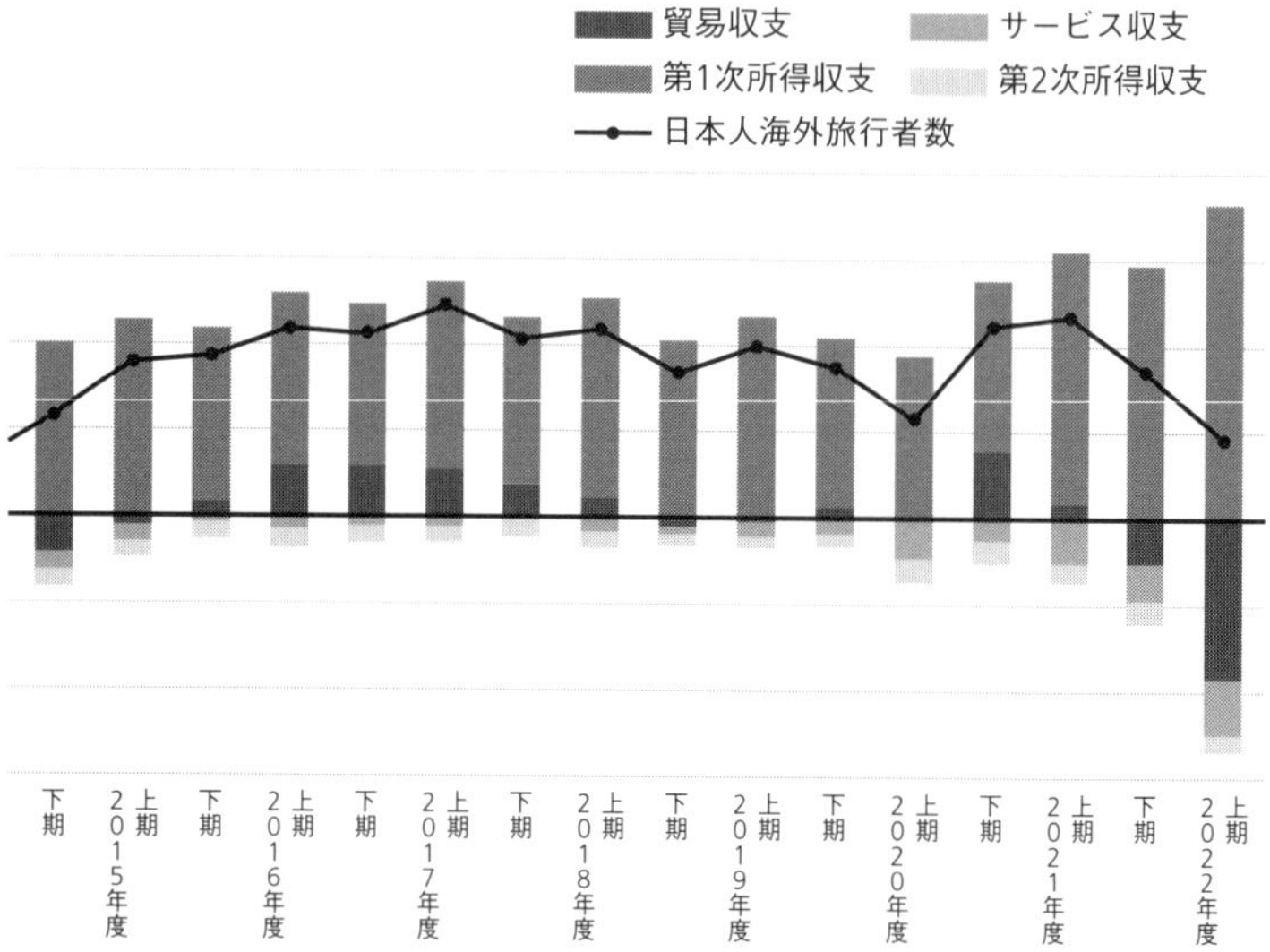

❸ モノ・サービス・コンテンツの世界展開

日本の人と資金の世界展開を考えたら、さらにトータルで、モノ作り、サービス、コンテンツの世界展開を進める。

かつては日の丸を背負った自動車や家電が世界を席巻した。もちろんその分野には今でも強みが残っているとは思うが、既に汎用品化してしまった家電などの分野では、韓国勢や中国勢など新興国に及ばない。

一方、世界では和食が世界無形文化遺産に登録されるなどブームになっている他、日本のアニメやゲームなども世界に広く浸透している。これらに関連したソフト関連産業、素材、食材、伝統工芸、生活様式などを含め、一つの文化的なパッケージとして世界への展開を考える。

図表⑳ 日本の貿易・所得・経常収支(年度・半期、2007-2022年度上期)

出典｜財務省「国際収支の推移」より作成

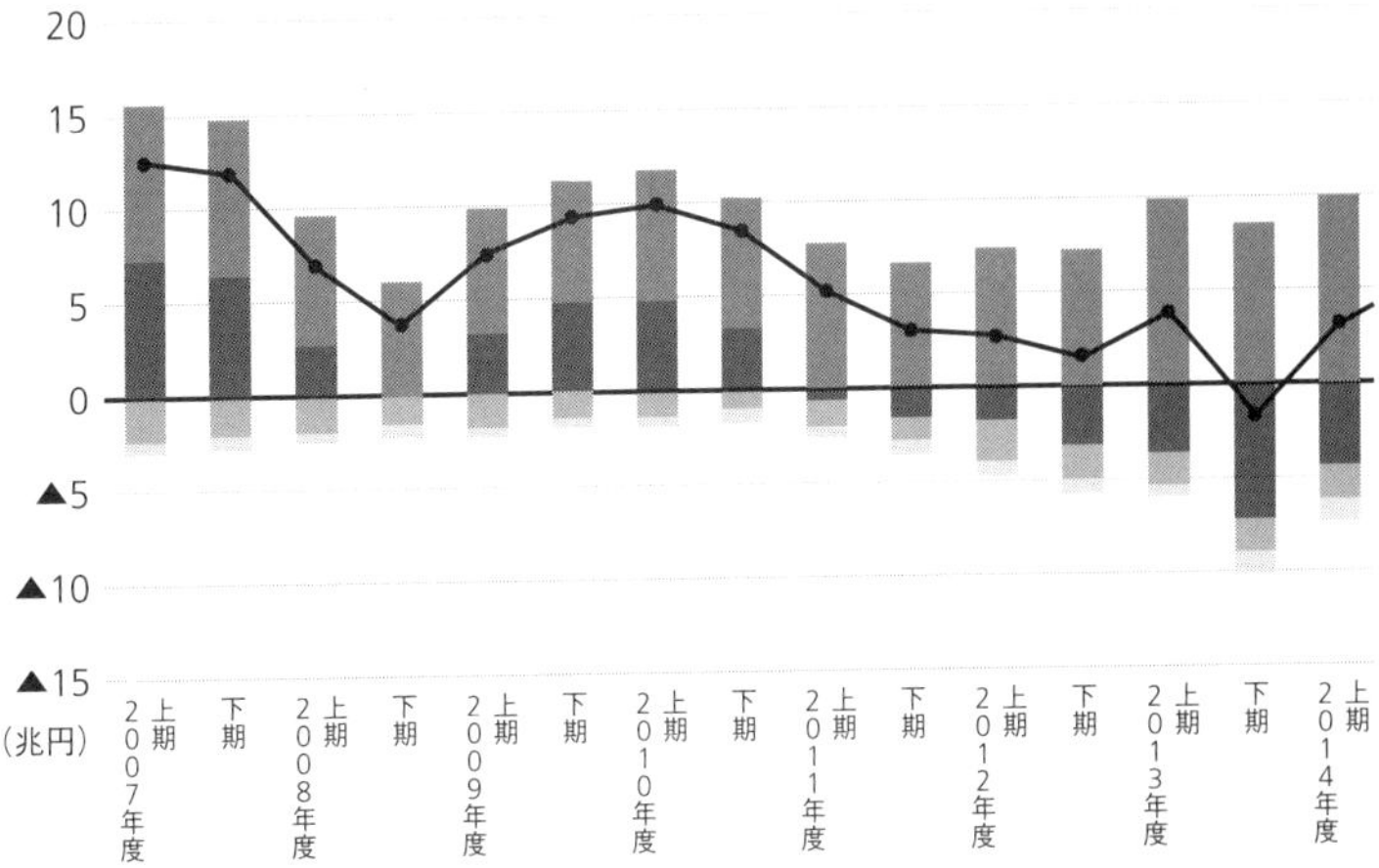

アメリカはハリウッド映画の輸出を通して、アメリカの著名人への憧れ、アメリカの暮らしや文化を受け入れる窓口を拡大してきた。戦後のアメリカは「Trade follows Films（貿易は映画から）」を国策として掲げ、自国文化の輸出に力を入れ、ビジネスに結び付けたのである。最近では韓国もこの分野の取り組みの強化が目覚ましい。

ソフトの力は強い。日本も文化やソフトの海外展開に、これまで以上に戦略性を持って取り組み、その普及拡大を目指さなければならない。日本に慣れ、親しみ、憧れを覚える外国人を増やすことが、交流・交易の拡大に向けて最も有力な道だ。

エンターテインメントの分野では、ゲームやアニメをきっかけに日本が好きになった外国人が、その企業で働き、今度は海外市場攻

図表㉑ **各国の対外直接投資の対GDP比** 出典｜IMF（HP, Outlook）より作成

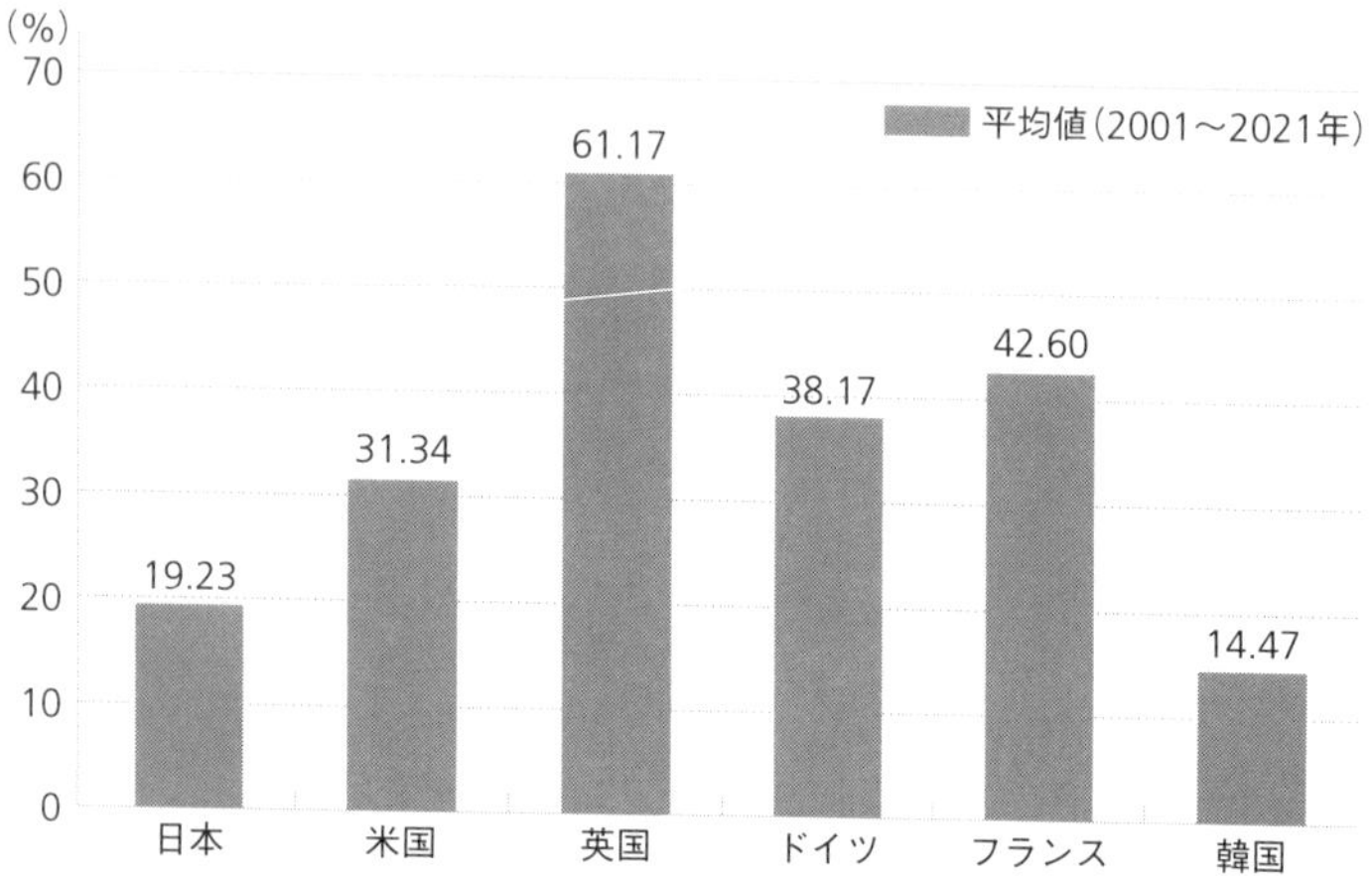

備考：2005年以降はBPM6基準による

略のキーパーソンになると聞く。自分の好きな日本のエンターテインメントが、今度は海外市場で受け入れられるように、国ごとにテイストの微修正や販売戦略を考案し、実行するのだそうだ。日本のファンが増え、やがてそれが新たな海外市場開拓の先駆者となる。こうした好循環に希望を感じる。

当然、ソフト面に加えてハード面でも、様々な技術革新と、新産業の開拓が求められる。過去のどの時代も、技術革新により新たな製品がつくられ、暮らしの向上をもたらし、またそれ自体が夢を与えてくれた。

１９７０年代の自動車や家電の普及は、私たちのライフスタイルを変え、それらは世界に輸出された。自家用車を持ち、テレビで情報を得、冷蔵庫にはいつでも食べられる食品があり、レンジで温め、洗濯機が回る生活を、

それ以前は想像すらできなかった。製品開発から30年もたてば、それが生活の風景に溶け込み、当たり前に浸透し、生活様式を変える。

２０００年代には、インターネットや携帯電話、ＧＰＳなど情報通信技術に革新が起きた。これも劇的にライフスタイルを変え、人と人とのつながりの可能性、各国の政治までも変革した。パソコンやスマートフォンの画面を開き、検索エンジンを使えば、世界中のありとあらゆる情報にアクセスできる。それまで考えられなかったことが、今は日常の風景となっている。

２０１４年、私は以下の記述をした（以下当時の記述そのまま）。

最近では自動洗浄機付きトイレなども注目されているという。清潔でクールな日本のライフスタイルが世界で認められ、「世界で最も洗練された」文化圏というブランドイメージが出来上がっている。

今後も、例えばＧＰＳ技術は、準天頂衛星の打ち上げにより、現在10ｍ四方となっている精度が、１ｍ四方へと各段に向上する。自動車の自動運転、農耕機や建設機械の自動運転など、これまでのＧＰＳでは不可能だった技術が現実のものとなる可能性がある。

自動翻訳技術も注目株だ。外国語を学ぶことには大きな意味があるが、現在のスマートフォンやクラウド技術を駆使した自動翻訳技術は、身近な日常会話から、やがてはビジネス、専門会議、国際交渉の場などの風景を変える可能性がある。やがて言葉の壁という最

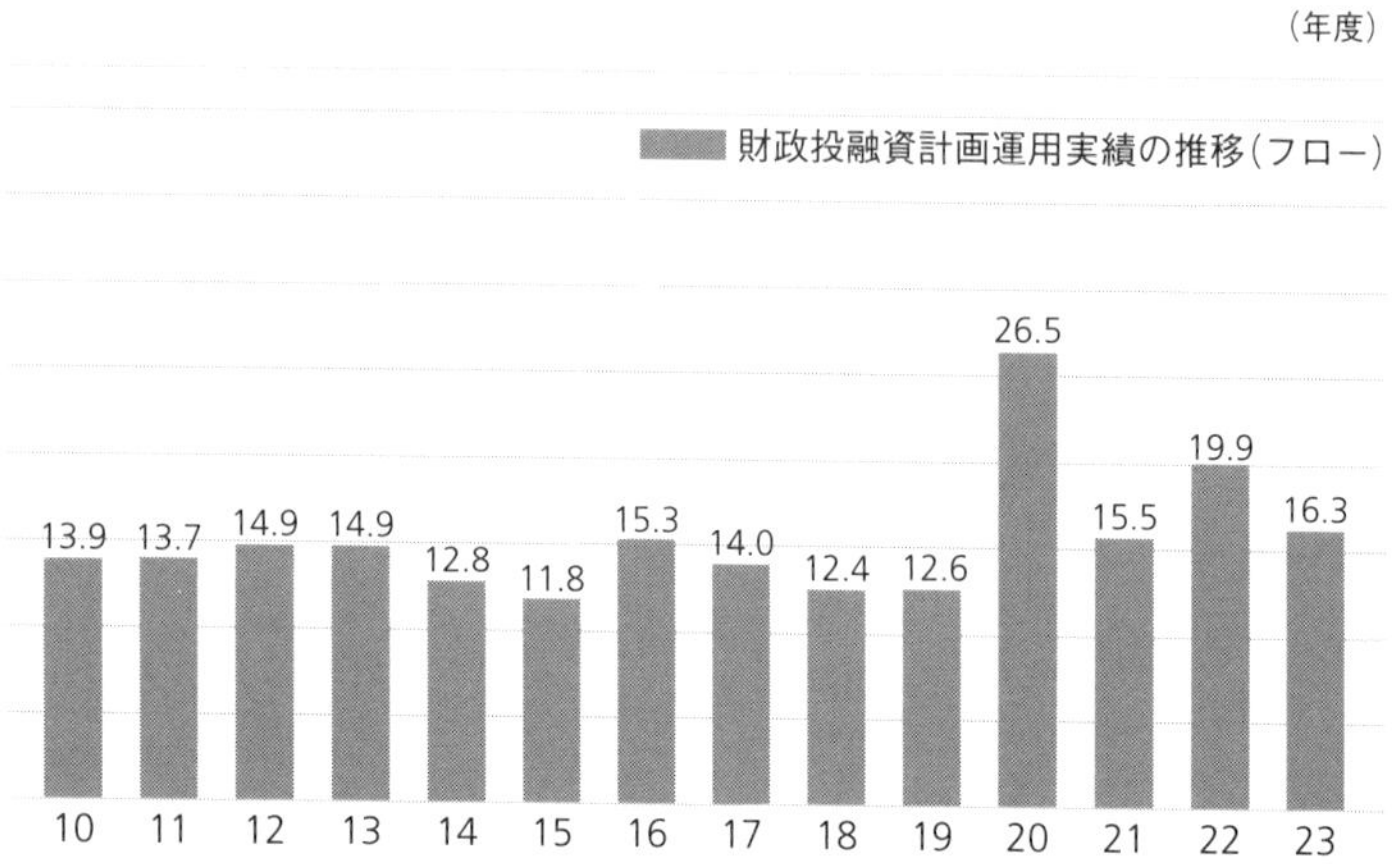

注2：2023年度は当初計画(案)。

後の国境を相対化し、コミュニケーション領域を各段に拡大する可能性もある。既に世界を席巻してしまった英語の優位性、日本語の劣位性を覆《くつがえ》す可能性だってある。

現在「通訳電話サービス」には2秒ほどの時間がかかるという。まだスムーズな会話とは言えない。しかし昔は単純な計算ですら、大きな会議室を埋め尽くすほど巨大なコンピュータで行われていた。現在遥かに優れた機能が、豆粒にも満たない大きさのＩＣチップに収められている。時代は変わるのだ。

宇宙もフロンティアだ。今はごく限られ、特別に訓練を受けた宇宙飛行士にしか開かれていない世界だが、やがては一般人が気軽に訪れ、そこからの眺望と、

図表㉒-1 財政投融資のフローとストック推移

出典｜財務省ホームページ及び『財政金融統計月報』より作成

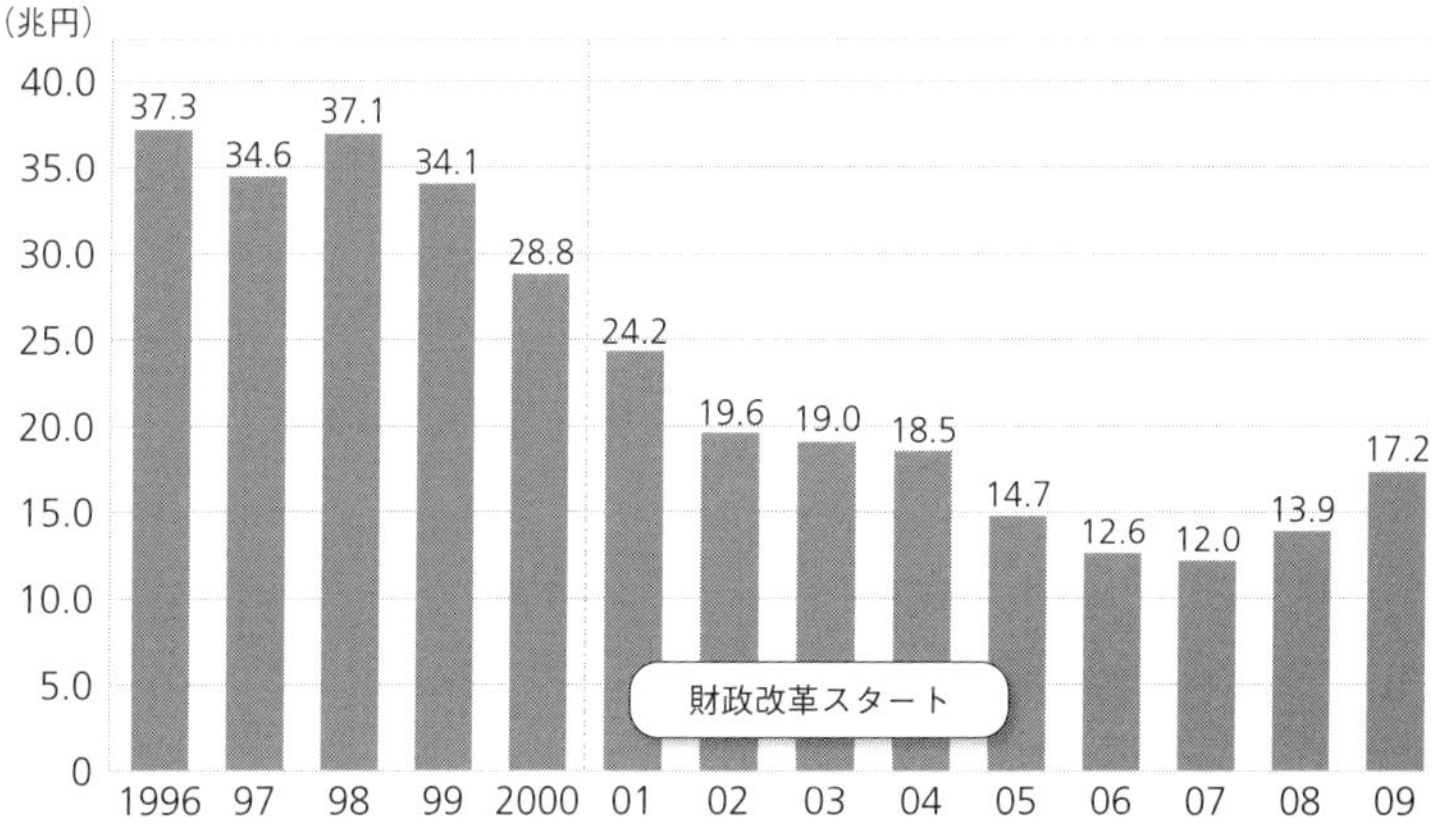

注1：2022年度は補正による改定額及び弾力追加額を加えた計画。

無重力空間を楽しむ日がやってくるに違いない。スタンリー・キューブリックが『2001年宇宙の旅』で表現したように、人間界の膨張は地球という母胎から、やがて宇宙に飛び立とうとする胎児のようにも見える。宇宙への憧れや好奇心は、人類の遺伝子に組み込まれた本能的な欲求なのかもしれない。50億年先には太陽だって燃料が切れ、膨張し、最後には爆発すると言われている。地球が生まれてから46億年。残された時間で、ここで育まれた生命と生態系を宇宙に残す遥かなミッションが、人類には課せられているのかもしれない。

既に実現化に向けて努力されているヴァージン・アトランティック社の有人宇宙旅行は、一人2000万円の価格設定

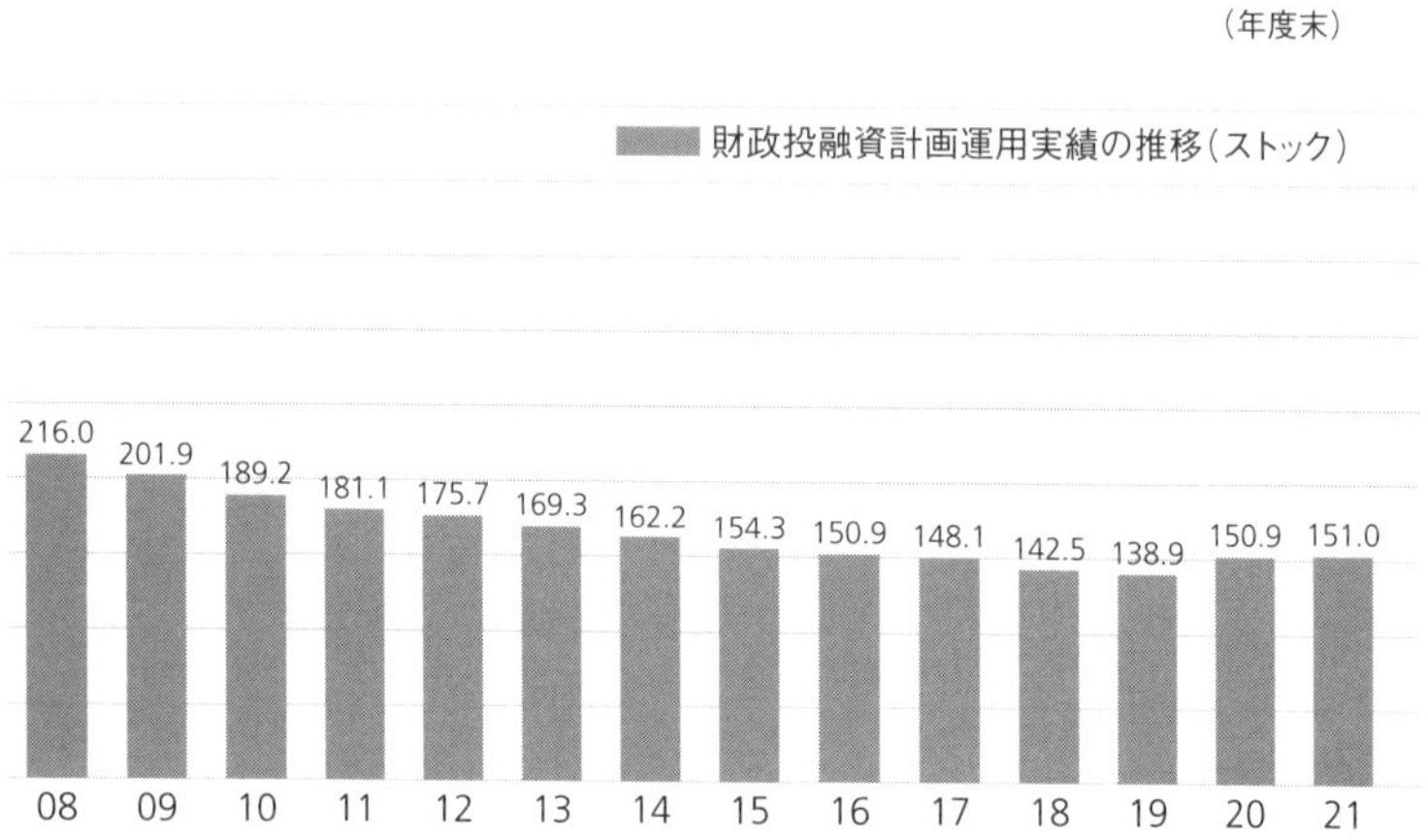

が目標だそうだ。航空機で一定の高度まで行き、そこからロケットエンジンに切り替えて宇宙空間を遊泳し、地球に戻る。２０１１年10月には発射場所となるスペースポート・アメリカが完成している。

　イギリスの私企業に任せることなく、素材や技術研究、安全快適な運航技術に優れた日本こそが、こうしたフロンティアに挑戦すべきではないか。「宇宙旅行なら日本」。ジャパンブランドの宇宙旅行を、各国に先駆けて実現し、人類最大にして最後のフロンティアへの旅路を日本から発信する。大いなるビジネスチャンスと、世界からの憧れを獲得したい。

　ロボット開発も世界の最先端を走っている。様々なセンサーやコンピュータの発展で、今後、ロボットは極限まで人に

図表㉒-2 財政投融資のフローとストック推移

出典｜財務省ホームページより作成

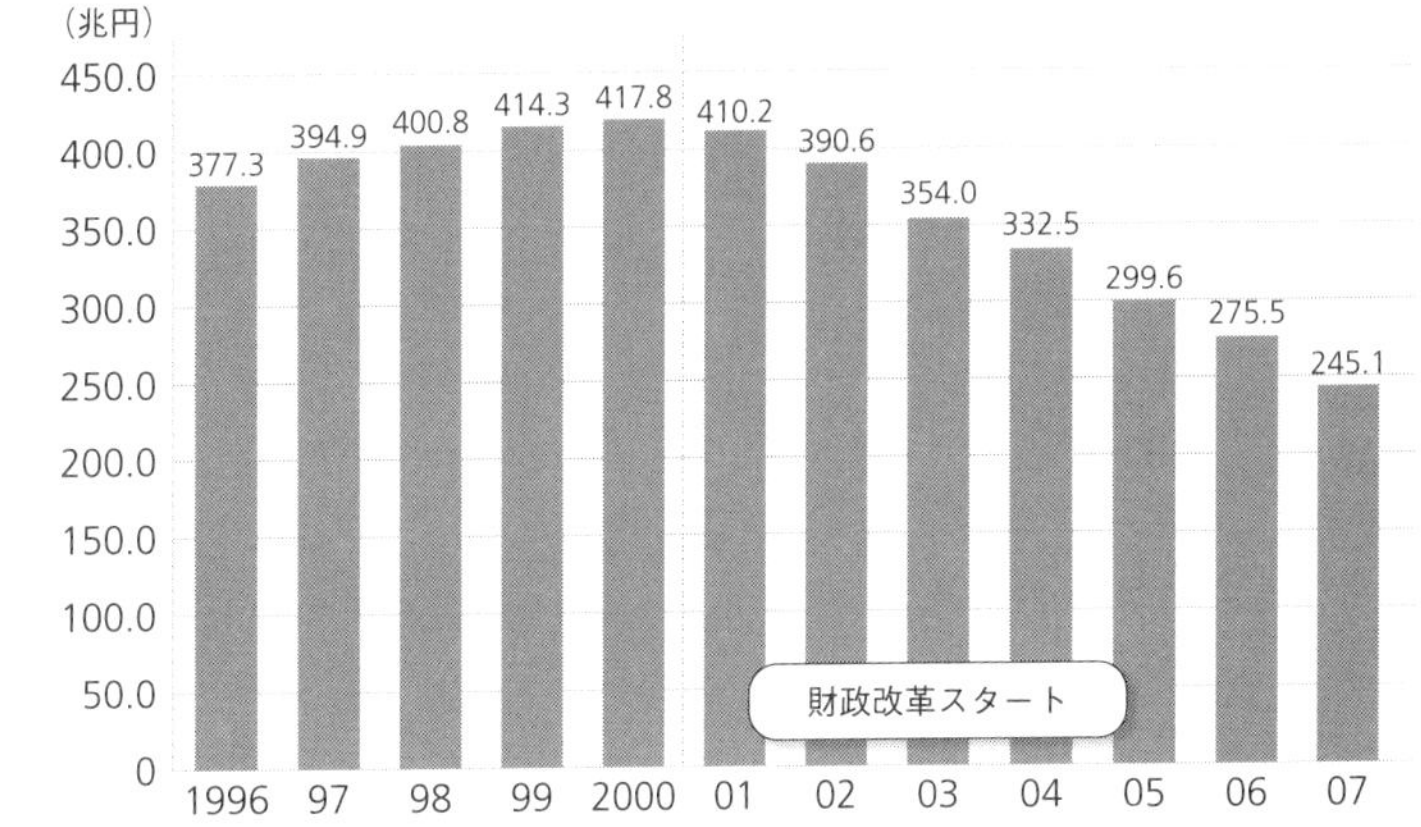

注：2021年まで全て実績。

近づくかもしれない。日本では昔から鉄腕アトムが愛され、機動戦士ガンダムが活躍した。早くからロボット社会を構想し、憧れを抱いていた。世界最長寿の国で、人型ロボットが、思考や筋力の衰えをサポートし、介護の負担を軽減し、会話やコミュニケーションの補完相手となる。今後期待される役割は大きいし、近未来の日常風景には、これらが普通に溶け込んでいるかもしれない。

　そして成田や羽田に降り立った外国人は、愛らしいロボットの出迎えを受け、歓迎されるのだ。人型ロボットが交通や観光案内で全言語に対応する。日本の玄関口に降り立ったその瞬間からクールでスマートなジャパンを肌で感じてもらうのだ（２０１４年の記述ここまで）。

科学技術の進展は驚くほど速い。10年前の記述をここまで古く感じるとは、私自身が一番驚いている。それだけ月日が流れるのもまた速いのだ。2014年に想像したことが既に現実として動き出しているものもたくさん見られるが、しかし一方で、最近のChatGPTなどの生成AI、SNS等のソフト分野の革命的進歩などを含め日本勢が大きな貢献をできたと言える部分がどのくらいあるか。今後日本の役割を大きくしていくことが果たしてできるだろうか。そんな思いにすらさいなまれる。

技術は進歩し続ける。今は想像だにできないことが、30年後には当たり前となり、やがては日常の風景に溶け込む。常に技術が新たな人と社会の可能性を切り開く。いずれの国と企業が、その先頭に立って挑み、新たな地平を切り開くのか。世界から尊敬と創業者利益を獲得するのはどの国か。是非とも日本こそが、その先頭に立つ分野を獲得したい。

――内なる解放

[5] 内なる解放政策の針路～成長期の呪縛を解き柔構造の社会へ～

外に向けた開放政策に続き、今度は内なる解放を論じる。内なる制約、特に右肩上がりの成長期に形成された、様々な制度や慣行の呪縛から、日本社会を解き放つ。変化に強い柔構造の社会を創り上げ、潜在的な可能性の最大化と、成長基盤の強化を図るのだ。

これまで以上に人も資源も適材適所の実現が求められる。高い意欲を持って、一人当たりの価値を高め、生産性を向上させる必要がある。目指すべきはオープンで風通しの良い社会。流動性が高く、様々なイノベーションを引き出す社会。不要な規制が緩和され、経済単位も分散化し、多様な挑戦と試行錯誤が奨励される社会。成功の兆しに素早く資源を集中し、大きく育てる一方で、失敗にも寛容で再起を支援する社会。こうした変化に強い柔構造の社会が、成長性を高め活力ある社会を創る。

人材や資金の最適配置を実現するには、流動性を高めることが鍵となる。これによって偏在を正し、人と資源の適材適所を実現する。これらの改革は、成長期に形成された硬直的な雇用市場の改革から始まり、資金の流動性や機動性を高める金融市場改革がこれに続く。

また縦割りで設計された旧来の社会保障制度も、人材の流動化を妨げている。所属する企業の負担が重く、また会社の存命に人生が大きく左右され過ぎる構造も長くは続かない。企業の寿命より、人間の寿命の方が長い時代である。縦割りの壁を取り払い、流動性を高め、同時に政府が責任をもって直接人生の安全保障を担保する。

さらに今後の日本を担う人材育成と教育改革、新たな時代の不安に立ち向かうベーシックインカム、最後に全てを金銭が肩代わりした時代から、むしろ顔の見える人と人のつながり、人間関係を重視したコミュニティの再興について考える。
古い時代の内なる制約から社会を解放し、その可能性を最大限に開花させるのだ。

❶「人の偏在」を正す安全な雇用市場改革

成長期には全ての企業が人口増大、経済成長の恩恵を受け、顧客が拡大し、働き手も増加した。企業は年々売り上げを伸ばし、対前年比で業績を評価し、市場シェアで成果を競った。その時代、人々は新卒一括採用、終身雇用、年功序列、定年退職、これをモデルに一つの企業で生涯を過ごし、企業はこれに報いる仕組みを用意した。そういう価値観が正当性を持ち得た時代だ。

しかし、この先、年間100万人単位で人が減り続ける低成長の時代だ。対前年比で国内の売り上げを議論しても、国内シェアで成果を競ってもすぐに限界が来る。そんな時代に単一の企業が、人ひとりの人生を担保することはできない。

経済産業構造の激しい変化に対応するため、流動性の高い雇用市場を創り、真に適材適所を実現する。社会全体の生産性を高め、価値を生み出す努力を、これまで以上に払うのだ。

図表23は、日本の労働生産性の諸外国との比較である。決して高いとは言えない現実がそこにある。

社会全体の生産性を高めるには、人や資源の最適配置、そのための雇用市場改革が必須であり、変化に合わせて柔軟に採用し、離職し、再雇用し、起業することを支援する仕組みが必要だ。労働移転をスムーズにすることが、結果として適材適所を実現する。

同時に時代に合わなくなった企業の市場からの退出を許容しやすくし、そこに所属した人々の暮らしを守りつつ、新たな職業訓練、新産業への移転支援で、常に新陳代謝を活発にする。現在の日本社会には、こうした機能が十分に発揮されていないため、全体として廃業率、開業率がともに低い状態が続いている（図表24参照）。

また、雇用市場改革の遅れが、極めていびつな構造をもたらしている。正規雇用の抑制と非正規雇用の拡大という雇用格差の広がりだ。これは経済成長を抑制すると同時に、社会の不公平感や不安感を増大させ、閉塞感を強めている。企業と社員の命運を強固に結びつける硬直的な仕組みが、逆に正規雇用の採用を減少させ、不安定な非正規雇用を拡大している。成長期には安定装置だったものが、現状ではうまく機能せず、硬直化と不安定化につながっている。

近年の各政権は成長戦略を策定してきた。農業、医療介護、観光、法人減税、金融緩和、特区構想、規制緩和、内容に大差はない。しかし、いずれも国家自ら企業を経営できない以上、成長戦略の本旨は、資本、労働、生産性の三要素に正しく働きかけ、潜在成長率を高めることにあるはずだ。本格的に取り組むべきは、民間の知恵と努力を引き出す環境整備である。中でもその本丸は労働市場改革だ。

労働市場改革の本旨は雇用の流動化、動的安定にある。しかし、流動化に当たっては、逆説

図表㉓ 労働生産性の比較

出典｜日本生産性本部「労働生産性の国際比較2021年版」より作成

OECD加盟諸国の1人当たりGDP（2021年／38か国比較）

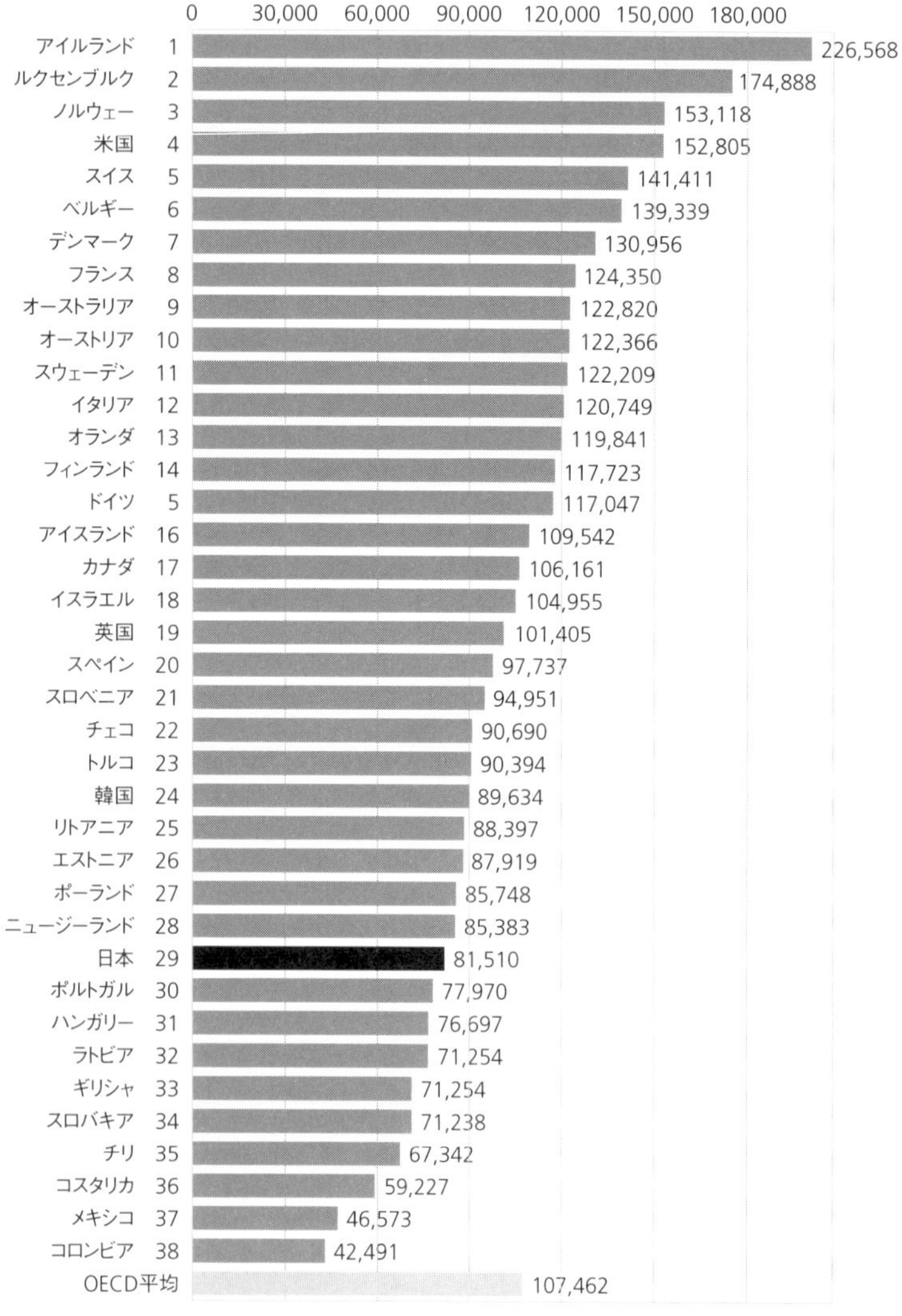

（単位:購買力平価換算USドル）

図表㉔ 廃業率と開業率

出典｜日本：厚生労働省「雇用保険事業年報」、法務省「民事・訴訟・人権統計年報」、国税庁「国税庁統計年報書」
アメリカ：U.S. Small Business Administration「The Small Business Economy：A Report to the President」
イギリス：Office for National Statistics「Business Demography」

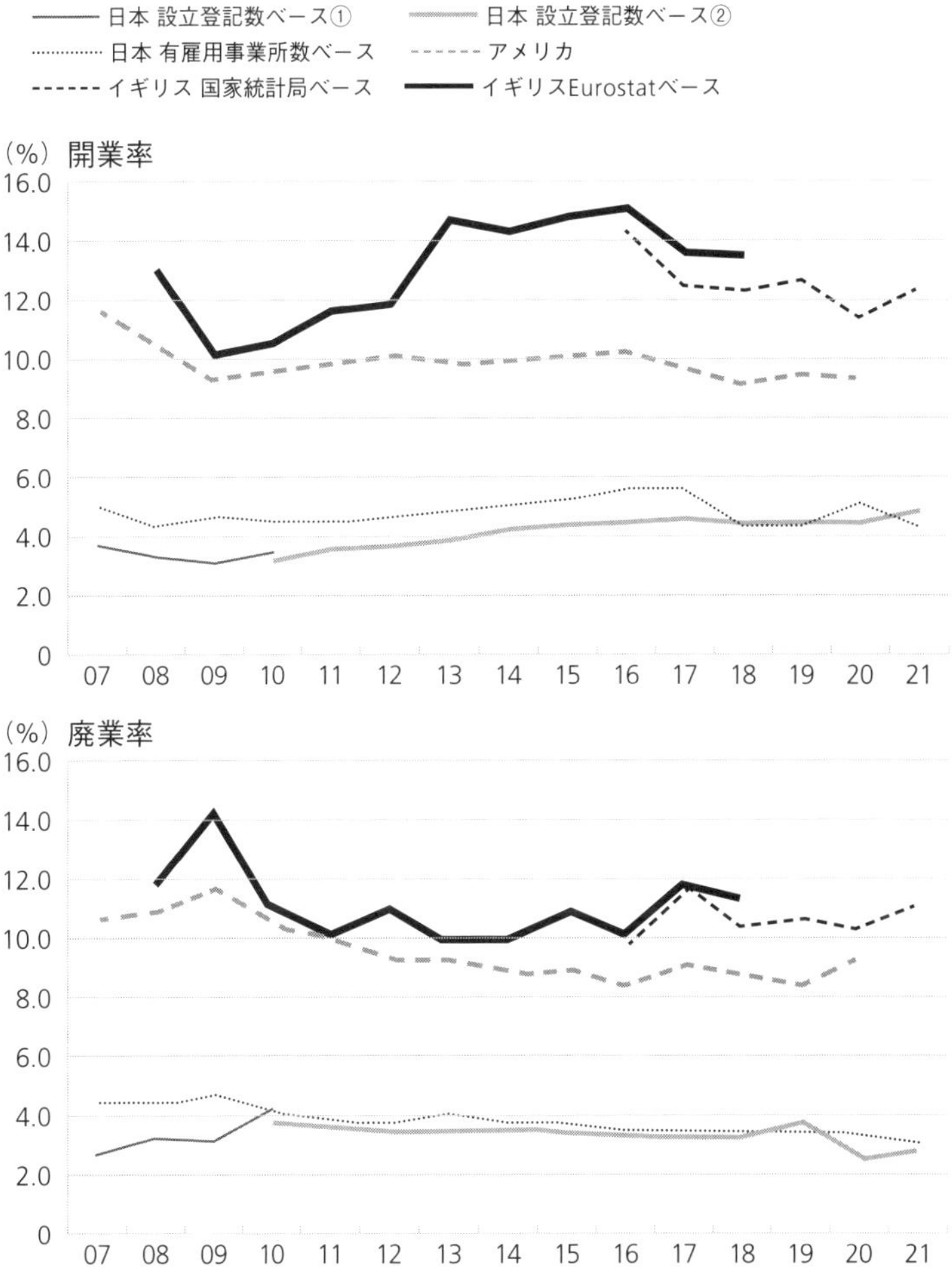

注1：アメリカの開廃業率は、雇用主(employer)の発生・消滅を基に算出。
注2：イギリスの開廃業率は、VAT(付加価値税)及びPAYE(源泉所得税)登録企業数を基に算出。
注3：国によって統計の性質が異なるため、単純に比較することはできない。

的だが安全性の強化が必須である。安全性を高めるからこそ、流動性が高まる。一見矛盾するようだが、いかにこの二つを両立させるかが問われる。これまで同一企業内で確保してきた安全性を、雇用市場全体に広げ、社会全体の中で実現するのだ。低成長、成熟経済の中にあって、新しい暮らしと雇用の安全を確保し、安心感をもたらす。社会の安定性と成長性をともに向上させる。

まずは一定の条件の下で、企業が採用及び離職・解雇を自由にできるよう規制が緩和されなければならない。日本のある会社では3年に一度、退職金が引き上げられ、30歳で起業すればプラス1000万円が支給されていた。38歳で退職金は上限となり、今度は逆に早く辞めないと退職金が減る。こうした仕組みで企業内の新陳代謝を高めていた。

また一部の外資系企業では「up or out」と呼ばれる原則により、3年でさらに上位のポジションに就くか、それとも辞めて外に出るか、大変厳しい環境下で切磋琢磨《せっさたくま》している。これにより組織全体のピラミッド構造を維持しつつ、中の人材を入れ替えて、新陳代謝を活発にしている。

これらは極端な例だ。しかし、一般的な日本の企業では、解雇のハードルが高く、新陳代謝が活発とは言えない。逆に解雇しにくい正社員の雇用を抑制し、非正規雇用の増大をもたらすという歪みにもつながっている。また正社員の身分を形式上維持したとしても、実際には社内失業や追い出し部屋など、非人道的ともいえる事態を引き起こし、社会問題化させている。

同一企業内にこだわらず、あくまで社会全体の中での適材適所を実現すべきだ。一つの会社、一つのポジションに人を封じ込める必要はない。別の事業、新たな産業において活躍の場を見出すことこそが、本人のためであり、会社のためであり、社会のためでもある。その移動や流動性を妨げる制約を取り払い、状況変化に合わせて柔軟に採用し、離職し、再就職する機会と環境を確保することこそが最大の成長戦略だ。

収益性の低下した事業には、速やかに市場から退出し、再利用可能な資源を次なる挑戦に再投入してもらう。考えてみるとこれは細胞の「自食作用（オートファジー）」に似ている。人体で新しい細胞を創る際、原料となるタンパク質等の8割は体内の古い細胞を壊して、そこから調達されるという。食事を通じて外から摂取するたんぱく質は、わずかに2割だそうだ。体内の古い細胞を再利用できなければ、人体の新陳代謝と健康維持には支障が出る。

しかし、日本社会はどうだ。雇用市場の硬直性がこの社会の自食作用を妨げてはいないか。古い業態を温存し、そこに人を長年縛り付け、真の適材適所と社会の新陳代謝を妨げている。結果として生産性は低下し、全体として社会の健康と成長が妨げられている。

流動化を実現するための安定化には、北欧の「積極労働市場政策」が注目に値する。安心の失業給付、新たな職業訓練、そして新産業への移転支援、政府、企業と労働組合がこれらをセットで提供するのだ。北欧では、かつて造船業に従事した人が、自動車産業で働き、やがては介護の現場で働く、といった事態が当たり前に見られるという。積極労働市場政策により、政府が暮らしの安全保障を提供し、同時に雇用規制を緩和する。企業の採用意欲を高め、真に流動的かつ安定的な雇用市場と、成長性の高い経済産業構造を創るのだ。

北欧諸国の高福祉・高負担・高成長が三位一体で実現している社会は、政治への高い信頼から成り立っていると言われる。「人口数百万人だからできる。1億人を超える我が国ではできない」との主張も聞かれる。しかし人口数百万人だからできて、人口1億人ならできないという論理的な根拠は見当たらない。

むしろ、日本こそがそこに挑戦すべきだ。人口減少、超高齢化時代を生き抜く日本こそが、世界に先駆けて変貌を遂げ、世界初、1億人サイズの『競争力ある福祉国家』を建設する。信頼を基盤とする世界最先端の高福祉、高負担、高成長を三位一体で実現する国家を目指すのだ。

❷ 社会保障一元化と企業負担軽減

雇用を流動化し、積極労働市場政策によって安全な環境を整えたら、今一つ、障害となる壁を取り払う。雇用と表裏一体で設計された社会保障制度の縦割りの壁だ。職業別に管理され、住む地域によって格差が生じた社会保障制度を、できる限りシンプルで分かりやすく、公平で信頼性の高いものとし、流動性の高い雇用市場と親和的なものに作り替える。

現行の医療・年金制度は職業別で、異動や転職に伴い、その入会や退会の手続きを求められる。また各制度間で保険料率や給付に格差が存在し、不公平感や不信感にもつながっている。

これらを統合し、給付と負担の基準を統一する。財源も将来的には個々の保険料でなく、全世代型負担の例えば消費税等を中心に、税方式に移行する。職業や年齢に関わりなく全ての人々が参画し、資産や収入の状況に応じて等しく給付を受ける。こうした新時代の社会保障制度が、雇用市場の移動障壁を取り払う。

同時に進めたいのが企業と現役世代の社会保険料負担の軽減だ。企業の採用意欲を高め、成長余力を増強させる強力な推進力となる。かつて保険料率3％でスタートした社会保険料は、現在既に30％となっており、労使折半の企業負担分も過重なものとなっている。これが企業の成長余力を弱め、正社員の雇用抑制と、非正規雇用の拡大という理不尽な事態の温床ともなっている。

そしてその負担は、法人税を納める収益力に優れた黒字企業（全体の3割）だけでなく、中小零細を含めた全ての事業主が負っている。その負担総額36・5兆円は法人税総額13・9兆円の約3倍に匹敵し、事業主負担の軽減は、法人減税を遥かに凌《しの》ぐ巨大なインパクトだ。

採用意欲を旺盛にし、正規・非正規の区別を取り払い、企業の成長余力を高める。企業の社会保険料負担の軽減には幾重もの効果が期待される。現在他国の制度でも事業主負担を求める傾向が強いが、一部介護保険などで、既にアメリカやイギリス、スウェーデンが全額税方式に移行している。

規制緩和で雇用市場の流動化を促し、積極労働市場政策で社会の安全性を高める。企業負担を軽減して採用と成長を促進し、変化に強い柔構造、成長性の高いフラットな社会構造を創る。日本の雇用市場を硬直性の呪縛から解き放ち、成長余力を最大化させるのだ。

❸「カネの偏在」を正す金融市場改革

今一つ正すべきが成長基盤のもう一つの柱である資金の偏在だ。ここでも真の適財適所を実現しなければ、成長性の高い経済社会構造は創れない。労働市場改革の主眼が人の流動性を高めることにあるとすれば、金融市場改革の主眼は資本の流動性を高めることにある。新たな技術革新や成長基盤の強化につながる資金循環を実現するのだ。

人口と経済に下方圧力がかかり続ける日本にあって、新たな付加価値を生み出す努力が今まで以上に求められる。生産性の低い分野からの資源の撤退と、成長性の高い分野への集中を、これまで以上に進める。そのための資金の流動性の強化、そしてリスク資金の増大を図るのだ。

現在の日本の金融市場は、銀行預金とその貸出という間接金融が主体である。預金は元本保証が前提となっているため、相対的にリスクを取りにくい。また実際の貸出は、プロジェクトの収益性や将来性より、保証人や担保物件の有無といった付帯条件に左右される。これでは真に将来性あるビジネスに意欲的に資金が向かわない。

今後、銀行預金中心から、株式や債券市場など直接金融へのシフトを促す必要があるし、担保至上主義の融資慣行を改める必要がある。新規事業などリスクはあっても将来性が見込まれる分野に資金を向かわせるため、金融所得課税や、損益通算、繰越計算など税制上の措置、保証人や担保制度の見直しなどを合わせて進めていかなければならない。

現在の日本では、株や債券など直接金融に回される資金が、全体の1割であるのに対し、アメリカでは6割だ。逆に銀行預金等、間接金融に向かう資金がアメリカでは1割に対し、日本では6割に上っている。安全・安心を求める日本人らしいと言えば、そうかもしれないが、これではお金の向かう先が限られるし、近年は特に国債のウェイトが増大していることが懸念材料だ。

政府債務が増大することと、国民の保有国債が増大することとは表裏一体の関係にある。国債の購入、つまり国への貸し付けが、その利回りを上回る経済成長をもたらす時代であれば良いが、実際には、公共事業の投資効果は低減しているし、現在政府支出の向かう先は、大半が社会保障給付である。政府にいくら金を貸し込んでも、社会の成長基盤を強化することにつながらない。

同時に、保証人や担保物件重視の金融慣行は、新技術の開発や生産の拡大より、土地や建物、株式などの担保物件の有無、保証人の存否を偏重し、国や地域全体の生産性の向上、成長基盤の強化に資金を向かわせない。この保証人制度は、事業主や第三者保証人に対して、莫大な個人債務を負わせる危険性もはらんでおり、人生を大幅に狂わせる残酷な事例は多い。この状態を放置しては、失敗に寛容で、再起を促す社会は創れない。

本来の趣旨のとおり、プロジェクトの将来性や経済性を重視して融資が行われ、金融機関はその「目利き」のプロとして審査を行うことが求められる。同時に事業主や第三者の人生を狂わせる巨大な保証リスクから人々を解放し、挑戦を奨励し、失敗に寛容で、再起を促す金融市場へと創り替えねばならない。

かつて日本の成長を支えた重厚長大産業の育成に、長期信用銀行が大きな役割を果たした。税制面で優遇された割引債の発行など、有利に資金調達を行い、優れた調査能力を発揮して、長期かつ安定的な資金供給に貢献したのである。

今後、令和版「長信銀」を考える必要があるかもしれない。経済はソフト化し、変化のスピードも速く、厳しい国際競争にもさらされている。昔の長信銀モデルがそのまま当てはまるとは限らない。しかし、金融機関の再編を含めた体力増強、そして担保や保証人を基盤としない、プロジェクト本位の融資慣行を確立せねばならない。このような融資資金獲得のためには、利子課税を免除するなど、大胆な政策誘導が検討されて良い。日本の金融市場の改革につながる新たな土壌を創るのだ。

[6] 次世代の可能性を解放する

❶ 成熟時代の教育

内なる解放政策の一環として、次世代の可能性を開く教育改革も重要だ。大きな時代の変化は、当然教育のあり方にも変革を迫る。教育がもたらすべき価値や機能を、どう時代に合わせたものに転換するか、根本的な議論が必要である。

当然、戦後教育が求めた価値は、その時代背景に合致していた。効率性や画一性を重んじる暗記偏重、知識習得に重きを置いた教育である。数学や理科だけでなく、国語や社会に至るまで、ひとつの規格化された〝正解〟に、いかに素早く、効率的に、間違いなくたどり着くか、ここが競争の舞台であり、訓練の対象だった。

結局これは、成長期という時代が教育に求めた価値であり、それに親和的なものだったと言える。上司の指示に素直さと忍耐をもって従い、前例をよく学び、協調を重んじ、際立った個性や挑戦を排除し、規格大量生産になじむ企業戦士が求められた。

今後その価値を転換する。新しい挑戦を奨励し、イノベーションを起こす積極的な取り組みを評価する。リスクを伴う判断や行動を歓迎し、互いのコミュニケーションを高める力を養う。こうした価値を追求する教育の実践である。

正解が一つではない問題に取り組み、あるいは課題設定そのものを自ら行う力を養う。そのための問題分析、論理的な説明や説得、対話能力の向上、こうした教育がこれからの時代には欠かせない。

変化の激しい時代、何かにおもね、委ねたところで、会社や上司が、人生を保障してくれるものではない。自分で考え、自分で感じ、前例や常識を疑い、一歩先を見据えながら、リスクをとって判断し、行動する能力・資質を養うのだ。

激しい国際競争の中で、国内でのみ通用する暗黙の前提や共通の文化を乗り越えて、客観的、論理的に物事を整理し、説明や説得を重んじる姿勢、互いの個性や社会の多様性を尊重する文化を醸成しなければならない。

経済がソフト化し、人間の労働が、機械やＡＩに置き換わってくることも大いに関係してくる。機械やＡＩがとって代わることのできない、生身の人間ならではのサービスの領域を拡大し、雇用機会を増大せねばならない。高度な付加価値を生む専門業務、相談業務、対人コミュニケーションを重視したサービスの拡大である。思考や感受性、表現力など、機械では代替できない価値を追求し、磨き上げる教育が求められる。

❷ 教育課程の柔軟化

覚える教育から考える教育へ。そして、たった一つの正解を求める教育から、解が一つでない、むしろ課題そのものを自ら設定する教育への転換について述べた。これに合わせて教育課程も、流動的で機動的な仕組み、本格的な国際競争環境を生き抜くにふさわしい仕組みに改める。硬直的な教育課程を変え、柔軟で、流動性の高い仕組みを実現するのだ。

高等教育について言えば、日本では、まだまだ大学院の修士課程や博士課程の修了は一般的ではない。しかし、世界では既にスタンダードであり、大学院課程の修了は、世界で活躍するための必須の条件となっている。

しかし、現在の日本では、大学院博士課程まで修了すると一番早くても27歳という年齢を迎える。企業の新卒一括採用と終身雇用の前提からすれば、博士課程を終えた人材は少し歳をとり過ぎている、ということになりかねない。

アメリカでは、大学を21歳で終えると、それから3年で博士課程を修了できる。イギリスでも修士課程は1年で修了するのが通例で、博士課程まで入れても22歳には終えることができる。ドイツや韓国でも24〜25歳で博士課程を終えられる。日本でも2〜3年、最長でも4〜5年で博士課程まで終えられるような環境を整え、20代前半には社会に出られるようにすべきだ。

大学への早期入学についても、アメリカやイギリスでは18歳より早く入学することが可能だし、ドイツでも19歳未満での大学入学が可能だ。韓国でも一定の大学、一定の割合で早期入学を認めている。日本でも極めて例外的に17歳での大学入学が認められているが、年間10人にも満たないのが現状で、均質性や同質性、形式的平等が重んじられている。この慣行を改めていくには困難を伴うが、経済雇用システムに流動性や柔軟性が求められるのと同様、その大本となる教育課程の流動化や柔軟化も合わせて必要である。

義務教育を含め、意欲と能力、努力に富んだ子供には、通常の進級を飛び越えて、更に先の学年に進むことも認めてよい。アメリカでは初等教育でも学校長の判断により飛び級が可能だし、イギリスでも法令上は年齢制限がない。ドイツや韓国でも実際には稀とは言え、飛び級への道が開かれている。

逆に年齢さえ上がれば、学習到達度にかかわらず、自動的に次の学年に進級するのが日本の姿だ。進級、留年どちらに対しても硬直的で、両者は裏腹の関係となっている。形式的な画一性が、実質的には悪平等につながらないか、今一度検証が必要だ。学習到達度が不十分なまま次の学年に進級しても、かえって自信を失ってしまう可能性もある。欧州では留年の選択も比較的早い段階から、柔軟にとられていると聞く。実際留年を選択した子供たちが、必要以上に引け目を感じることも少ないようだ。

また複式学級（学年の異なる子供たちが一緒に学ぶ）の実践や、受け身の一斉授業から、子供たち同士の少人数の学び合いを重視した授業への転換なども注目されている。

あくまで硬直的な、年齢ごとに一律の進級過程が望ましいか、それとも状況に応じた柔軟な授業過程があり、早く進んだり、ゆっくり進んだりする権利と道が開かれることが望ましいか。これからの成熟社会では、様々な選択肢を用意し、自分のペースに応じて、柔軟な道を選択できる環境をつくらねばならない。

意欲と能力に満ちた子供には、社会的使命を自覚しつつ、これまで以上に国や社会のためにも活躍の場を広げて欲しい。一方、ゆっくり進む子供たちには、ゆっくり進む権利があることを伝え、社会はそれだけ柔軟で、許容範囲が広く、懐の深いものだと伝えたい。早く進むか、ゆっくり進むかを価値の優劣とせず、一律の単純な物差しで人を評価しない、個人の尊厳と多様性の尊重を旨とした、活力と包容力に満ちた社会を築くのだ。

❸ 高等教育も社会で

次世代の可能性を考える上で、高等教育のあり方も鍵となる。少子化が進んでいることは何度も確認したが、実は夫婦間で理想とする子供の数は2・25人。一方、結婚している夫婦が実際にもうける子供の数は1・9人と言われている。何故、結婚した夫婦間で希望し、理想とする数の子供を産み育てられないのか。

若い親を対象にしたアンケート調査では、子供を産むことを躊躇する最大の理由は、経済的な不安で、これが5割に達すると言う。中でも不安が強いのが将来の教育費だ。日本では子供一人育てれば、家が一軒建つと言われる。高校・大学はもちろん、幼稚園、私学、そして学習塾などを含めれば、家計負担は膨大だ。

大学に通わせる学費は、日本では、国立大学の授業料が概ね年54万円。私立大学の場合には平均的に年約90万円と言われる。出生率の大幅な回復が見られるフランスでは、国立大学の授業料は年間2万7000円。ドイツや北欧諸国に至っては無料だ。

家庭の状況にかかわらず、子供の意欲と能力、努力次第で、自由に高等教育を受けられる環境整備を進めたい。子供たちにとって望ましいし、同時に社会の潜在的な可能性を花開かせるために、大きな意義がある。少子化の理由の一つが、将来の教育費不安であれば、なおさらだ。

実際に日本の国立大学を無償化するには約1兆円の財源が必要だ。例えば消費税率に換算して約0・4%分である。私学の授業料を例えば半額にする場合も同額程度が必要となる。大学進学率は現在56・6%と、必ずしも全員が通っている訳ではないが、今後ますます、人材育成が重要となる日本で、高等教育の費用も社会が担うべきだ。経済活動の高度化に対応し、激しい国際競争を生き抜くために、機会を提供するのは社会の務めだ。

家庭の経済事情にかかわらず意欲と努力が報われる社会、将来の不安なく子供を産み育てられる社会を実現するために、1000円の買い物に4円分上乗せしても、国民がNOと言うとは思えない。

高等教育の負担軽減は、一度社会に出た人々にとっても希望となる。流動性の高い雇用市場の整備には、新たな知識や技能を修得するリカレント教育の提供が必須だ。次の成長産業を育て、そこに人材を送り込むために、専門的な職業訓練に加え、社会人が大学で学び直す機会も拡大したい。

同時に大学等研究機関の人材活用も活性化を図りたい。ノーベル賞受賞者の日本人のほとんどが、アメリカなど海外の研究機関に所属していることも残念な現象だ。大学講義のマンネリ化なども言われる中、研究・教育の成果を正しく評価し、レベルを上げていくための人材登用と研究費の確保を積極的に支援して行かなければならない。

❹ 職業訓練と社会の当事者教育

これまでの日本の高校教育では、何かと言えば普通科が偏重されてきた。しかし、今後は職業訓練や専門学校など、早期の実践的な教育を重視したい。高学歴のホワイトカラーの偏重は、いささか単調な価値観であり、例えばスイスでも大学進学率は3割にとどまり、国民の7割は専門職に就く。こうした若者の専門技能や職業技術に対する社会の敬意も大きい。今後の日本にはこうした専門職に対する誇りやプライドを高め、技能教育を重視する文化が求められる。

欧州で共通するのは、比較的早い段階で職業を選択し、専門学校や職業訓練校への進学が社会的に認知されていることだ。義務教育を終えた子供たちが自信と誇りを持って、専門的な職業を選択し、そのための教育を受ける。価値観に厚みがあり、多様で実践的であることを重視する社会である。

今一つ、日本の教育に決定的に不足しているのが、社会の当事者となるべき、市民教育だ。どのような職業に従事するにせよ、社会の一員としての責任感覚を呼び覚まさなければ、その健全な担い手として期待できない。

善も悪も混在する社会において、犯罪や非行、詐欺や暴力などから自分の身を守り、成人すれば、自立した社会の構成単位として、人によっては家族生活を営み、職業に従事し、政治参加、地域づくりを担う。そうした基本的態度や素養を身に付ける教育が必要である。

スウェーデンの中学校社会科の教科書は『あなた自身の社会』と表題付けされている。家族の労働や収入、結婚や離婚、病気や事故といったアクシデント、歳をとり老化すること、市議会やコミュニティとの関わり、契約、借金、クレジットカードでの買い物に至るまで、およそ社会の当事者として必要な知識と互いの関係性、そして自分自身の主体的役割と、そのリスクや責任が教えられている。

中には「広告は購買意欲を誘う」といった警鐘《けいしょう》も含まれており、社会の幸も不幸も含め、善も悪も包み隠さず、等身大で伝えようとする大人社会の誠意が見てとれる。今後の日本の教育において、是非とも必要な観点だ。

❺ 地域との関わり

実際の教育現場では、教員の授業以外の負担も大きい。役所への提出書類や各種調査、放課後や休日の部活動など、目一杯の活動に追われている。これに対して、例えばフィンランドは教育水準の高い国として知られるが、この国の教師は14時に授業が終わったらすぐに帰宅するという。部活動の指導などは、むしろ地域の大人たちが受け持つようだ。日本では、必ずしも経験のない教師が部活動の指導を任される。当の教師にとっても負担だし、子供たちにとっても指導成果が十分に上がるとは限らない。部活動など課外活動では、もっと地域の大人社会が積極的にかかわる仕組みがあってよい。

これは結局、地域の大人たちが、それだけの心のゆとりや、時間の余裕を持てるか、という働き方や生き方の問題にかかわる。各個別の議論がバラバラに存在しているように見えて、実は全てつながっており、複雑に絡み合っている。それだけに事は単純ではないし、解決困難な面もある。しかし、たった一つの本源的な糸のもつれを解きほぐすことができれば、全てが連鎖的に解決・解消する、という希望もある。

社会との実践的なつながりを意識させるために、授業自体に地域の大人たちがもっと登場する機会があってもよい。専門の教師に加えて、まちの大工さんが学校で工作を指導する、お医者さんや調理師さん、美容師さん、警察官に消防士さん、様々な分野で活躍する現場の大人たちが、教育現場にさっそうと登場し、自らの職業、そして社会との関わりについて述べる。こうした経験が子供たちの社会観、職業観に大きな影響を及ぼし、新たな境地を開くことを期待したい。

［7］新たな不安から解放する

❶ 雇用はどうなる

若年層の失業、非正規雇用の拡大、中間層の没落など、日本に限らず世界の先進国で、共通して現れる暮らしと雇用への不安がある。問題の本質について、雇用とは何かを含め、深く考察しておきたい。

雇用とは経済活動の面から言えば、財やサービスの生産・流通過程に貢献し、応分の報酬を得る機会だ。一方、福祉のような社会保障給付は、このような貢献の有無を前提にしない。労働の対価は、報酬たる金銭のみでなく、人生の充実感や幸福感、満足感を得ることでもあり、これらが生きがいをもたらす。人間が社会的動物であることの本質を満たす何かがそこにはある。

何故、雇用機会が減少しているように見え、また中間層の没落と格差拡大が言われるのか。まず資本と労働の生産性から見ておきたい（図表25参照）。資本の生産性は１９６０年代から低下傾向にあり、労働生産性も２０００年代には伸び悩んでいる。機械化と技術の高度化が相当程度進んだことが大きく影響しているのではないかと思われる。

次に生産性の拡大にともなう賃金の上昇だ。図表26は、時間あたりの賃金を示したものだ。

図表㉕ **労働生産性指数と資本生産性指数** 出典｜財務省「法人企業統計調査」より作成

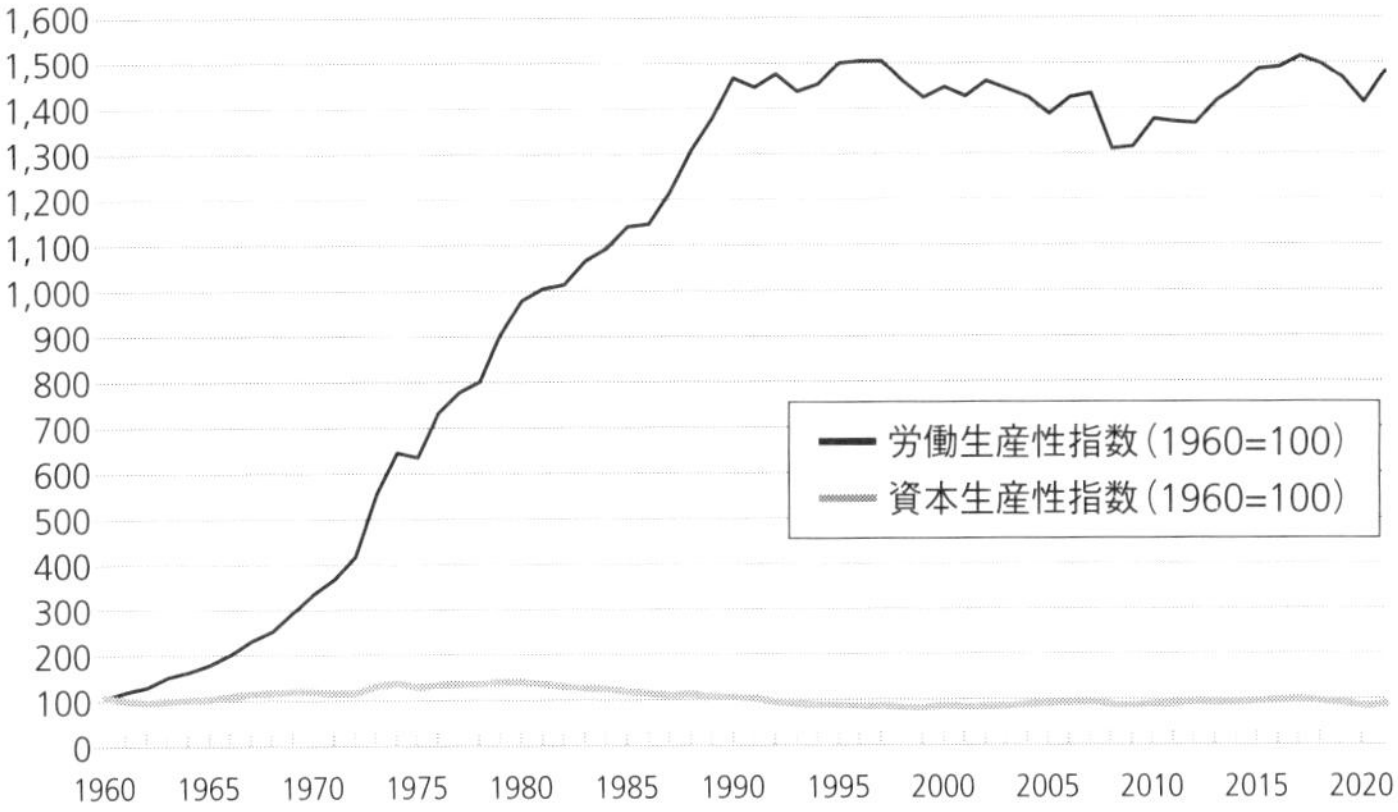

注1：労働生産性=付加価値額／従業員数、資本生産性=付加価値額／有形固定資産とし、それぞれの生産性について1960年度の値（名目値）を100とする指数に変換した。
注2：金融業、保険業を除く全産業が対象。

70〜80年代は、生産性の向上とともに賃金が上がっているが、90年代以降、その上昇は頭打ちとなっている。

しかし、この賃金の伸び方には所得階層別の差が見られる。

図表27は、１９５１年から１９７１年の所得階層別の所得の伸びを示したものだ。この20年間、下位５分の１の所得層はプラス３５０７％の伸びを示したのに対し、上位５分の１の所得層は１５８５％の伸びを示した。この時代は生産性向上に伴って、高所得層も低所得層も大幅に所得を拡大したが、特に低所得層の拡大幅が大きかったのである。

問題は１９８０年から２０１０年の変化だ（図表28）。ここでは下位５分の１層の伸びが１４１％に対し、上位５分の１層の伸びが１５４％となっている。低所得層の伸びよりも、

図表㉖ 時間当たり労働報酬

出典｜『日本長期統計総覧』より作成

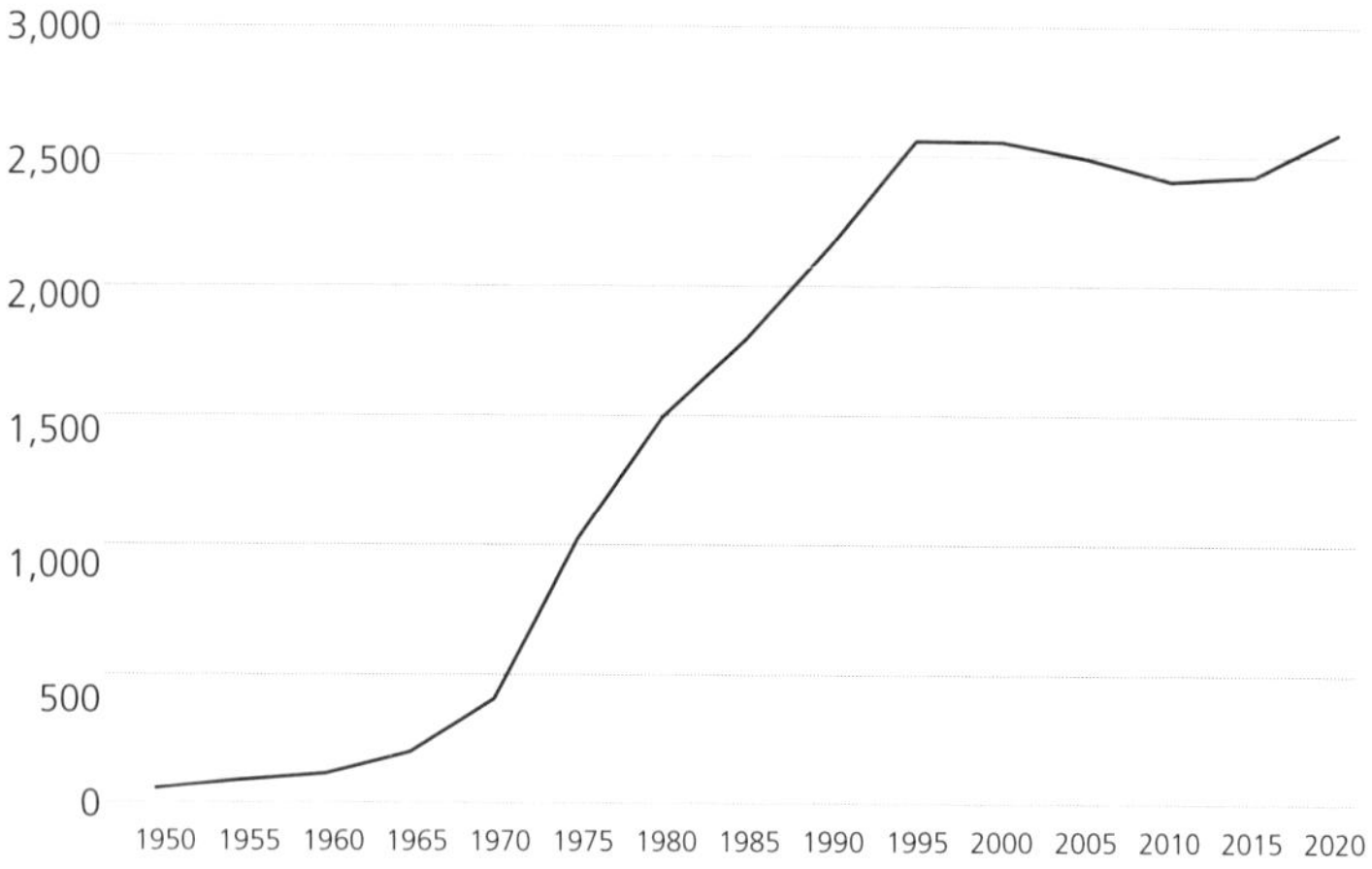

高所得層の伸びが大きいことで、格差が拡大したのだ。この傾向は２０２０年までさらに続く。高所得層の伸びは各階層と比較し一番大きい。そして中間層の伸びは停滞し、最上階層だけが大きく所得を伸ばしていることが分かる（図表29参照）。

　こうした所得階層の二極分化と中間層の没落は、中間的な労働機会が減少していることと無関係ではないと私は考えている。産業革命以降、人間の肉体労働は機械に置き換わり、最近では神経労働がＩＴ技術に置き換わりつつある。便利さや効率性を、極限まで高めたひとつの結果がこれかもしれない。

　中間労働の滅失と中間所得層の弱体化は、社会を二極化させ、不安定化させる。上流域では、システムや技術開発など高い付加価値を生み出した一部の成功者に、莫大な富が集

図表㉗ 1951年から1971年の平均月収の伸び

出典｜『日本長期統計総覧』より作成

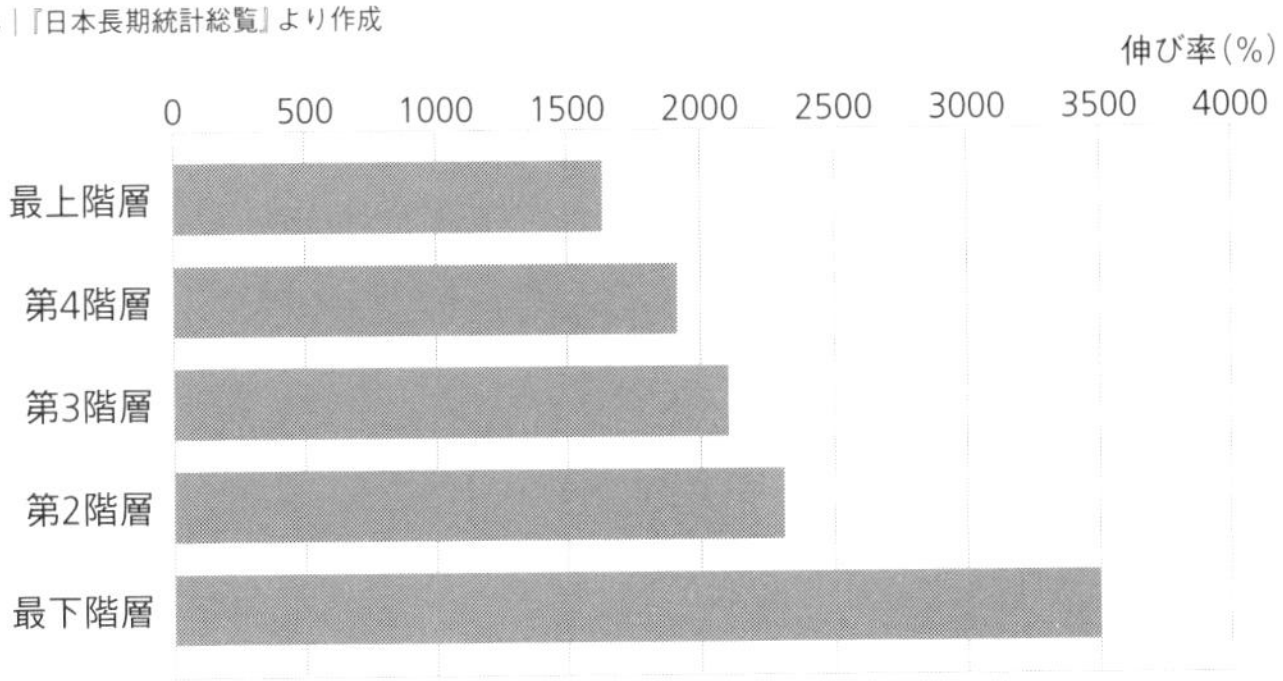

図表㉘ 1980年から2010年の平均月収の伸び

出典｜『日本長期統計総覧』より作成

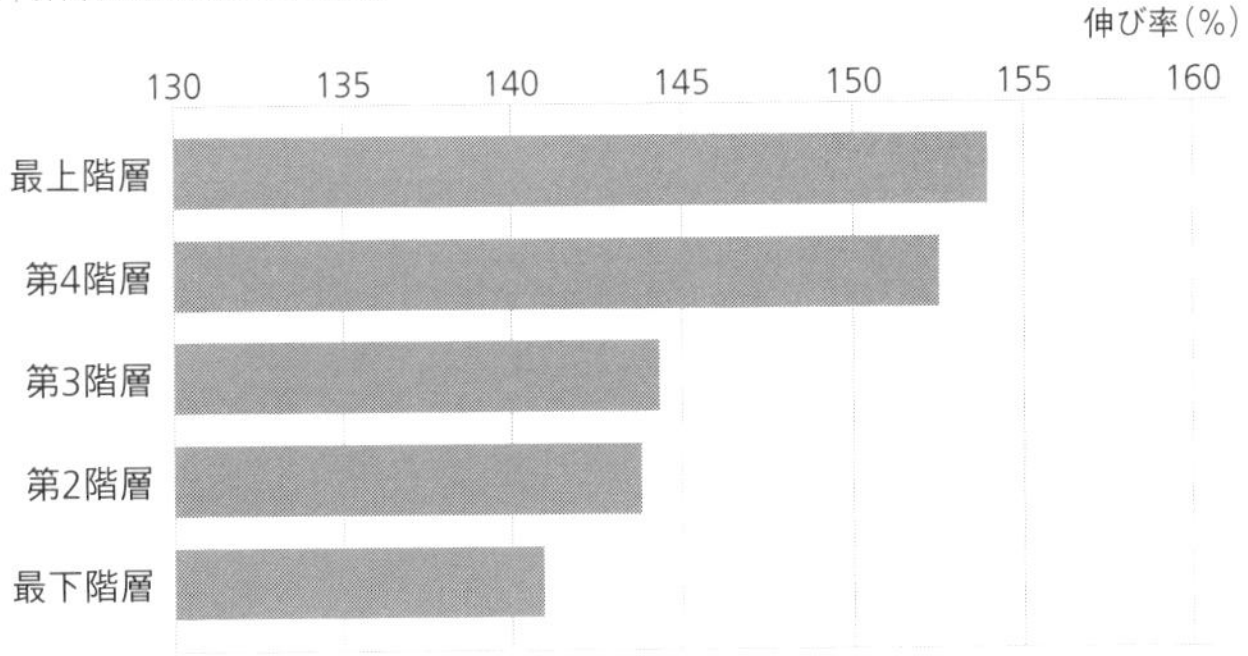

図表㉙ 2000年から2020年の平均月収の伸び

出典｜『日本長期統計総覧』より作成

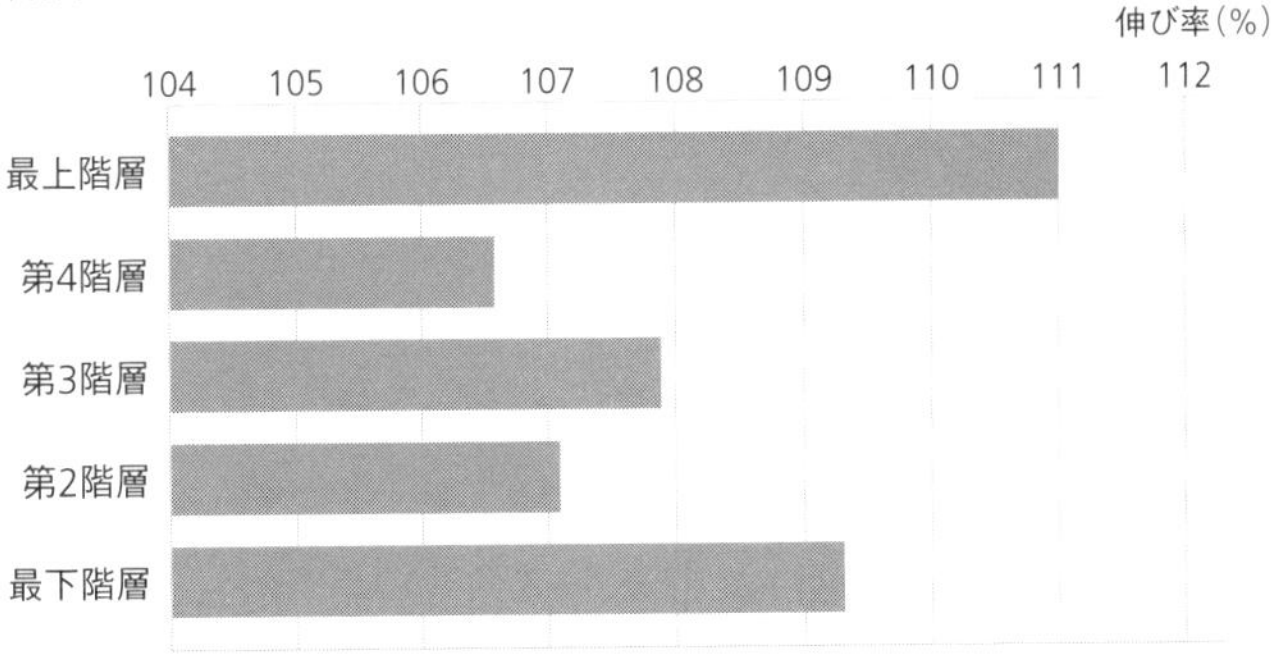

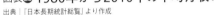

中し、一方下流域では単純・単調な業務が残り、低付加価値で賃金は低い。代わりがきく労働であるため、雇用形態も不安定である。

さらに、トップ１％の高所得層が全所得のどの程度を占めるか、そのシェアを歴史的に示したのが次のグラフだ（図表30参照）。米国、日本では１９２０年代、トップ１％が全体の20％近くの富を独占した。その後トップ１％の占有率は低下し、１９６０年代には10％程度となる。福祉国家の登場だ。公的医療や年金制度など社会保障制度が整備され、労働組合の結成など労働者の権利が向上する中で、賃金が上昇し、社会の再分配が実現した。経済の拡大と中間層の拡大が同時に実現した幸せな時代である。

しかし、80年代から全体として再びトップ１％の所得占有率が上昇に転ずる。２０００年代のアメリカでは、世界恐慌時の20％に迫る。機械化や技術の高度化と合わせて、社会主義との１００年戦争に勝利した資本主義が暴走し、市場原理主義や行き過ぎた金融資本主義をもたらした。

今後、資本主義を基調としつつも、いかにそこに公益的な色彩と使命を帯びさせるかが大きな課題だ。「公益資本主義」とも言うべき新たな概念を生み出し、活発な経済活動と公平・公正な社会の実現を両立させなければならない。そのための新たなルールと価値観を構築し、経済・金融活動の拡大を、人の幸せと社会の安定化につなげる仕組みが必要だ。

同時に今後ますます、ＡＩの進展、機械化と自動化が進むことが予想される。そんな中で生

図表㉚ 1%高所得者が占める割合の国際比較

出典｜The World Top Incomes Databese. http://g-mond.parisschoolofeconomics.eu/topincomes

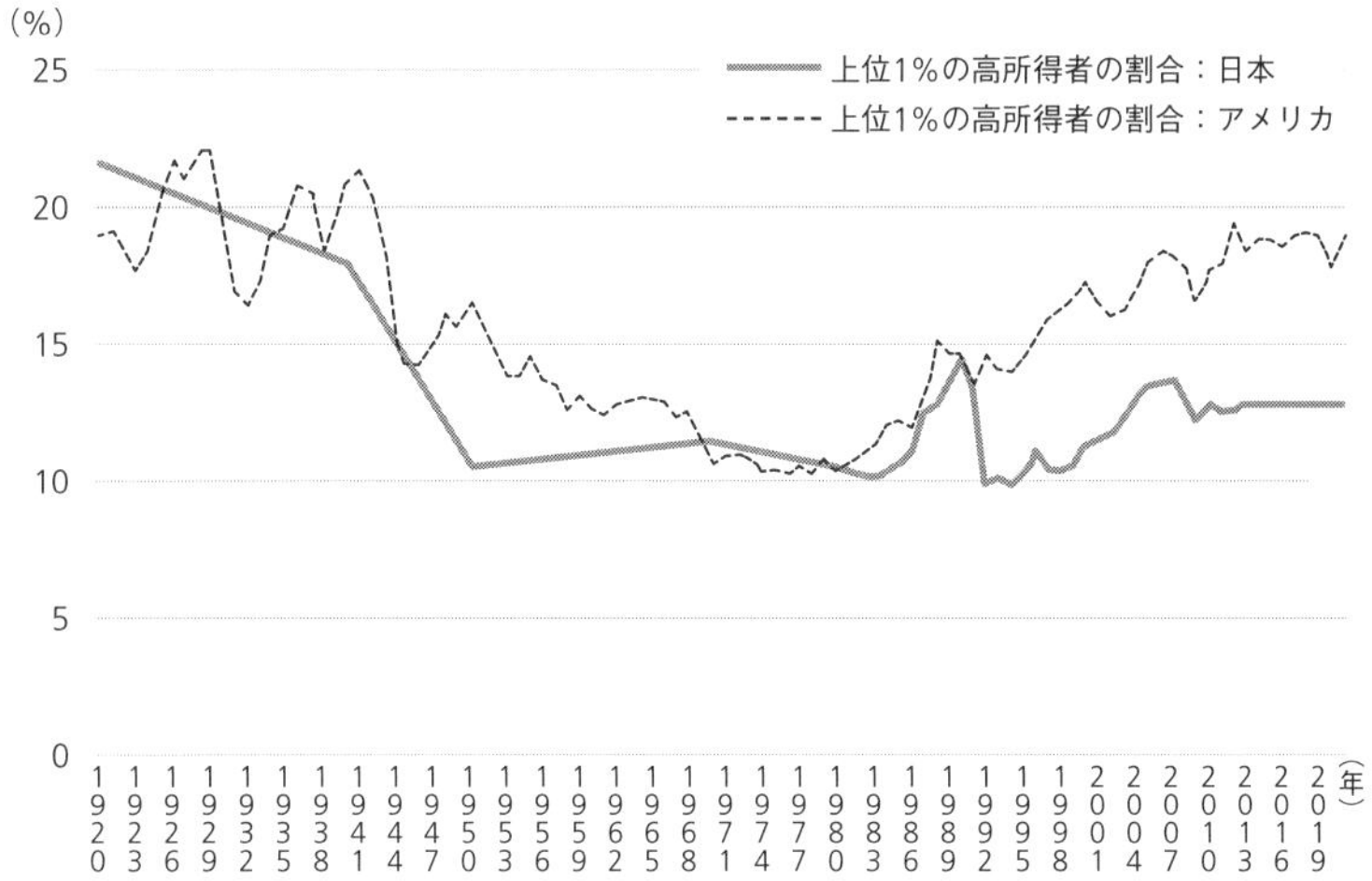

身の人間の雇用機会をいかに確保するか。いかにその縮小を食い止め、人間の活躍領域を拡大するか。これまでにない新しい課題であり、新たな脅威でもある。

以前に放送されたテレビドラマで、松下電器産業（現・パナソニック）の草創期が描かれた。若い見習い工が、二段組みの台に陣取り、懸命に二股ソケットを手で組み立てる。近代産業社会草創期の雇用の姿だ。しかし、現在こうした風景はほとんど見られない。生産工程は大半が機械化され、自動化されている。少ない人手で、大量の生産を行うのが今日の姿だ。

近未来はさらに、インターネットで注文された商品が、ドローンで配送され、自動車は自動運転となる。社会の利便性向上の陰で、配送会社やタクシー運転手を含め、雇用機会は一体どうなるか。

　こうした時代にあって、なお生身の人間にしかできない貢献の機会を創り、付加価値を生み出す。人の心や体を活かした対人業務を拡大し、相談やコミュニケーションの仕事、専門知識を活かしたアドバイスやコンサルタント、文化・芸術に関わる仕事、医療や介護、そして新たな技術革新。ソフト面を中心に経済領域を拡大し、人間が活躍する場を増やす。生身の人間ならではの貢献機会を拡大し、開拓するのだ。

　同時に、この新たな時代の、新たな脅威に立ち向かうための新たな考え方、新たな経済・社会の安定の形を生み出す必要がある。そのような時代にあってなお、人間の生存と尊厳を担保する究極の経済社会制度。それがベーシックインカムだ。

❷ ベーシックインカム

　全ての国民の生存を保障し、一定の給付を行う制度、それがベーシックインカムだ。まだ、これを本格的に実施している国はない。その適否については、議論が分かれる。

　現在、例えば年金制度は、一定の年齢に達することで給付が開始されるし、生活保護は収入や資産の状況に応じて給付が行われる。これに対してベーシックインカムは、一切の条件を付けずに、全ての人々に一定の給付を行い、人々の生存を保障する考え方だ。同時に年金や、生活保護、児童手当といった細分化された社会保障を統合し、行政コスト削減も目指す。

この考え方に対しては、働かなくてもお金をもらえるためモラルハザードにつながる、財政的に不可能である、などの有力な批判が根強くある。十分考慮しなければならない。しかし、これまで批判が十分妥当した時代であったとしても、これからは社会の変化が、この考え方を真剣に検討せざるを得ない時代へと向かわせる。

現在の社会保障制度の基本は弱者救済である。しかし、真の弱者は誰か、という問いかけを、今の時代なりに真摯に行わなければならない。未来の超長寿社会では、高齢化率は40％近くだ。高齢者を一律弱者とする制度は維持できない。またかつては文句なしに強者だった若者も、現在では、非正規雇用の拡大、低賃金、保有資産の少なさ、社会保障の世代間格差など、潜在的にはむしろ弱者となる事例が増えている。

同時に現在の社会保障制度は細分化し、複雑化され過ぎている。また年金よりも生活保護の給付額が多いなど、不公平感や不信感も生じている。これらの矛盾を一度整理して、解消し、合わせて行政コストを引き下げるのだ。

同時に、繰り返すが、かつての労働は人の手が全てだった。しかし、今や多くが機械やＩＴ技術にとって代わられ、雇用環境そのものが激変している。今後ますます、肉体労働は機械に、神経労働はＡＩを含めたＩＴ技術に置き換わるはずだ。だとすれば、今度はそこで生み出した富をいかに適正に分配し、経済の活性化と社会の安定化の両立を図るか。新たな知恵と発想が求められる。

「働かざるもの食うべからず」は基本的にはいつの時代も一定の正当性があるのかもしれない。しかし、人の労働が全てだった時代と、そうではない時代とでは前提が異なる。何が自己責任であり、何が自己責任に帰しがたいのか。社会全体の視点で捉え、正しいアプローチが求められる。努力は大事だが、頑張れる環境、頑張れば報われる環境を、社会が整えなければ、それはむなしい掛け声に終わる。

雇用や社会の実態面の変化、社会保障制度の複雑さや行政コスト、これらを総合的に解決するために、近未来の社会では、年金や生活保護、児童手当や失業給付などの諸制度を一つに統合することが、有力な選択肢のひとつだ。

極端な例を挙げる。現在支給されている年金は月約20万円、総額で年間約50兆円である。もし、近未来の社会において、これを世代を問わず、一人当たり、月5万円、4人家族で月20万円、祖父母を含めた三世代6人であれば合計30万円支給する仕組みとした場合、何が起きるだろう。

国全体の支給総額はそれ程大きくは変わらない。財源についても、現役世代のみならず、全世代が公平に負担する。例えば25%の消費税が、ほぼこの全額に相当する。当然そのときは、生活保護や失業給付、児童手当など、あらゆる社会保障制度を整理し、統合する。行政コストは低下し、シンプルで分かりやすい仕組みが、人々の生存を保障する。社会が公平であることへの確信を高める。

これにより現役世代や企業の特別な負担（社会保険料）は不要となることから、経済活動と雇用意欲が高まる。正規と非正規の雇用区別は解消し、雇用の流動化と社会の安定化が同時に図られる。新陳代謝の活発な成長性の高い社会につながり、人口構造の激変という制約からも解放される。持続可能性を回復し、将来への見通しを取り戻し、人々は言い知れぬ不安感から解放される。あくせく貯蓄に励む必要は、もはやなくなり、安心感の中に消費行動と経済循環が活性化する。

生存を保障する最低生計費の支給は、その効用を最大化するために人間同士の共同生活を促す可能性もある。お父さん、お母さん、子供たち、おじいちゃん、おばあちゃんの同居、近居。また、旧来型の地縁、血縁を超えた、趣味や同窓など様々な縁の復活。他人同士のシェアハウスも既に広がっているが、こうした暮らし方がむしろ一般化するかもしれない。人々の新たな共同生活のスタイルがスタートするのだ。

機械化され、自動化されていく経済の中での、人間同士の関係性の復活である。これが新たな時代の経済・社会の基盤となる。

❸ コミュニティ再興

最後にコミュニティの再興について考える。産業革命以降の社会は、経済活動のための都市への人口集中と、核家族化をもたらし、地域社会の絆を希薄化させた。成長至上主義の世の中であり、カネが幅を利《き》かす社会だ。

しかし、この価値観に行き詰まりが見えれば、今度は新たな発想、逆回転の思想が求められる。経済至上主義でなく、大量生産、大量消費、大量廃棄でなく、核家族化と都市への人口集中でなく、カネが幅を利かすのではない世の中だ。

成長が全ての矛盾を解消し、カネが全てを補い、瞬時の匿名性の高い清算が重視された時代から、成長にのみ頼らず、実名性の高い人間関係を大事にし、長期の貸し借りと信頼関係を大切にする社会である。「現金」「匿名」「短期」から「現物」「実名」「長期」を軸とした、人間同士の信頼と相互扶助が、成長とカネの縮小を補完する新たな時代である。

ときにそれは家族、親族であったり、近所であったり、あるいは子供の学校つながりであったりする。その他、趣味や社会的関心事を含め縁は様々だ。成長とカネが埋めるはずだった現代社会の穴を、今度は人間同士の長期の信頼関係が埋めるのである。

「ハーバード白熱教室」で著名なマイケル・サンデル氏は、コミュニタリアニズムの立場をとる。日常生活圏に暮らしを支えるインフラがフルセットで揃う環境が人間にとって望ましいとする立場である。現代の私たちの日常生活は、生活圏とかけ離れた地域から、モノやサービスがやってくる。品物がどこからやってくるのか、誰が作ったのか、どんな過程を経たのか、安全性や健康基準はどうなっているのか、つぶさに把握することが難しい究極の分業の時代である。

その裏返しで自らの生活圏には、それを生産する農地も、加工工場も、原料を獲得する場も少なくなった。暮らしの大半が、誰だか分からない人の努力と貢献によって成り立つ時代である。

これに対して昔は、近所のおばちゃんが作った野菜を分けてくれる。米は隣町の農家から、魚は近海でとれた新鮮なもの、といった風景が当たり前だった。そこでは実名性が重視され、長期にわたって顔の見える人間同士の信頼関係が基礎となった。原料、加工、流通、販売、全ての生活インフラが、日常生活圏内に存在していた。

今は日本のどの地域にも巨大なショッピングセンターが君臨する時代である。地場の商店街や流通網は廃業するか、その軍門に下るかを強いられる。消費者は安く効率的にものを入手できる一方、地域の顔の見える関係、雇用の場、生活のインフラなど、長期にわたる信頼関係の礎は縮小されてきた。単純にどちらが良くて、どちらが悪いとは言い切れない。安くて効率的、利便性が高いことも重要であるし、顔の見える長期の信頼関係も重要だ。しかし、成長とカネが全ての矛盾を解消し、補完した時代から、成長とカネのみを必ずしも頼りにできない時代がやってくる。バランスが変わるのだ。便利さや効率と引き換えに縮小してきた、人間同士の顔の見える関係、長期にわたる信頼の絆を取り戻す。

人間は人間同士の関係性の中でしか生きられない。地域社会に農地、工場、商店、教育、交流の場などがフルセットで揃うことで、その存立基盤は確かなものとなり、豊かなものとなる。

幸福な人生を支える基盤となる。

今後、ますます進むであろうグローバル化した経済と、日常生活を支えるローカルな基盤。その両者のバランスをとりながら、新しい社会のあり方を模索する。人間同士の関係性と、日常生活圏を支えるコミュニティの存在意義や価値を見つめ直すことが新たな経済・社会の基盤となる。

6 環境革命

［1］化石燃料の文明に持続可能性はない

人口問題に勝るとも劣らず最大の試練となるのが、エネルギー環境制約への適応だ。実は人口減少や人口構造の激変すら、究極はこのエネルギー環境問題への人類の適応からきている。この本のメッセージの核心はそこにある。

2014年のIPCC（気候変動に関する政府間パネル）の第5次報告によれば、産業革命以降の空気中の二酸化炭素は1・4倍に増え、これによる気温の上昇は世界平均で0・7度。今世紀中にさらに最大で4・8度上がると予想されている。「人新世」という新地質年代の議論もされているが、20世紀半ば以降に観測された地球の温暖化は、人間活動が主な要因であることはもはや明らかだ。

特に北極や南極での気温上昇が著しく、ここから溶け出した氷と、温度上昇による海水の膨張で、潮位は最大82㎝上昇し、植生変化や水資源枯渇、巨大台風や竜巻被害など、人類の生存を脅かす最大の脅威になると懸念されている。

そもそも地球上に存在するエネルギー源には、大きく言って二つしかない。地熱など地球そのものが内包するエネルギーと、太陽光など外部から降り注ぐエネルギーだ。そして実は化石燃料である石油や石炭は、地球46億年の歴史の中で外部から降り注いだ過去の太陽エネルギーが、動植物の形で固定化され変質したものである。つまり過去数十億年分のストックの太陽エネルギーだと言える。そして産業革命以降の近代社会の経済と暮らしは、この過去数十億年にわたって降り注いだ、ストックの太陽エネルギーを大量に取り崩すことによって支えられている。

人類の歴史が約700万年とすれば、農業が始まるまでの699万年は狩猟採集の原始時代だった。農業を手にした最後の1万年のうち、産業革命までの9800年はフローの太陽エネルギーのみを頼った農耕社会だった。そして直近の約200年だけが、過去数十億年分のストックの太陽エネルギーを、地下から掘り起こし、燃やし、消費することで成り立つ異常かつ例外的な期間だ。

これが人類に高い生産力と、快適な環境をもたらし、急激な人口増大と経済成長を可能とした。同時に医療技術等の驚異的な進歩で、夢のような超長寿社会を実現した。しかし、ストックの太陽エネルギーを取り崩す文明に持続可能性はない。貯金を取り崩す生活が長くは続かないことと同じだ。

いよいよ人類はこのエネルギー源の減少と、有限な地球環境という制約に本格的に直面する。今後、エネルギー環境面での持続可能性を回復すべく、暮らしも経済も、それを前提としたものへと作り替えていかねばならない。むしろこの200年間の歴史を、悠久の過去そして永遠の未来との関係で、極めて異常かつ例外的な期間として位置づけなければならない。ここに至って初めて、産業革命以降の急激な人口増大と、その後の急激な人口減少の本当の理由を理解できるのだ。

日本はオイルショック以降、化石燃料への依存度を低減させ、原子力を活用し、世界に冠たる省エネ国家を実現してきた。エネルギーの供給面では、アメリカのシェールガス革命、日本近海のメタンハイドレート開発など新たな動きもある。しかし、これらも化石燃料文明の延長線上にあり、根本的な変革に貢献するものではない。

日本はエネルギー・環境分野で世界に先駆けた挑戦を行い、今後世界で主導的な役割を果たすべきだ。世界最先端のモデル国家を構築し、世界中から利益と尊敬を獲得し、存在感を高めるのだ。

かつて、田中角栄氏が『日本列島改造論』で、情報技術の重要性を語ったのが50年以上前のことだった。その後実際にIT技術は大きく進歩し、当時想像だにできなかった現在のライフスタイルを実現した。今から約30年後、２０５０年、エネルギー政策はどう変わっていくのか。想像もできない技術革新や、コスト低減、製品やシステム開発と普及拡大が進み、人々のライフスタイルや価値観を大きく変えていくに違いない。

実際にフローの太陽エネルギーは莫大である。世界で1年間に消費される電力は、地球上に降り注ぐ太陽エネルギーのわずか1時間分に過ぎない。太陽の光はもとより、風、雲、雨、海流など、全ての現象は、太陽が温めた水や空気の温度差が源だ。もとをただせばフローの太陽エネルギーが全ての源泉なのだ。

政治はそれを最大限活用するために、あらゆる政策資源を投入する。太陽光や風力発電を始めとした再生可能エネルギーを主力産業として位置付ける。大規模で一極集中型のエネルギー供給構造を、より分散的、流動的で開かれたものへと変革する。

そのことを通じて、未来に至るまで、再びフローの太陽エネルギーに依拠する新たな文明社会を構築し、人類と地球の持続可能性を回復する。産業革命以前は当たり前だった風景を、新たな別の形で取り戻す。「懐かしい未来（ヘレナ・ノーバーグ・ホッジ）」を創るのだ。

日本は今後、未来につながる価値で輝く国を創り、国家としての人望、徳望を高める。高齢化、人口減少、エネルギー環境問題、これらの制約課題に世界に先駆けて取り組み、今後の指針、規範となるべきモデルを示す。

矛盾やつけが限界に達しようとしている今こそ、変革に向けた最大のチャンスだ。

「環境革命」が目指す価値はそこにある。

［2］全ては太陽から

2003年まで日本は世界一の太陽光発電国だった。その時点で世界2位のドイツを2倍以上引き離していた。しかし、ときの小泉政権の手によって、太陽光発電への補助金が打ち切られ、その後は伸び悩むこととなった。一方ドイツは当時先進的だった、いわゆる固定価格買取制度を初めて導入し、その結果わずか3年後には日本を抜き去り、日本に2倍の差をつけて世界一となったのである。それまでパネル生産世界一だったシャープも徐々にその地位を低下させ、ドイツや中国など海外メーカーに押され続けた（以下は2014年の記述である）。

各国の総発電量に占める再生可能エネルギーの割合を見てみよう。

2013年、太陽光発電導入量はドイツが現在1万9340GWh、日本の5160GWhの4倍に達している。風力発電もドイツは4万8883GWh、日本は4559GWhで、差は10倍に広がっている。再生可能エネルギー全体でもドイツが突出しており、全発電量の2割を占める一方、日本では未だ1割で、大半は水力発電だ。山がちな地形で急《きゅう》

図表㉛ 各国のエネルギー事情（2021年）

出典｜IEA World Energy Statistics and Balances (World Indicators, World energy statistics): OECD iLibrary.

	フランス	ドイツ	日本	イギリス	アメリカ
人口（百万人）	68.2	83.2	125.5	67.5	330.6
GDP（10億ドル、2015年価格）	2576.7	3531.2	4435.8	3111.3	20339.7
総発電量（TWh）	550.5	590.8	999.5	308.0	4349.0
再生可能エネルギー割合（%）	21.9	39.6	21.0	39.6	20.1
太陽光発電量（GWh）	15,095	49,992	88,701	12,384	146,249
風力発電量（GWh）	37,015	113,848	9,874	64,460	384,237

峻《しゅん》な川も多い日本は、水力発電に適しているが、新技術による再生可能エネルギーの導入はまだまだ立ち遅れている（２０１４年の記述はここまで）。

さて、この傾向は２０２１年の数字を見ても大きくは変わらない（図表31参照）。２０２１年はパンデミックの影響なのか、発電総量が大きく減少しているが、日本はやはり再生可能エネルギーへの転換において依然立ち遅れている。

２０１３年頃には太陽光発電導入量が世界一になると言われたときがあった。遅ればせながら導入された固定価格買取制度が普及を後押ししたのだ。２０１３年に導入された太陽光発電量は最大で約６００万ｋｗ、稼働率10％で計算しても、原発０・８基分に相当する。

日本国内の総発電量は、現在約１０００ＴＷｈであるから、仮にこれを全て太陽光発電で賄うとすれば約１万６１７２㎢、岩手県程度の面積を太陽光パネルで埋め尽くす必要がある。現在国内の耕作放棄地は約４０００㎢と言われており、これらの活用を含め、様々な可能性を探る必要が今なおある。

そもそも農業も太陽エネルギーの一次利用に他ならない。炭素化合物に固定するか、電気エネルギーとして活用するかの違いはあっても、広い意味では同じ一次産業だと言える。この点、山林や耕作放棄地を含め、農地法の規制緩和、農地転用の際の固定資産税や相続税の負担軽減など、さらなる施策で普及を後押しすべきだ。

今後、住宅対策も柱となる。現在の家庭用の太陽光発電の普及率は10％、10軒に１軒の割合で設置されている。今後仮に全ての家庭の屋根にパネルを設置すれば、全体で１００ＧＷ（10％稼働率で年間８万７６００ＧＷｈ）の発電量を確保することができ、２０２１年のドイツの１・75倍となる。これまで固定価格買取制度による売電収入で住宅ローンを賄うことを売りにした住宅建設も進められてきた。固定資産税の減免措置を太陽光発電を設置した住宅向けに拡充し、新築住宅には設置を義務付けるなど、思い切った推進策が必要だ。

設備資金が不足する家庭に対しては、屋根貸しの仕組みも考えたい。公的団体による低利融資と、固定価格買取制度による確実な収入で元利返済及び屋根の賃料を支払うのだ。収入や資産の多寡にかかわらず、この取り組みに参画し、収益を獲得できる機会を公的に創り出す。オフィスビルにも、パネルを設置すれば容積率を緩和するなどのインセンティブを与え、最新の技術開発による壁面や窓ガラスへの設置も推進する。

全国に点在する空き家や、過疎地等にも再生可能エネルギー導入の可能性がある。既に国内に約８５０万戸の空き家が存在するが、今後も人口減少や高齢化に伴い増加することが予想される。このまま放置すれば景観、治安、土地利用の観点から問題も多く、今後撤去すべきものは撤去、有効活用すべきものは有効活用しなければならない。この維持管理や撤去費用の捻出に当たっても、これらを小規模な発電所として活用し、売電収入を充てることが考えられないだろうか。

また未利用地についても、過疎化の進行とコンパクトシティなど、市街地中心部への都市機能の集約に伴い、さらなる拡大が予想される。こうした空間も豊かな田園都市を形成する公園や農場、そして再生可能エネルギーの供給基地として開発するのだ。大規模なメガソーラー設置の際には、資金調達のための小口ファンドに税制上の優遇措置を設けるなどの推進策が考えられる。

今後さらに発電効率を上げ、コストを低下させることができれば、現在南側が中心となっている設置面についても、東西南北に設置できる可能性が見えてくる。かつて４００万円前後だった屋根の発電設備は、現在１００万円前後まで下がっており、将来的には20〜30万円ほど下がるとの予測もある。

太陽光にせよ、風力にせよ、再生可能エネルギーは出力が天候に左右され、不安定なことが最大の弱点だ。蓄電池やスマートグリッドなど周辺設備の開発普及を一体で進め、例えば送電網に常時一定出力で供給できる再生可能エネルギーの場合には、買取価格を引き上げるなどの対策も考えられる。

こうした分散型のエネルギー構造は、災害時など非常時の備えとして、防災対策の観点からも有効だ。こうしたことを含め全体としての持続可能性を回復した新たな文明社会には、20世紀型の急激な経済成長や人口増大という熱狂と興奮はないかもしれない。しかし、落ち着いて穏やかな、安心のうちに永続する繁栄がそこにはある。日本がそうした新しい文明社会へ向けて先頭に立って移行し、世界に冠たる国家として利益と尊敬を獲得する。「全ては太陽から」。正《まさ》にクールでスマートな日本の近未来像だ。

［3］環境税

固定価格買取制度の先進国だったドイツでは、買取量の増大に伴って家庭の電気料金の上乗せ負担が重くなり、買取価格の引き下げ、さらに制度の廃止が決まった。当初月額100円程度だった各家庭の上乗せ料金（サーチャージ）も、２０１３年には月額１５００円に上昇し、この負担に耐えられなくなったのである。また制度への根強い批判として、設備資金を投入できる裕福な家庭は、この制度で収益を上げられる一方、そうでない家庭は上乗せ料金の負担があるだけで不公平というものがある。

歴史的に大きな転換点にあって固定価格買取制度が果たした役割は大きいし、この間の日本においてもそれは変わらない。しかし、ドイツの例やこの制度に対する批判的な意見を踏まえれば、今後の固定価格買取制度に要する財源としては、化石燃料への課税強化が考えられる。環境税の税収によって、現在電気料金に上乗せされている家計や企業の負担を賄うのだ。再生可能エネルギーの普及拡大を進める一方で、化石燃料の使用を抑制し、エネルギー構造の転換につなげる効果も期待できる。

暫定税率の廃止で大きな議論になったガソリン税について各国を比較する（図表32参照）。イギリス、ドイツ、フランスなどでは、ガソリン１ℓ当たり90円程度が課税されている。一方日本では、いわゆる旧暫定税率分を含めて１ℓ当たり50円程度と、為替相場によっては、欧州に比べて半分程度の水準だ。かつてこれを廃止する公約が果たされなかったことを、深くお詫《わ》びしつつ、改めて化石燃料課税の必要性について十分に説明・説得し、理解を得る必要がある。

環境税を引き上げることを通して、目に見えにくい環境負荷をコストとして顕在化させ、またこの税収を通して再生可能エネルギーの普及拡大に努める。これには太陽光や風力発電、燃

図表㉜ 各国のガソリン税（2023年）

出典｜藤井大輔・木原大策編著『図説 日本の税制 令和2-3年度版』財経詳報社、各国の政府ウェブサイト等を基に作成

	イギリス	ドイツ	フランス	アメリカ（ニューヨーク州）	日本
税率（円*／ℓ）	92.1**	91.6	95.6	9.1	53.8
税目	炭化水素油税	エネルギー税	エネルギー産品内国消費税	製造者消費税（連邦）／燃料税（ニューヨーク州）	揮発油税／地方揮発油税

*：邦貨換算レートは、1ドル=130円、1ポンド=159円、1ユーロ=140円（基準外国為替相場及び裁定外国為替相場（令和5年3月中において適用））。

**：本則税率。2022年3月から2024年3月まで、燃料価格高騰対策として、税率が1ℓあたり5ペンス引き下げられている（引き下げ後の税率:1ℓあたり84.2円）。

料電池、蓄電池開発、電気自動車の普及、水素スタンドの設置、断熱性に優れた建築物、バイオ燃料など、ありとあらゆる施策の推進が含まれる。

かつて田中角栄氏は道路特定財源を創設し、日本道路公団という特殊法人を用いて日本中に高速道路を張り巡らせることを考えた。21世紀の今、エネルギー環境問題に本格的に取り組むため、環境特定財源とそれを担う公的主体（例えば国営公社など）を構想して良い。あらゆる政策資源を投入して、エネルギー環境問題の構造改革に向け、国家としてアクセルを踏む。固定価格買取制度に要するサーチャージを軽減、廃止し、これに代わる財源として、化石燃料への環境税をもって充てるのが正しい方向感だ。

［4］原発ミニマム論

再生可能エネルギーの普及拡大と、化石燃料への課税の必要性について述べた。しかし、これで当面の対応を含め、全ての問題が解決する訳でもない。原子力発電の問題について改めて考えておきたい。

まず東日本大震災と福島第一原子力発電所の事故により多大な犠牲を強いられ、被害に遭われた方々、今もってなお深刻な影響に苦しみ、故郷を追われ避難生活を余儀なくされている方々に、心よりお見舞いを申し上げ、国政に携わる一人として、深くお詫びしたい。

同時に事故対応に当たり、文字通り現場に身を投じ、今なお献身的な努力を続けておられる作業員やご家族、会社関係者等に対し、一人の政治家として、また国民の一人として、深い敬意と感謝を捧げたい。被害者の側も、事故対応に当たる側も、まだまだ長い闘いと苦しみが続く。そこに投じられているのは、生身の人間と家族の人生であることを、肝に銘じたい。

福島の事故は果たして天災か、はたまた人災か。私には両面あると思えてならない。原子炉を減圧するためのベントが適切に実施されない、電源車が到達したもののプラグが合わず接続できない等、極めて残念な経過をたどった。やはり「安全神話」に陥っていたというべきか。

今後も除染や処理水（２０２３年夏より海洋放出開始）の問題、使用済み核燃料や放射性廃棄物の最終処理、優れた人材や技術の確保、老朽化した施設の廃炉、現場の多くを下請けに頼る構造、安全性を優先する意思決定の仕組みや組織文化、これらの課題について一切を包み隠さず議論し、末永く向き合っていかなければならない。

まずは長期的に、エネルギー構造を再エネ基軸に大胆に転換する決意が第一だ。その上で当面の原子力発電の問題について考える。

福島の事故後、再び脱原発方針を打ち出したのがドイツだ。しかし、欧州各国は互いに送電網で接続され、近隣諸国から電力供給を受けることができる。隣のフランスは電力の7割を原発に依存する世界屈指の原発大国だ。こうした各国と陸続きの欧州諸国と、日本列島とを同列に論ずることは難しい。

次に日本の電力需要だ。現在、稼働している原子力発電所が限定されている影響で、古い火力発電所をフル稼働して賄っている。これによる石油や天然ガスの買い増しは、CO_2の排出増、電気料金の引き上げ、円安進行や資源価格の高騰等による2011年の30年ぶりの貿易赤字など難しい問題を引き起こした。2014年は経常収支すら赤字で始まった(2022年のウクライナ戦争後事態は更に悪化していることはご承知のとおりである)。

さらに対GDP比で世界一となっている日本の政府債務の問題もある。これを買い支えているのは、多くが日本銀行と国民の貯蓄である。特に長い年月をかけて蓄積した経常収支の黒字が、この国民の貯蓄の源泉でもある。そして国際収支が赤字に転ずれば、国内の富は逆流出し、国債を買い支える原資が目減りする。

最後に今一つ深刻な事実を指摘する。福島第一原子力発電所の4号機は運転停止中だったにもかかわらず爆発を防げなかった。他炉からの水素流入などが原因とされるが、ウラン燃料は運転を停止しても、使用済みになっても、原子崩壊による高熱を出し続ける。1〜3号機も地震の揺れで制御棒は正常に降下し、臨界状態を脱した可能性があるにもかかわらず、最終的にはメルトダウンを避けられなかった。

つまり原子力発電所は稼働の有無にかかわらず常に危険と隣合わせだ。ひとたび冷却機能を喪失すれば、必ず深刻な事態に立ち至る。冷却機能が不要になるまでには実に40年以上の歳月を要すると言われる。その意味で原子力発電所は稼働すれば危険、停止すれば即安全と言えるほど単純ではない。

エネルギー・環境問題、産業競争力、家計負担、国際収支、日本の財政構造、稼働の有無にかかわらず求められる高度な危機管理、これらを全て考慮し、総合的に判断しなければならないのが、原子力発電問題の難しさだ。

福島における事故以降、各発電所は安全対策の強化に努めている。外部電源への接続、冷却水の備蓄、電源車の配備、設備の防水工事、ベントを始め有事に備えた訓練など、「安全神話」からの脱却を目指して、有事をも想定した体制へと移行している。

かつて原発ミニマム論を唱えたのが、ソフトバンクの孫正義氏だ。原発依存でなく、即時廃止でもない。両極論を廃し、長期的な再生可能エネルギーへの転換を前提に、必要最小限の原子力発電を、厳格な安全審査のもと、稼働に向けて国民の理解を得るのである。

いずれにしても「安全神話」に二度と戻ってはならない。ひとたび事故につながれば暮らし、健康、生命、故郷、全てを奪うのが原子力発電だ。使用済み核燃料の処理や廃炉等の道筋も未だついていない。当面の再稼働を現実的な観点から厳しく管理しつつも、あくまで長期的には原発に依存しない社会を構築する。これが未来に向けた責任だ。

［5］地上に太陽を

「全ては太陽から」を基本にエネルギー環境問題について考えてきた。これは家庭用であったり、分散型の小規模の産業設備が主な対象となる。一方、大規模な国の基幹産業、工場、そして公共輸送機関などを賄う電力については、将来的にも新たなエネルギー源を模索する必要がある。電力の品質面でも、わずか0コンマ数秒の短い停電ですら、繊細な半導体工場には大規模な損害をもたらすし、工場の再稼働には何日もの時間を要するという。

小規模、分散型の電力需要には太陽光や風力、小規模水力、燃料電池、スマートグリッド、蓄電池や電気自動車などを総合的に組み合わせる一方、産業用の大型設備に対しては、当面は石油、石炭、天然ガス、また再稼働可能な原子力発電を活用せざるを得ない。そして超長期の未来には、「地上に太陽を」を是非とも実現したい。将来構想としてまだまだ夢の技術ではあるが、核融合による発電技術を獲得するのだ。

現在の核分裂による原子力発電は、重いウラン原子を分裂させて質量を減らし、減じた質量が熱に変換される。この過程で極めて扱いに困るプルトニウム、セシウム、ヨウ素などの放射性廃棄物が生成され、この処理には何万年もかかると言われている。

一方地上に降り注ぐ太陽のエネルギーは、核融合反応がその源泉だ。太陽に存在する軽い水素原子が、ぶつかり合ってヘリウムなどに変換され（核融合）、そのときにトータルで減ずる質量が熱と光に変えられる。つまり、地上に降り注ぐ太陽のエネルギーは、太陽自身の質量が源泉であり、太陽は自らの身を削り、命を縮めながら、地球にエネルギーを降り注いでくれている。

さて、核融合による発電は、この太陽で起きている現象を地上にもたらそうというものだ。正に「地上に太陽を」だ。先進各国が共同研究を進めているこの技術は、太陽と同様、水素など軽い原子を核融合させ、ヘリウムなどに変えることで、その過程で減じる質量を熱に変換する試みだ。急激な核融合反応は既に水素爆弾の技術によって開発されている。しかし、これを安定的にゆっくり起こさせるためには、超高温状態を安定的に維持するなど、技術的に大きな困難がある。この核融合反応は中性子を発するものの、プルトニウムなど厄介な放射性廃棄物を生成することはなく、また有限なウラン燃料と異なり、水素の原料となる水は、地球上にほぼ無尽蔵に存在する。

恒星で起きていることを惑星に持ち込む。人類にとって初めての挑戦だ。しかし、持続可能性の観点から極めて魅力的な技術であり、現在、浜松の企業が私的に開発に取り組んでいると聞くが、こうした技術こそ、国が責任をもって開発に取り組むべきだ。現代技術をもってしても、未だ夢の技術ではあるが、今ある技術のほとんども、過去には全てがそうだった。途切れることのない熱意と資源投入で「地上に太陽を」の時代を夢見たい。

[6] 緑の「元祖ソーラーパネル」

新しい技術によるエネルギー環境革命を論じた。最後に古典的な一次産業である農業について触れておきたい。太陽光発電が平成・令和のソーラーパネルだとすれば、植物を利用する農業は古来からの「元祖ソーラーパネル」だ。

日本の食糧自給率は38%と先進国の中でも極めて低い水準にあり、農業従事者の高齢化や後継者不足などの課題が指摘されて久しい。日本の未来を考える上で、一次産業をどう位置付けるべきか、この点でも旧来の固定観念から大きく踏み出したい。

まず世界には農業を放棄した国が存在する。典型的なのはシンガポールだ。わずか700㎢ほどの面積に約360万人の自国民と約200万人の外国人が暮らす。加えて年間約1900万人の訪問客を迎え入れ、50兆円超のGDPをたたき出す。

建国の父と言われるリー・クアンユー氏に農業問題について直接尋ねた。老いたとは言え矍《かく》鑠《しゃく》とした紳士は、私に明確に答えた。「私たちは農業はやらない」と。この狭い都市国家で、自国領土を1㎡たりとも、生産性の低い農業に割く余裕はないのかもしれない。大変危うい国家戦略だと思う。しかし、都市国家の性格上やむを得ない選択であり、むしろそれだけ自国を取り巻く平和と安全、そして他国との交易環境に何倍も意を用いる、との決意の表れとして受け止めた。

こうした例外を除けば、やはり一般に言われるように「農は国のもと」だ。農業がすたれて栄える国はなく、山がちとはいえ温暖湿潤な日本列島、1億人超の人口を擁する国家として、農業を国のもとに据えつつ、国民生活の繁栄と安定を考えなければならない。また農業には食料確保に加えて、自然環境、景観保全、地域の経済・雇用基盤など多面的な機能がある。

明治以降、急激に人口を増大させ、同時に食の欧米化が進んだ日本で、食糧自給率は低下の一途をたどってきた。しかし、今後人口減少が加速する中で、少なくとも先進国最低水準である英国の70％程度を目標に、これからの日本農業を考える。

まず当面の課題として規制緩和や様々なインセンティブによる、農地・農家の統合と農業の大規模化、効率化を進める必要がある。さらに農業の六次産業化による収益力向上、また付加価値の高い農産品の輸出強化などが大きな課題だ。

しかし、どこまでいっても農業は天候に左右される最も原始的で、手間暇かかる労働集約型産業であり、そもそも太陽エネルギーの固定化という制約から、平面、二次元でしか行い得ない。立体化して上や下に延びることは不可能であり、合理化や効率化にも限界がある。

この点、これまでは農業を守るために、日本は高い関税を張り巡らせ、減反など国内の需給調整も行ってきた。これにより農産物の国内価格を高く維持し、農家の経営を支援する一方で、農業の大規模化や効率化を後回しにしてきた。今後、高関税と高価格という「消費者負担」の保護政策を改め、関税の引き下げと低価格化、そして農家に対する所得補償という「納税者負担」の支援策へと舵を切る。国際的に開かれた市場環境、かつ所得補償で下支えされた農業の実現である。

農家の所得に占める所得補償の割合について国際比較を見ておこう。日本が約16％であるのに対し、欧州では60〜80％、米国でも約50％、豪州までいってようやくゼロとなる。農家一戸あたりの耕地面積は、欧州が日本の約5〜30倍、米国が約60倍の面積を耕作しているにもかかわらずだ。日本の約１５００倍を耕作する豪州に至ってようやく、所得補償はゼロとなる。

さらにお隣韓国では、アメリカとのＦＴＡ（自由貿易協定）を締結するに際し、約１兆円の農業所得補償予算を確保した。人口５０００万人、ＧＤＰは日本の３分の１、農業生産額は日本の2分の1である。それでいて1兆円の所得補償予算を確保するということは、日本に引き直せば、約2~3兆円の所得補償予算を確保したに等しい。これは現在の日本の所得補償予算の10倍である。

日本の農業予算そのものは国家予算の1・8％と、アメリカの2・8％やオーストラリアの0・9％と比較しても遜色《そんしょく》ない。しかし日本の農業予算の多くは、今なお土木工事に費やされており、国民の間にも農家の経営を税負担で直接支援することへの抵抗感が根強い。

しかし、現状と将来への展望を前提とすれば、今後、TPPの発動等による高率関税の引き下げ、減反など需給調整の廃止などを踏まえ、抜本的な支援策の強化と農政改革を進めるべきだ。特に所得補償予算を抜本的に拡充して、安心して農業を営める環境を整備する。

農産物価格は国際価格に近づき、消費者は安い価格で農産品を買えるようになるだろう。これまでのように高い農産品を買って消費者として農業を支援するスタイルから、税負担で農家の経営を支援する一方、安い価格で農産品を買えるスタイルへと変化させるのだ。生産者は常に国際価格を意識して、生産の拡大と効率化を進め、さらなる品質向上を図る。こうして国際的に開かれた市場環境が日本農業の体質強化を進めるのだ。

最後に、今後、一次産業の意義を拡大することについても触れたい。先には耕作放棄地への太陽光パネル設置に向けた規制緩和を述べた。今後はバイオエネルギーの生産拠点として農地を利活用できないだろうか。最近は特殊な藻やミドリムシによるオイルの生産が注目されているという。トウモロコシや大豆に比べて何十倍、何百倍もの効率で油を生産できるというのだ。また科学技術を駆使した、人工光合成の技術も注目されている。

確かに日本には資源がない。しかし、それは厳密に言えば石油など化石燃料がないという意味だ。ブームにもなった『里山資本主義』（藻谷浩介・NHK広島取材班著）が言うように、山には薪《たきぎ》がたくさんあり、温暖湿潤な日本列島には、水と太陽を元手にした未来のエネルギー源は、実は豊富なのかもしれない。電気としての利活用に加えて、バイオ燃料の調達基地にまで、一次産業の概念を広げる。それが未来に向けた構想だ。

III

国を整え世界を変える

7　国を整える

［1］デフレとの永久戦争に勝利する

※2022年からのインフレについては巻頭序文6ページを参照いただきたい。

ここまで日本が抱える大きな構造問題とその解決に向けた変革、そして新たな価値の創造について述べてきた。これ以降、より実務的な課題、これまで放置し、ツケを溜めてきた問題にどう向き合い、対処するかを考える。長引くデフレ（2022年からはインフレ）、積み上がった借金、全ての原因である政治の機能不全、そして成熟時代の地方行財政、こうした諸課題に方向性を見出し、国を整えるのだ。

まずはこれからも基本的には永く続くと思われるデフレとの闘いだ。高度成長期は過去のものとなり、多くの先進国が低成長、成熟時代を迎えた。しかし、長期にわたってデフレと格闘してきたのは日本特有の現象である。このデフレの原因をどう捉えるべきか。またデフレにも良い面があると言われるが本当にそうなのか。その点を掘り下げたい。

デフレの主因として人口問題に焦点を当てたのは、注目著書『デフレの正体』（藻谷浩介著）である。様々な批判もあるようだが、私自身デフレの背景に人口問題を置くことに大いに賛同している。そればかりでなく税財政、社会保障、景気、雇用などあらゆる課題の背景に、人口問題が横たわっていると考えている。

経済や金融に関連して人口問題を単純化して考えると分かりやすい。例えば人口1億人の国と人口1000万人の国で、どちらの国の需要が大きいか。人口100人の村で、毎年1人ずつ減るとすれば、やがて村の活力はどうなるか。100人中5人だったお年寄りがその後40人に増え、全員が年金受給を開始したら村の経済はどうなるか。想像可能なスケールで単純化して考えてみるのである。

かつて人口が増大し、高い経済成長が続いた時代はモノの需給が逼迫《ひっぱく》し、物価は常に上昇圧力にさらされた。中央銀行の役割はインフレと闘うことであり、物価の上昇を抑え、貨幣価値の下落を防ぎ、それによって国民生活を安定化させることだった。

しかし、人口減少と高齢化という大きな構造変化が風景を一変させる。需要は縮小し、売り上げ、賃金、消費者物価、不動産、株価、全てに下方圧力がかかる。一方、生産力は機械化やIT化によってさほど落ちず、むしろ新興国による安価な土地や労働力の提供で、さらに安く大量に生産できる環境が広がってきた。これでは需給が緩み、物価が下がるのは当然だ。今後も資源高や国内の労働力不足を除けば、潜在的にはデフレ圧力が続き、これまでと同じ感覚でモノの価格をコントロールし、貨幣価値を制御できると思ってはならない。

そもそも何故デフレを悪いもの、放置してはならないものと考えるか。貨幣経済は人類が発明した言わば最大のフィクションの一つだ。硬貨という金属の塊、紙幣という印刷した紙、預金通帳に打ち込まれた数字自体に本来価値はない。この無価値の表象物に価値があると決め、皆にそう思い込ませたことで財やサービスの交換が円滑になり、経済活動が拡大した。これが貨幣経済の本来の機能であり虚構の正体でもある。

かつての前近代社会では米や麦が通貨だったという。これらは汎用性が高くモノの交換価値の平準化に役立った。しかし米や麦の保存には限界があり消費には期限がある。いずれは傷《いた》むし最後は腐る。この「腐る通貨」の価値は長期的には安定せず、むしろ徐々に低下するため、早く必要なものに交換しようとするインセンティブが働く。取引を抑制する副作用がない。「経済のためには貨幣を腐らせなければならない」と、ある経済学者は言ったと聞くが、この点についての指摘だ。

厄介なことに現代の通貨は腐らない。単なる記号は減価しないどころか、むしろデフレで物価が下がる時代には、かえって通貨の価値を高めてしまう。こうなれば人は通貨の保存（貯蓄）に懸命になり、本来求められるはずの交換や交易、消費や投資を抑制してしまう。お金は使うより保存した方が得であり、今日買うものは明日に、今年の投資は来年に先送った方が有利なのだ。これでは経済活動は萎縮し、景気は停滞する。貨幣への執着が、経済の下僕《しもべ》だった通貨を、経済の主人へと立場を逆転させてしまう。しかも本来無価値であるはずの金属、紙、数字の価値を高めるのだからなお厄介だ。

この腐らない記号に価値を持たせてしまった以上、いかにその価値を減じて経済の停滞を防ぐか。その唯一の方法が緩やかな物価上昇に他ならない。将来にわたる安定的なインフレ期待こそが経済活動を停滞させず、貨幣経済を有効に機能させる。デフレもモノを安く買えるから悪くないなどと、悠長なことを言ってはいられないのだ。デフレは絶対悪であり、これとの闘いは貨幣経済というフィクションの導入に必然する宿命だと考えねばならない。政府や中央銀行は、かつてのインフレファイターとしての役割を180度逆転させ、自らをデフレファイターと自任せねばならない。そしてその闘いは、長期にわたって続くと覚悟せねばならない。

アベノミクスの第一の矢、大胆な金融緩和はその意味では正しかった。ただ金融緩和は銀行が保有する通貨量を増やしたものの、その先への広がりが不十分だった。銀行が日銀に保有する当座預金が増えただけで、実体経済を担う企業や個人にまで効果が及ばなかった。一時の心理的なインフレ期待は見込まれても、実際の効果が続く保証はない。

今後さらに国内外に、より直接的に資金供給を行う方法を研究する必要性が出てくるだろう。スイスでは中央銀行が直接外債を購入しているし、日銀から市中銀行への出資や贈与、事業会社への投資、各種預金への金利付与など、既成概念を打ち破る大胆な発想で、資金供給を図る方策を研究せざるを得ないと思われる。

一方でデフレからの脱却が万能薬ではないことを心すべきだ。これによって全ての構造問題が解決するかのような幻想を振りまいてはならない。確かに緩やかなインフレへの転換は、経済や景気面でアゲンストをフォローに変える重要な意味を持つ。しかし風を変える以上の意味はなく、大事なのは抜本的な構造改革である。

この点、アベノミクスのいわゆる第三の矢、成長戦略への評価は決して高くなかった。テレビのコメンテーターが「せっかく壊れた自動車をジャッキで持ち上げたのに（金融緩和）、何もしない。すばやく潜り込んで修理しなければならないのに、そのまま下ろすのだろうか」と評したことがある。本質を突いている。金融緩和とインフレ期待は、問題の複雑化を和らげても、抜本的解決はできない。風をフォローに変えられても、登るべき道の険しさや厳しさそのものは変えられないのだ。

実質的な成長につながる雇用市場改革、金融市場改革、社会保障制度改革、財政構造改革、エネルギー環境政策など、この国の構造問題に的確にアプローチする抜本改革こそが本丸である。しかもどれ一つをとっても、過去の政治プロセスに乗ったことがないほど高いハードルばかりだ。しかし、これらを総体として乗り越えなければ未来はない。

［2］国の債務を縮ませる

安定的なインフレ期待が経済の停滞を防ぐことについて述べた。同じく重要な名目GDPの維持について議論したい。特に莫大な日本の財政赤字とGDPとの関係についてである。

やがて人口が毎年100万人単位で減少する日本では、現在の経済規模を維持することは容易ではない。そんな中でも一人当たり実質GDPを維持できれば、豊かな暮らしと社会を保てるという議論がある。これも目指すべき方向性の一つではある。しかし、仮に一人当たりGDPを維持できても、全体としての名目成長がなければ、人口が半減するとGDPも半分になる。そうなれば対GDP比262・5％の政府債務は500％へと2倍に跳ね上がる。

イギリスやドイツなど欧州の優等生は、概ね政府債務の水準を対GDP比70～80％の範囲内に収め、自国財政と通貨への信任を保っている。劣等生扱いされがちなスペインやイタリアでも、その比率は110～150％前後だ。戦後の日本の政府債務は200％に達し、その後激しいインフレに見舞われたことは既に述べた。国際問題化したギリシャの政府債務の水準も150％程度だった。これらを総合的に考えれば、対GDP比262・5％という現在の日本の政府債務の水準は、一つの上限に到達したと言わざるを得ない。

今後、一人当たりの実質GDPを維持しつつ、名目でもGDP総量を維持しなければ、ますます借金の比重が重くなる。むしろ可能な限り名目成長を促し、借金の対GDP比を相対的に引き下げることが望ましい。人口減少下では容易ではない目標だが、実質・名目双方の数値を注意深く観察し、経済・財政・金融のあらゆる施策を総動員しなければならない。

そしてこの名目での経済成長は、実質成長を伴うべきことは言うまでもないが、実は物価上昇によるところが大きく、これも通貨価値の安定的下落に他ならない。これに対しては事実上インフレ税ではないかとの厳しい批判が予想される。これを正面から受け止めつつ、しかし、ここまで社会の変革が遅れ、矛盾が拡大し、つけが溜まった以上、やむを得ない方向性であることを含め、国民の理解を得なければならない。

この変化を短期間で行ってしまえば、正にハイパーインフレであり、焼け野原待望論につながる。政治的には敗北であり、国際社会の信任を失う。国民は自信と誇りを喪失し、暮らしと経済に多大な影響と混乱をもたらす。一方、同じ変化でも数十年かけて緩慢に起こすことに成功すれば、むしろ政治的、国民的には勝利である。厳しい現状をスタート地点とすれば、考えられる限りベストに近い選択肢だ。

安定的なインフレが経済の停滞を防ぎ、長期にわたる名目成長が国の債務を縮ませる。これが今後の基本戦略となる。

［3］国会と内閣の実質化

❶ 国会の実質化

我が国が抱える様々な問題の解決を先送りし、矛盾を拡大させてきた原因はつまるところ政治の機能不全にある。だとすればこれらを解決する手立てもまた政治の改革に他ならない。高い理想と優れた現実感覚を併せ持つ政治。困難な状況を逆手に取り、世界に先駆けた変革を進める政治。こうした新しい時代にふさわしい政治を手にすることが鍵となる。

ここでも問題意識は同様だ。成長期に慣らされた政治を、低成長・成熟時代にふさわしいものへと創りかえる。成長期の意思決定は、ボトムアップ・縦割り・前例踏襲で足りたかもしれないが、これからはそうはいかない。旧来よりはるかにシビアな判断と決断、そして優れた説明能力、説明責任が求められる。

状況変化を説明し、最初に全体設計を説得できなければ、とても局地的な利害衝突からは抜け出せない。「あれもこれも」ではなく、「あれかこれか」のトレードオフの時代だ。トップダウン、統合（総合）化、新たな挑戦の三つを旨とする新しい時代にふさわしい政治を創る。

改革の第一歩は、これまで多分に儀礼的だった国会の実質化だ。国会が国権の最高機関であり、唯一の立法機関であるという憲法の「建て前」をいかに「実質化」するか。国会の慣例、選挙制度、政党システム、様々な改革を通じて新しい時代の国会を創る。

現在の国会は日程国会と言われる。与野党の駆け引きが主に日程を巡って行われ、法案や予算の実質審議は乏しく、スキャンダル追及などが優先される。法案修正も限られ、国会は主に与野党対決の演出の場になり下がってしまっている。政府にとって国会は民主主義の「建て前」を担保するアリバイ工作の場ではあるが、それ以上の意味を持てないでいる。

この悪《あ》しき国会の慣例を改革し「実質化」するために何が必要か。私自身の経験からいくつかヒントになる事例がある。まずは2006年の衆議院憲法審査会における国民投票法案の審議だ。このときの委員会は議員同士の自由討議を大幅に拡充し、真摯な議論を積み重ねた。テーマごとに小委員会を設けて論点を詰め、法案を練り上げる作業は正に立法府冥利に尽きる仕事だった。

次に2009年の未成年者に対する臓器移植法改正案の採決だ。本会議場で党議拘束が外され、それぞれの議員が自らの判断で賛否を投じた。採決直前まで議員同士が緊張の面持《おもも》ちで話し合い、議場全体が緊迫し、高揚していたことを思い出す。

つまり官僚の事前根回し、一対一の対決型審議、他の委員の発言機会の制約、採決の党議拘束、これらが国会を麻痺《まひ》させ、その機能を形骸化させている。同時に各議員を窒息させ、活躍の場を奪っている。これが非公式な場、すなわち与党の部会や長老による水面下での影響力行使につながり、政府と党の不透明な二重権力構造を助長している。そして不満を鬱積《うっせき》させた議員の言動は、ときに党や政権運営の大きなリスクとなる。

官僚による根回しを廃止し、国会の表舞台で議論し、委員会は党派を超えて議員同士が自由に真剣討議する。互いのやりとりで議論の質を高め、発言は正式に議事録に掲載され、法案修正も柔軟に行う。採決は原則党議拘束を外し、自らの責任において賛否を投じる。こうした新たな慣行が、国会を活性化させ、所属議員を抑圧から解放し、一方でそれぞれに自覚と責任を求めることにつながる。

最終的に国会は通過儀礼の場から、実質審議の場へと生まれ変わり、今度は国民が、それにふさわしい人物を国会へ送り込む責任を今まで以上に感じることになるだろう。

次に選挙制度改革だ。いかなる選挙制度も完璧ではなく一長一短だ。日本で長らく続いた中選挙区制度は党より個人後援会を重視し、サービス合戦、利権構造、派閥政治といった弊害をもたらした。これを正すために採用されたのが小選挙区制度だ。この制度は死票が多く極端な結果が出やすい一方、緊張感のある政党間競争と政権交代のある政治が一時的とは言え実現した。

今後最終的には、国民の多様な意見を等身大で反映する比例代表制への移行が望ましい。しかし、比例代表制では誰を国会議員とし、政権の枠組みや首相の選出をどうするかを全て政党間協議に委ねることとなる。これらを国民が直接選択できない。そうなれば政党の責任は極めて重大であり、政党に対する国民の信頼が十分でなければ成り立たない。

選挙の時期も集約したい。ほぼ毎年繰り返される国政選挙や大型地方選挙が政治を麻痺させ、疲弊させている。じっくり政策論議と実行に取り組む時間が必要だし、国民の選挙慣れや選挙疲れ、そして巨額の選挙費用も無視できない。英国では上院に選挙はなく、下院の解散も基本的には禁止されている。地方選挙も毎年5月に集約されている。日本の対等な二院制を前提とすれば、3年ごとに衆参同日選挙を繰り返すことが望ましく、政治に緊張感と安定感を同時にもたらす。

投票年齢の18歳への引き下げ(既に実現)、投票の義務化も検討したい。現在、投票率は5割程度、地方選挙にいたっては3割を切るケースもある。これから重い課題を抱える日本が、これで乗り切れるだろうかと心配になる。年代別の投票率は、年齢プラス10ポイントと言われている。20〜30代が3〜4割、70〜80代のほぼ全てが投票所に足を運ぶ。こうした世代間のアンバランスも政策決定に大きく影響する。シンガポールやオーストラリアでは既に投票が義務化されており、投票しなければ罰金、または運転免許の更新などでペナルティを科される。

選挙運動の自由化や公営選挙の拡大も課題だ。現在の公職選挙法の規制により、選挙が近づくほど活動が制約される不自然な現象が起きている。買収など真に取り締まるべきを厳罰化する一方で、チラシの作成や配布、戸別訪問、集会開催、街頭演説などは自由化したい。禁止すべきは買収、制限すべきは選挙の総費用。これ以外は大幅に自由化すべきだ。

議員定数についてはどうか。大統領制をとるアメリカでは、人口約3億人に対し上院議員が

100名。議員内閣制をとる英国では人口約7000万人に対して、下院議員が650名だ。議院内閣制の英国や日本では、100名程度の議員が閣僚等として政府に入るため、大統領制の国に比べればどうしても一定数議員が必要だ。それでも最終的には衆議院で300、参議院で100程度まで定数を削減できるのではないか。参議院は今後、任命制や地域代表制を含めて多様な選択肢を検討して良い。

議員歳費等についても日本の国会議員は2000万円前後。その他に文書交通費や党への立法事務費、政党交付金などが支給されている。これに対し英国の議員歳費は約1100万円。政党助成金も政府の予算や人材にアクセスできない野党のみに支給されている。こうした政治にかかる費用についても合理化する必要がある。

国会の人材の質を高めるには参入障壁を下げ、競争を促し、新陳代謝を活発化させるのが最善の策だ。ドイツでは選挙に挑戦し、落選した官僚が官庁に戻るという。様々な人が自由に立候補できるよう、立候補休暇や休職制度の創設、供託金の引き下げやこれに代わる署名制度の導入、現職議員を含めた予備選挙の実施、立会演説会など公営選挙の拡大を進めたい。

最後に今後の政党システムについて考える。小選挙区制度は自民・民主による二大政党制をもたらしたが、2012年総選挙で民主党が大敗。日本維新の会など第三局が台頭した結果、二大政党の構図は崩れ一強多弱の様相が呈された。しかし過去長く続いた自民党一党支配は、一億総中流の国内構造と、東西冷戦という外的要因に支えられたものだ。二つの前提が崩れて久しい今、再び一党による長期支配が訪れるとは思えない（２０１４年時点）。

今後様々な形で野党の再建、再生に向けた努力を行うが、それが再び二大政党制に向かうか、それとも多党制を指向するか現状では定かではない。短期的には日本政治に他国と比べて三つの特異な背景があることをおさえておきたい。一つは自民党一党支配があまりにも長かったために、既得権との結びつきが強い守旧派と、これを打破しようとする改革派の対立が存在すること。都道府県や市町村の首長や、議会のほとんど全てを自民党が抑え、選挙制度も昔の大・中選挙区制のままであること、もう一つは終身雇用慣行が長かったために、もうひとつの政治勢力の基軸たるべき労働運動の主体が大企業の正社員中心であり、非正規労働者など社会的弱者の声を真に代弁する機能が弱いことだ。

この二つが日本政治の構造を複雑にし、分かりにくくしている。しかし、双方とも長期的には政権交代が繰り返される中で解消し、また労働運動や雇用構造が見直される中で改善していく。そして最後まで残り、未来永劫続くのがやはり社会における「持てるもの」と「持たざるもの」の対立・緊張関係である。これがいつの時代も、どの国でも政治の基本的な対立構造となる。具体的には経済団体が支援する保守政党と、労働団体が支援する改革政党に収斂《しゅうれん》する例が多い。

この構図を基本としつつ、日本政治はアメリカ型の党議拘束の緩やかな二大政党制か、欧州型の穏健な多党制へと、選挙制度改革の行方と絡みながら動いていく。そして93年の政権交代は「政治改革」が問われ、09年は言わば「行政改革」が問われた。X年、今度こそ本格的に日本の構造問題を深く掘り下げ、「社会改革」を問う決意だ。

❷ 内閣の実質化

次は内閣の実質化だ。国民が選挙で国会を統制し、国会が法律で内閣を統制し、内閣が人事と予算で各省を統制する。これが国民主権の原理の具体化であり、このサイクルのどこかに支障を来たせば、その原理は形骸化する。改革のスタートが国会だとすれば、重要な結節点が内閣の改革である。

行政府は政治家である政権幹部と、官僚である事務部局に分けられる。内閣の実質化とは政治家たる政権幹部が事務部局への指導力を強化し、その過程を通じて政策の統合と総合化を図ることを意味する。

2001年から5年半の長きにわたった小泉政権は、ある意味、内閣の指導力を最も強力に発揮した期間だった（その後の安倍政権も結果的に憲政史上最長となる）。これは首相個人の資質によるところが大きかったと言われ、今後もそれは極めて重要だ。しかし、仕組みとしての内閣の機能向上がなければ、強くて賢い政府を国民が安定して手にすることはできない。

旧来型の官主導の意思決定は、昨日やったことを今日もやり、今日やったことを明日もやることが望ましい時代に適していた。税収が増大した成長期がこれに当たる。大事なのは専門性と継続性であり、各部局が担当分野のみを考えれば、全体最適に矛盾せず、国益に資した幸せな時代だ。しかし、この仕組みは逆に変化に弱く、古い事業の見直しや新たな挑戦には不向きである。政策の統合や総合化も苦手で、とりわけ行革や予算の効率化には激しい抵抗を示す。

下から順番に上がる決裁文書、年功序列の人事、事務次官とＯＢ・ＯＧの強力な影響力、利害対立著しい省益、閣議の形骸化、官邸空洞化などの弊害を一つひとつ改めていかなければならない。首相が閣僚を統率し、閣僚が各省庁を主導するのである。これによって初めて成熟時代にふさわしいトップダウンの意思決定と、トレードオフの政策判断が担保される。

まず閣議は現在、毎週火・金曜日に開催され、既に事実上決定済みの案件に形式的な署名が行われる。こうした形式的な仕事に限らず、閣僚は毎朝官邸に出勤し、首相の面前で政策論議や各省調整を行い、その後各省の業務に入ることが望ましい。大臣は事業会社（各省）の社長ではあるが、持ち株会社（内閣）では役員に過ぎない。これを日課としてその位置付けを明確化し、意識改革を進める。形の上で内閣の一体化を強化することが、実質的な政策の総合化に役立つ。

各省内部では内閣と大臣の意向を受け、副大臣・政務官が各局を統率する。中央省庁はおよそ局ごとにひとまとまりの仕事を担当している。政務三役が重複を排して一つの局を担当すれば、専門性を高め、責任の所在を明らかにすることができる。その上で局内各課の統括、所管法案や予算案の国会対応、各省調整などの実務に当たる。もちろん人事権も実質的に行使する。

その際スタッフの公募など人材供給源を外に開くことも重要だ。さらに総理や大臣の一存で省庁再編や内部の機構改革を行えるよう、各省設置法を廃止し、柔軟で機動的な体制をとることも考えられる。

予算編成は現在のボトムアップ型の典型である概算要求方式を改め、首相が最初に全体の総枠と各省への配分額を示す方式に改めるべきだ。各省は配分された枠の範囲内で細目の編成とその執行に当たる。１９９４年のカナダの歳出改革では、この手法で省庁別に最大70％、最低20％の具体的な数値目標が掲げられ、わずか1年で日本円に換算して10～20兆円分の歳出改革に成功した。トップダウンによってこそ大胆な歳出改革とメリハリの効いた予算編成が可能となる。

トップダウンの意思決定を有効に機能させるためには、結局人材の質が勝負である。それにふさわしい見識と力量を備えた政権幹部の存在が求められる。政界や官界でも、もはや年功序列やたらい回しの人事は許されない。まずは国会議員の資質向上、ひいては国民の選択責任が問われる。官僚を説得し、国民から信頼を得るに十分な力量を備えた人物を、多数国会に送り込む以外にないのだ（２０１４年に内閣人事局が設置され、幹部官僚の人事権を官邸が握るようになり過ぎ、その弊害が言われるようになった。逆に「強すぎる官邸」も新たな問題となっている）。

［4］地域の経営機能

❶ 自治体の経営機能

国の次は地方の経営機能について考える。地域主権や地方分権改革は「身近なことは身近で」というスローガンの下に論じられてきた。しかし、これが何故なのか、何を目指すものなのか、より具体的なイメージを明らかにする。コンセプトはやはり同様で、成長期に適した中央集権の仕組みを、低成長・成熟時代にふさわしい地域主体の仕組みへと改める。それによって地域の創意工夫を最大限引き出し、国全体の活力を高めるのだ。

中央集権は経済の成長期に、その果実を全国に分配する仕組みとしてうまく機能した。これが成り立つ前提は二つある。一つは地域のニーズが画一的であること。学校、病院、道路、上下水道、空港、港湾など、基本的なインフラ整備が国家的課題だった時代がそうだ。二つ目は中央に十分な余力があること。潤沢な分配資源（食料）があってこそ、親鳥（中央政府）は雛鳥（地方自治体）の旺盛な食欲を満たすことができる。

現在二つの前提はともに崩れて久しい。地域のニーズは多様化し、分配資源は枯渇した。もはや中央の画一的な基準で地域のニーズは満たせないし、分配すべき資源も中央に十分ではない。むしろ地域の多様性を重んじ、創意工夫を引き出し、地域が自ら富を創り出す時代へと大きく転換しなければならない。「画一のニーズ」は「多様なニーズ」に、「潤沢な資源」は「限られた資源」にその前提が変わったのだ。

今後地域が自主的に意思決定を行える範囲を拡大するため、まずは権限を委譲し、財政的な自立度を高め、経営主体としての機能を向上させる必要がある。裏付けとなる財源については、地方税の課税自主権の強化、そして重要な役割を果たす地方交付税制度の改革が避けられない。

現在「3割自治」という言葉があるように、自治体予算の3割が地方税、他の7割は国からの補助金や交付金で賄われている。中でも柱となっているのが地方交付税だ。現在の地方交付税は、標準的な自治体の必要経費と、そこで見込まれる税収との差額を補塡《ほてん》する建て前となっている。しかし、実際には全国の自治体への交付総額は総務省と財務省の予算折衝《せっしょう》で決まるし、個々の自治体への配分額は総務省の裁量によるところが大きい。これでは客観性に乏しく、自治体にとっても予見可能性が低い。算定事務も膨大であり、また不足財源が補塡されるため、自治体の自助努力が妨げられるモラルハザードの問題も指摘されている。

これらを克服するために、まず交付総額はフランスのようにマクロ経済連動として客観性を持たせ、次に個別自治体への配分もドイツのように人口や面積など客観指標を多く用いるべきだ。さらに国への従属関係を改めるため、財政力が平均以上の団体から、平均以下の団体へと自治体間で水平的に調整を行うことも考えられる。

災害時など臨時に交付される特別交付税も、毎年1兆円の全額が様々な理由付けのもとで配り切られている。しかし、今後は台風や地震の被害など実際のニーズに合わせて、真に必要な財源のみを交付し、それ以外は翌年に繰り越すなど、メリハリを効かせるべきだ。

地域の経営を考える上で、自治体の借金（地方債）のあり方と、裏返しとなる破綻法制のあり方についても検討が必要だ。現在、自治体の借金には都道府県や総務省の許可又は同意が必要であり、基本的に自由な借入はできない。人間で言えば成年被後見人のような状態で、未だ完全な責任主体として認められていないのである。本来地域の経営主体となるためには、一般の個人や企業と同じく、自らの判断と責任において借入し、そのリスクと責任を意識しながら地域の経営に当たることが求められる。このことを通じてこそ自治体の経営感覚が磨かれる。

では万一財政破綻した場合にどうなるか。現在、財政再建に取り組んでいる北海道夕張市は、職員や給与の削減、公共サービスの停止や利用料の引き上げ、学校や保育所の合理化など厳しいリストラを行い、これと引き換えに中央政府の支援を受けている。一方で、夕張市に融資した金融機関など債権者は負担を負わず、全ての権利が保全されている。

地方債が国債と同等リスクのないものと見なされており、その建て前を守るためにそうした再建手法がとられる。しかし、本来資金の貸し借りは、融資をする側にも、受ける側にも相応のリスクと責任がある。リスクのない融資に緊張感はなく、経営の合理化努力にもつながらない。融資を行う金融機関にも厳しい審査機能は期待できない。

結局、国の信用を担保に自治体の借入を保証し、代わりに自由度を奪う。これが地域の創意工夫を封じ込め、リスクや責任などの経営感覚を麻痺させている。今後は借入を含めて財政の自由度を拡大し、同時に責任やリスクへの感覚を高める必要がある。金融機関にも他への貸付と同様、厳正な審査機能が求められる。こうした緊張感ある資金融通が、自治体の経営能力を高める。

以上の諸改革を通じて、地方自治体を単なる分配資源の通り道から、地域の経営主体へと変革する。それが地方改革の第一歩だ。

❷ 自治体の規模と再編

自治体の経営機能を考えるに当たり、これまでの再編の歴史について見ておきたい。江戸時代の幕藩体制は３００諸侯と言われ、その数は現在の衆議院小選挙区の数に相当した。それぞれの藩が国に近い形で機能し、そこへの帰属意識に人々は支えられた。江戸徳川家が特別に強大な権力を行使したものの、統治形態としては究極の分権型統治だったと言える。

明治以降、急速に近代化が進められ「富国強兵」「殖産興業」の掛け声のもと、統治機構改革が行われた。廃藩置県、武士の廃止、官選知事の任命など官僚制を軸とした中央集権体制が整備され、全国は7万の町村に編成された。現在小学校の数が2万であるから、当時の町村は今の小学校区をさらに三つに小分けしたイメージだ。

その後、3回にわたって合併が進められる。最初の合併は明治30年頃、当時7万あった町村が1万まで再編され、現在で言えば中学校区の数に相当した。次に昭和30年頃、さらに３３００まで再編が進み、最終的には平成の大合併で１７００まで集約された。歴史的に見れば自治体のエリアは徒歩圏から自転車圏、さらに自動車圏まで拡大されたのであり、現在一市町村当たりの人口は約７万人となっている。

今後の人口減少、そして高齢化の進行を踏まえれば、医療・福祉・教育といった対人・対面の行政サービスを効果的に、しかも効率的に行っていかなければならない。とすれば自治体の基礎体力を強化するためのさらなる再編も視野に入ってくる。最終的には全国を３００程度の基礎自治体に集約し、一自治体当たりの人口を40万人程度とすることが考えられる。全ての自治体が現在の県庁所在市程度の基礎体力を持てば、知恵と工夫次第で様々な行政サービスを自律的に行う環境が整う。

地方議会についてはどうか。自治体の再編が進む中、全国に6万人いた地方議員は、３万人にまで減少している。それでも他国と比較すると、人口約３７０万人の横浜市議会が定数86名に対して、例えば人口がほぼ同じ米国ロサンゼルス市議会はわずかに15名だ。議員報酬も横浜市議会が約１６００万円に対して、アメリカの地方議会は実費のみの支給が原則だ。日本の自治体議員は比較的高い報酬のもと、専業の形をとることが多いのに対し、英米では実費の支給のみを受け、他に仕事を持つ兼職議員が一般的である。議会開催も平日夜間や週末が多く、市民参加に道が開かれている。今後、自治体の再編を考える際に、地方議会のあり方についても、地域によって多様な制度が認められることが望ましい。

地方選挙のあり方も課題だ。国政選挙で小選挙区が採用されている一方、地方選挙では旧来どおり中選挙区や大選挙区が採用されている。選挙は必然的に個人後援会が中心となり、選ばれる議員も政党や政策より地域代表の性格が強い。英米では国政選挙と同じく地方選挙でも小選挙区が採用されており、政党や政策が重視され、地方政治での政権交代も起きる。

今後も国政において小選挙区制度を採用するのであれば地方議会でも小選挙区を導入することが整合的であり、例えば各小学校区を選挙区とする一人の議員が、地域のコミュニティの責任者を兼務し、主体的にコミュニティ活動や地域の環境整備に当たるといった姿が考えられる。

❸ 道州制と小さな自治

最後に長らく議論されてきた道州制について考える。基礎自治体の再編が進めば、必然的に現在の道府県の規模や権能の見直し、すなわち道州制の議論となる。道州制に最も熱心なのは経済団体だ。企業活動が県域を超えて拡大しているため、行政区域とのギャップが生じており、都道府県の再編と広域の経済行政の実現を望んでいる。

ある食品メーカーでは農林水産省が東京にあるため、創業以来大阪に置いてきた本社を東京に移した。鉄道会社の多くも表面的には本社を各地に置きつつ、実質的な機能は東京に置くという。新駅増設や時刻表変更の手続きなどで、国土交通本省の影響力が強いというのだ。こうした事態を放置しては、日本列島の多様化と富を創り出す地域間競争を促進できない。

むしろ様々な権限を地域に降ろし、その創意工夫を引き出す必要がある。再編された基礎自治体が医療や教育、福祉など対人・対面サービスを一手に担うとすれば、広域化された道州政府は経済産業政策を一手に引き受け、地域間の富の創造競争を展開する。

北海道、東北、関東、北陸、東海、近畿、中国、四国、九州、沖縄をひとつのブロック圏として、各地の地理的特性、気候や風土、歴史、文化を活かした経済産業政策を進める。北海道はロシア、北陸は中国東北部、九州はアジアに近い。それぞれの優位性を活かしつつ互いに切磋琢磨するのだ。地域の創意工夫と地域間の健全な競争が、ひいては日本全体の活力を底上げする。

国の出先機関たる経済産業局、農政局、地方整備局等の人材、権限、予算は道州政府に移管され、企業立地から道路、空港、港湾、農政などあらゆる経済産業政策全般を道州政府が担当する。道州制の実現はこうした経済政策の一元化に主眼を置くべきだ。

仮に道州政府が実現すれば、どのくらいの存在感を示せるか。世界各国と日本の道州のGDPを比較したい（図表33参照）。2022年においてアメリカが1位で日本全土は3位だ。G7諸国ではカナダが最下位で10位、東京を中心とした南関東ブロックは12位の韓国に次ぐ13位。京阪神の近畿圏は19位に登場、23位に東海地方が続く。北関東もスイス、北欧、東欧諸国に劣らない。

図表㉝ 日本の域内総生産と各国・地域GDP比較

出典｜IMF "World Economic Outlook Database, October 2022"、内閣府「県民経済計算（2011年度-2019年度）」より作成

（単位：10億ドル）

1	アメリカ	21,373	11	ロシア	1,696	21	トルコ	759
2	中国	14,341	12	韓国	1,651	22	スイス	722
3	日本	5,328	13	南関東	1,579	23	東海	686
4	ドイツ	3,889	14	スペイン	1,393	24	イラン	652
5	イギリス	2,880	15	オーストラリア	1,387	25	台湾	611
6	インド	2,832	16	メキシコ	1,269	26	ポーランド	597
7	フランス	2,729	17	インドネシア	1,119	27	タイ	544
8	イタリア	2,012	18	オランダ	910	28	ベルギー	535
9	ブラジル	1,873	19	近畿	815	29	スウェーデン	534
10	カナダ	1,742	20	サウジアラビア	804	30	北関東	517

今後の人口減少、高齢化率の上昇という大きな下方圧力と闘うには、各地域が独自に富を創り出す地域間競争を活発化させねばならない。それぞれの創意工夫により地域の潜在力を最大化させることの試みは、事実上の経済連邦制国家への移行である。まるで複数の先進国家が、日本列島内部で切磋琢磨し合うかのような状況を、国内に創り上げる。

統治機能については英国スコットランド議会のあり方が興味深い。スコットランドがイングランドに統合されたのは19世紀であり、今なお独立意識が強い。ここでは議員内閣制が採用され、中央政府が留保したものを除き、全ての案件について一次立法権を有する。国税たる所得税の税率も、上下3％の範囲内で自由に変更できる。未来の日本列島ではこうした実例も参考となる。

同時に極めて逆説的だが、基礎自治体の再編や道州政府という大規模化の議論と並行して、より小さな自治も尊重されねばならない。日常生活の舞台であるコミュニティの活性化である。

道州政府のように富を創り出すでもなく、市町村のように対人・対面の行政サービスを一手に引き受けるでもない。暮らしの基盤となるコミュニティが、雇用、買い物、近所の人間関係、街路整備や清掃など生活環境、学校の課外活動や趣味のサークル、お年寄りの健康管理や安否確認など、きめ細かな人間関係と地域のつながりの基盤となるのだ。こうしたコミュニティ活動への支援が、元気で安心できる地域社会をつくる。

フランスのコミューンでは人口2000人単位で共同体が形成され、無報酬のボランティア議員が身近な課題処理に当たっている。日本でも名古屋市の一部の小学校区に地域委員会が設置され、投票で選ばれた無報酬の代議員が年間500〜1500万円の予算を使って地域活動を行っている。

8　世界の変革を主導する

［1］激しいグローバル化と国際政治の遅れ

国内の様々な課題、蓄積した矛盾とどう向き合い未来を切り開くべきかについて考えてきた。最後に世界との関わりを考える。現在、多くの問題が国境の外からやってきて、影響は国境の外へと及んでいく。にもかかわらず全ての国は、国境内の政治しか持たず、こうした課題に有効に対処できていない。多くの国の政治が機能不全となり、国民の閉塞感や政治への不信感につながっている。

戦争や紛争はもちろんのこと、エネルギー・環境問題、国際金融や投機資金、タックスヘイブン、こうした諸課題が、国際社会と国際政治に大きなプレッシャーを与え、事態の放置は、市民の平穏な暮らしを脅かし、一方で富めるものをさらに富ませ、いっそう世界を不安定化させている。

これに対して現在私たちが手にしているのは、有効に対処できない国内政治と、脆弱に過ぎる国際機関、この二つしかない。問題の発生と解決の枠組みが乖離《かいり》し、輪郭にズレが生じてしまったのだ。ヒト、モノ、カネ、情報の全てがグローバル化しているにもかかわらず、政治だけが依然ローカルであり続けている。

産業革命以降の激しい覇権闘争によって確定されたのが現在の国境だ。もちろん民族、宗教、言語、文化、歴史など一定の背景を有している。しかし、世界が抱える課題は、その質、規模、国境を越えるスピードが過去とは比較にならない。もはや一国のみで対処できる課題は実際には多くないのである。そして一見絶対的に見える国境の持つ意味合いも、長い歴史の中では常に相対的だったし、時代の変化に合わせて変わってきた。

21世紀こそ、国境を越える新たな枠組みを提示し、新たな価値を創造する時代の幕開けとなる。グローバルな視野に立ち、国際公益を担い、問題に有効に対処し、機能する国際政治を実現するきっかけを摑《つか》む。国際的な民主政の基盤づくりだ。20世紀型の国境内民主主義を、広大な国際政治の場へと拡大し、展開する21世紀としなければならない。

この人類史的、世界史的に偉大な挑戦を主導するのはどの国か。人口減少、超高齢化、エネルギー・環境制約といった世界的課題に率先して取り組み、先進的な未来像を示す日本ではないか。価値で輝く国、世界に冠たる国づくりを実現する日本こそが、国家としての人望と先見性で、国際的難題への取り組みを先導する。

国際政治の遅れに本気で取り組み、21世紀を平和の世紀、環境の世紀、調和の世紀として光り輝くものとする。これは21世紀初頭を生き抜く、私たち世代のもう一つの使命、そして責任だ。

［2］世界は統合し、地域は多様化する

今後の国際政治を展望するに当たり、大きな観点から人間社会の統合の歴史を考える。日本でもおよそ戦国時代までは、地域ごとに群雄割拠し、武力で覇権争いが行われた。宮城の伊達、山梨の武田、新潟の上杉、愛知の織田などが互いにしのぎを削り、国内は内戦状態だったのだ。

しかし現代はどうだろう。各県が武力で利害を争い、事を解決するといった事態を想定できるだろうか。考えにくい。それは何故なのか。どういうときに人間は武力に訴え、どういうときにそれを回避するのか。

人間社会の歴史は、「対話領域」を拡大することで、「紛争領域」を縮小してきたと私は考えている。対話による利害調整は、武力によるよりも得るものが大きく、失うものが少ない。対話で解決できる可能性があれば実力に訴えず、それが期待できないときに実力行使に踏み切る。対

個々の人間同士もそうだ。互いに分かり合える相手とは殴り合わず、話し合いに絶望したときに殴り合う。

やはりコミュニケーションこそが利害調整の手段としては最善だ。暮らしや経済で互いに交流を深めれば、共通の価値基盤が形成され、これがさらに対話の可能性への期待と信頼を高める。そして今度は対話領域の拡大が、さらに社会の統合範囲を広げ、より多くの利益をもたらす。あらゆる面で社会の統合利益は大きく、紛争より対話、分断より統合なのだ。

では対話領域の範囲と水準を決めるものは何か。それは科学技術の進歩だと思う。科学技術の発展によって、人間はコミュニケーションの範囲を拡大し、コストを下げ、スピードを増してきた。

かつて、幕末の志士たちは土佐から京都、京都から江戸まで歩いた。スマホはおろか電話や電報すらない。最も速い通信がせいぜい早馬で、コンピュータやインターネットによる情報収集もない。

私も仕事柄、讃岐と江戸の往復が多い。現在、地元から国会までドアtoドアで3時間。500㎞を超える移動の大半は飛行機の1時間。羽田に降りるとよく空想にふける。讃岐と江戸を、1時間で移動する私を見た幕末の志士は何を思うだろうと。西郷、坂本、大久保、桂、勝がメールや携帯電話でやり取りする時代だったら一体何が起きただろうと。

科学技術の進歩が対話領域を拡大し、紛争領域を縮小した。そして社会の統合範囲を広げ、大きな利益と恩恵をもたらした。いよいよ21世紀はその範囲が国境を越え、新たな境地を切り開くのだ。私はその希望と必要性の双方を強く感じている。各国、各地域にとってもこれが最大の安全保障政策となる。加藤周一の言葉を借りれば「無力で圧倒的な言葉」が「圧倒的で無力な戦車」を超えていく過程である。

一方で、もう一つの変化を捉えておきたい。「もう国はいらない・ベルギー」(2011年12月6日、朝日新聞)の報道である。大きな課題をEUが扱い、地域経済や教育、雇用など身近な課題を地域政府が担当すれば、もはや「国」はいらないというのである。「同じ言葉を話す人同士で、経済的に自立して生きるのが一番合理的」「いずれベルギーという国はそのうち自然に蒸発する」とまで言い切る。

ダニエル・ベルは言った。「国民国家は大きな問題の解決には小さ過ぎ、小さな問題の解決には大き過ぎる」と。この輪郭のズレを解消する方向で「世界は統合し、地域は多様化する」。今後、国際機関の機能が強化される一方で、人工的に作られた国境など、異なる民族、宗教、言語、歴史、文化を一つに閉じ込めてきた壁が取り払われ、そのエネルギーが解放される方へと向かう。

環境、エネルギー、金融、多国籍企業など普遍的なルールは国際機関が、一方、教育、福祉、雇用、地域経済、芸術文化など地域の個性が問われる課題は地域政府が担う。これが21世紀の新たな枠組みとなる。既に起きたソ連の解体、東欧やスラブ諸国の分離独立、東ティモールや南スーダンの独立、英国スコットランド議会の独立党の躍進なども、この文脈の中で捉える必要がある。

日本においても沖縄の歴史を忘れてはならない。琉球処分、沖縄戦、米国統治、そして過重な基地負担。琉球王国の平和と繁栄の歴史に似つかわしくない過去を強いてきた。基地の整理縮小、前提となる近隣諸国との関係改善、北朝鮮情勢の安定化など安全保障面の課題解決に全力をあげつつ、今後の沖縄の自治のあり方についてともに考えていく必要がある。

人類にとって普遍的なルールは国際機構が、地域の個性が問われる課題は自治政府が、21世紀は国家の役割が見直され、新たな統治の最適化が進行するにちがいない。

［3］私の沖縄論

本題に関連して、沖縄について少し稿を割きたい。

1994年、自治省（当時）に入省した私は、その年の初夏、初めて沖縄の地を踏んだ。空港に降り立った瞬間の何とも蒸し暑い空気を忘れない。最初の赴任地は本人の意向が尊重されるため、私は行ったことのない土地、異なる環境に身を置きたいと思い、沖縄県庁を選んだ。2年の在任中、宮古から八重山諸島に至るまで、あらゆる地域を訪ねた。その土地の文化、風土に触れ、人々との交流を重ねた。20年後、私は政権与党の沖縄政策担当となり、当時の上司は沖縄県副知事に就任。その関係を大切に沖縄振興法の抜本改正に取り組んだ。結婚して家庭生活も沖縄からスタートした私は、娘の名も沖縄の花からとった。正に第二の故郷。私にとって沖縄はそんな地だ。

気候は亜熱帯、もともと広大な海域を擁する琉球王国として、独自の歴史と文化を誇りながら、発展を遂げてきた。19世紀末、琉球藩、沖縄県として日本に編入され、急速に本土との一体化が進められる。しかし、太平洋戦争末期、本土決戦の時間稼ぎ、捨石と言われた悲惨な地上戦が行われ、県民の4人に1人が亡くなった。これに殉じた大田海軍中将の電報「沖縄県民かく戦へり。県民に対し後世特別のご高配を賜らんことを」の一文は胸に迫る。

終戦後、沖縄は米軍統治下に置かれ、復帰を果たすまでに27年の歳月を要した。復帰後は沖縄振興法の制定、沖縄開発庁の設置と累次の沖縄振興計画など、本土との格差縮小に向けて様々な施策が進められた。一方、本土の米軍基地が縮小されていく中で、沖縄の基地は既に「銃剣とブルドーザー」で拡大されており、結果として在日米軍の74％が沖縄に集中した。

小学生の女児が米兵に暴行され、県民の怒りが爆発したのは、私が沖縄に赴任して2年目の秋、95年9月だった。私も家族と共に県民抗議集会に参加した。時の大田県政は軍用地使用の代理署名を拒否。これが政権を揺るがす事態に発展し、当時の橋本総理は普天間基地の移設を表明し、事態の打開を図った。それから30年近く経った今も実現には至らず、それ以降も沖縄県政は、場合によっては日本政治を揺るがす存在であり続けている。

政治はさて置くとして、沖縄観光は本土の人々からも人気だ。本土からの移住者も絶えない。独自の気候風土や自然環境、文化や食べ物、そしてテレビで活躍する沖縄出身のタレントやアーティストの存在は、沖縄の注目度を高め、存在感を増している。

そんな沖縄だが、私には忘れられない経験がある。友人が、ふとつぶやいたのだ。「私たちは日本人と素直に名乗っていいのか。海外で聞かれると、日本から来ました、と素直に言って良いのか戸惑う」と。衝撃だった。もちろん地域や世代によっても感覚は随分異なると思う。しかし、この感覚を本土で聞くことはない。

複雑な感情を抱えてこそ、沖縄と本土の関係があると思い知らされた。その繊細な感覚に鈍感であってはならないと。沖縄の感情、琉球王国の歴史、独自の伝統や文化に対する尊厳と尊重なくして、沖縄と本土との良好な関係はない。

極東の安全保障環境は確かに厳しい。沖縄の地政学的地位には、宿命とも思えるほど動かし難いものもある。しかし、困難であってもそうした環境の改善、課題解決に向けて、日本政治は最善を尽くすべきだ。その前提があってこそ、沖縄と本土との良好な関係、両者の共存共栄、ひいてはアジアの平和と安定に寄与できる。

今後の地方分権、道州制の議論においては特に沖縄の存在を重視したい。全国に先駆けた取り組みを沖縄で実現するのだ。それは沖縄のためであると同時に、日本全体にとって、アジアに開かれた輝かしいフロンティアを最大限活かす道でもある。

［4］国際社会の統合

❶ 欧州の挑戦

さて、激しいグローバル化と国際政治の遅れ、それを克服すべき国際社会の統合について述べてきた。ここで既に国家の枠を超え、政治統合を進めた欧州の挑戦と経験に注目したい。

20世紀に至るまで、最も戦争に明け暮れたのが他ならぬ欧州だった。その欧州が統合に向けて舵を切ったのは、第二次大戦後である。紛争止まなかったドイツとフランスがその原因でもあった国境地帯の石炭・鉄鉱石の共同管理を始めたのだ。構想の発表は1950年、条約署名が51年、そして欧州石炭鉄鋼共同体の設立が1952年である。

1957年には欧州経済共同体（EEC）としてより広範な経済共同体に発展し、67年には6か国が加盟して互いの関税を撤廃。79年には欧州議会が創設され、超国家の民主的基盤が創られた。

1989年にはベルリンの壁が崩壊、91年にマーストリヒト条約が採択され、現在の欧州連合（EU）へと発展。95年には加盟15か国となり、2002年、ついに共通通貨ユーロが導入された。現在加盟国は27か国、人口4億4732万人、GDP16兆6426億ドルの巨大圏域を形成している。

欧州統合の背景には何世紀にもわたって続いた戦争への反省がある。しかし、それ以上に米国や成長するアジアに対して、巨大な経済圏域で対抗する欧州なりの生存戦略でもある。その意味では20世紀型のパワーゲームの延長線上でもあり、必ずしも国際社会の統合に向けた理想主義的な取り組みと解釈するのは早計だ。しかし、それでも創り上げた超国家の意思決定の経験と仕組みには学ぶべきものが多い。

現在も世界各地で国境紛争は絶えないし、空域や海洋権益を巡るせめぎ合いも激しい。しかし、半世紀前の欧州の人々も、ここまで統合が進み、平和と繁栄の礎を築いたEUの姿を想像してはいなかっただろう。今後の国際政治の統合にも、今回のロシアによるウクライナ侵攻のような事態をはじめ、様々な困難と試練が待ち受けるだろうし、それ自体が実現不可能な夢物語と言う人々もいる。しかし、現実を見ない政治は危険だが、理想を掲げない政治は無力だ。問題が国境を越える以上、政治も国境を越える他ない。国際政治の統合に勝る道はなく、欧州統合の歴史は間違いなく学ぶべき経験の一つだ。

❷ 超国家の意思決定

そんな欧州の統治のあり方、特に意思決定の仕組みを見る。そこには超国家の枠組みで、困

図表㉞ EU理事会における加盟国の票配分⇨2014年に廃止

出典｜EU理事会HP（2013年1月1日現在。カッコ内は人口：単位は百万人）

ドイツ(80.5) イギリス(63.9)	フランス(65.6)	イタリア(59.7)	各29
スペイン(46.7)	ポーランド(38.5)		各27
ルーマニア(20.0)			各14
オランダ(16.8)			各13
ベルギー(11.2) ハンガリー(9.9)	チェコ(10.5) ポルトガル(10.5)	ギリシャ(11.1)	各12
オーストリア(8.5)	ブルガリア(7.3)	スウェーデン(9.6)	各10
クロアチア(4.3) アイルランド(4.6)	デンマーク(5.6) リトアニア(3.0)	フィンランド(5.4) スロバキア(5.4)	各7
キプロス(0.8) ルクセンブルク(0.5)	エストニア(1.3) スロベニア(2.1)	ラトビア(2.0)	各4
マルタ(0.4)			各3
計			352

難な意思決定を行う知恵と工夫が凝らされており、今後の国際政治のあり方を考える上で大いに参考になる（図表34参照）。

ＥＵの２０１４年までの意思決定は重要政策を加盟国首脳の欧州理事会が、個別政策を閣僚理事会が決定しており、一部の重要事項を除き、原則として多数決によった。注目すべきはこの多数決のあり方だった。

まず第一段階として、各国が人口に応じて加重された投票権を行使し、総投票数３５２票のうち２６０票（全体の74％以上）の賛成を得られたかがチェックされる。

次に第二段階として、全加盟28か国（当時）中、過半数に相当する15か国以上の賛成を得られるかを見る。これは人口や経済など国力に関わりなく、各国が完全に対等な１票として扱われ、国家を平等に見る考え方である。

最後に最終関門として、賛成国全ての域内総人口がＥＵ総人口の65％を超えるか否かがチェックされる。欧州域内の市民の権利を対等・平等に見て、１人１票を擬制する考え方だ。

国力に応じて加重された国家の投票権、完全なる１国１票、そして市民１人につき１票の擬制。これらが国家と市民の権利と資格を融合し、意思決定の正当性と実効性を担保しており、これにより困難な超国家の意思決定を可能にしている。この三重多数決制は２０１４年10月末に終了し11月より、よりシンプルな国票と人口票から成る二重多数決制に移行したが、基本となる哲学は変わらない。近年は、直接選挙で選ばれた欧州議会の権能も強化されており、意思決定の民主的基盤づくりがさらに進められている。

ＥＵでは各統治機関の配置も工夫されている。決していずれかの国や都市に偏ることなく、ＥＵ本部はベルギーのブリュッセル、欧州中央銀行はドイツのフランクフルト、欧州議会はフランスのストラスブール、欧州環境省はデンマークのコペンハーゲンといった具合に分散配置されている。単一国家では考えにくいが、関係機関をバランスよく各地域に配置することで、効率性を犠牲にしつつ、ＥＵへの理解と統合を優先しているのだ。

課題が国境を越えるにもかかわらず、政治が国境を越えられない現代の閉塞感を乗り越えるためには、国際社会全体がＥＵの経験に学ぶ必要がある。意思決定の仕組みや関係機関の配置を含め、その試行錯誤がもたらした果実を共有するのだ。

そして今後具体的に可能性を見出すとすれば、それは「国際連合」をおいて他にない。設立から80年近く、既に様々な国際問題に取り組んできた。その国連を世界共通のインフラとして強化し、整備し直すのだ。世界が「超国家問題」に取り組むための有効な国際統治機関として、実効あらしめる。ここを舞台に国際民主政の基盤づくりを進めることが最も有効で現実的な選択肢となる。

❸「聯合国」を「国際連合」に

21世紀は国境を越える課題に世界が本格的に共闘する時代だ。産業革命後の文明社会が直面した制約と限界を乗り越え、新たな秩序の形成を目指す。全ては新しい国際政治の枠組みと国際社会の統合の可能性にかかっている。

極端な話だが、国際社会の統合が最も早く成立するとすれば、それは宇宙戦争によるものだろう。地球外から敵が襲ってくれば、諸国民は直ちに一丸となって戦うに違いない。しかしどうだろう。資源制約、気候変動、環境汚染、水や食糧不足、多国籍企業やタックスヘイブン、投機資金や国内産業の空洞化、ありとあらゆる課題は緩慢に、しかし確実に世界の平和と繁栄を揺るがし、諸国民の生存と平穏を脅かすのではないか。そしてこの闘いに勝者と敗者の別はなく、そろって勝者となるか敗者となるか、二つにひとつだ。

もちろん国際社会の統合は容易ではない。しかし、一方で夢を描き、理想を語らなければ何事も始まらない。現在の欧州を半世紀前に想像していた人はいないし、今の日本を思い描いた戦国武将も、維新の志士もいないのだ。

繰り返すが国連改革こそが、実行可能な唯一の選択肢である。国連こそが国境を越えて先進国と途上国、大国と小国の利害が複雑に絡み合う国際問題に取り組み、普遍的なルールづくりを担う可能性のある唯一の機関だ。

そのためには安全保障面で議論される国連中心主義を、エネルギー、環境、経済、金融、貧困、格差問題など民生分野に広げ、各国が共有しなければならない。統治は常に軍政から始まり、民政一般に広がるのだ。

国連改革のためにはまず意思決定の実質化が必要だ。国連総会の儀礼的な全会一致原則を改め、EUの手法を参考に、加盟国の加重された投票権、賛成国数、賛成国の人口シェアなどを勘案し、実質的な意思決定を行う民主的基盤を創る。最終的には未来の国際社会には、直接選挙で選ばれた「国際連合議会」があっても良い。

安全保障では平和の要《かなめ》となる安全保障理事会の改革が求められる。現在はアメリカ、ロシア、中国、英国、フランスの戦勝五大国が常任理事国として拒否権を有し、互いに牽制し合っている。イラク戦争、北朝鮮の核開発、イランやシリア、クリミア情勢、ウクライナ侵攻など、国際社会が共に行動すべき課題を、何度も膠着状態に陥らせ、機能不全を露わにしてきた。

「国際連合」の英語表記は「United Nations」である。実は第二次大戦時の英米を中心とする

「連合国」も同じく「United Nations」だった。日本はこれを大戦中は「聯合国《れんごうこく》」と、大戦後は「国際連合」と器用に訳し分けてきたが、中国は今も変わらず国連を「聯合国」と呼ぶ。

大戦から既に78年が経過した。これからも未来永劫、国連を第二次大戦の戦勝国を中心とした枠組みにし続けるのか。戦勝五大国に特別な権限を付与する合理性や正当性は、いつまで認められるのか。確かに戦勝五大国が一致してこそ、対応の実効性が担保されるという歴史的・実態的背景はあった。しかし、それすらも今日は相対化しつつある。新興国の発展により、かつてのG6はG7、G8に、そして現在ではG20が注目される時代となった。国際社会の主要プレーヤーは増え続け、パワーバランスは相対化しているのだ。

さらにこの78年の間、国際社会の平和と繁栄に貢献した国は、戦勝国ばかりではない。紛争解決や貧困対策、医療・保健衛生の向上、科学技術の発展やインフラ整備など様々な面で、日本やドイツを始めとした多くの国々が国際社会に貢献し、実績と信頼を積み重ねてきた。

意思決定の実質化、安保理改革、国連憲章における敵国条項の見直しなどを進め、戦勝国中心の枠組みを改める。理念・制度両面のアプローチにより、国連を21世紀にふさわしい国際統治機関として生まれ変わらせる。

そしてこの国連改革は、日本やドイツといった第二次世界大戦の敗戦国こそが声を上げねばならない。敗戦国ではあっても、その後の国際社会に貢献してきた自負と自覚を持って問題提起するのだ。先進国や大国のためだけでなく、もちろん自国の利害のためだけでもない。あくまで国際公益という大義の上に立って、これからの国際社会を論じるのだ。

そのためにも日本は、まずは世界が直面するあらゆる課題に先んじて取り組み、解決策を示す必要と責任がある。世界最先端のモデル国家となって初めて、理想を語る姿に力が生まれる。

２０４５年は第二次大戦終結から１００年の節目だ。それまでに本格的な国連改革の議論を始めたい。そして5年後の２０５０年は、日本の構造改革と、新たな国際秩序の形成が、ともに実現されるべき目標年限だ。

［5］日本の立ち位置

今後の国際社会のあり方を考えてきた。日本が国際問題への取り組みで先導的な役割を果たすために、今後どのような立ち位置を取るべきか。最後に日本外交を規定してきた米国との関係、防衛費や集団的自衛権など安全保障の枠組み等について、理想と現実を織り交ぜながら考えたい。

近代以降の日本外交はペリー来航、日米開戦とGHQの占領統治、東西冷戦と日米安保体制など、常に米国との関係を軸に展開してきた。今後も極めて重要な二国間関係であり、引き続き固い絆と信頼で結ばれた安定した関係が必須だ。

一方で今後の日本は、より国際公益に積極的にコミットする立場を明らかにすべきだし、自国と同盟国の利益のみを主張する国であってはならない。同時に米国といえども未来永劫これまでと同じように、世界の軍事・経済において圧倒的なプレゼンスを維持し続ける保証はない。米国のGDPは、かつては世界の40％、現在20％台、やがて10％台になると想定されている。

これらの現実を直視しつつ、日本の自主性と自立性を回復し、同時に国際公益を追求する立場から我が国の存在感を高めるのだ。未来志向の日米関係のために、具体的に整理したいのが地位協定、思いやり予算、空域管制、沖縄の基地負担の4点である。

これらを整理して、新たな日米関係構築の礎とする。ここでも敗戦国としての歴史を同じくし、冷戦終結という世界的な構造変化の中で、自らの立ち位置を模索してきたドイツの例が参考になる。

(1) 日米地位協定

日本の米軍施設使用には日本政府や自治体の意向は反映されにくいが、ドイツでは米軍施設使用の必要性が、米側から一定期間ごとに申告される。施設管理権も日本では「必要な全ての措置」を米軍がとるが、ドイツでは施設使用にドイツ国内法の適用があり、多数の条項で法令順守義務が明記されているという。

（2）駐留軍経費負担

駐留軍経費は米側が負担するのが原則だが、実際には「思いやり予算」として、日本側の負担も大きい。年間約2000億円の思いやり予算は、民間地権者への賃料、基地内従業員の労務費、光熱水道料や施設整備費、周辺対策費などいわゆる直接経費が全体の8割だ。一方ドイツでは約1500億円の支援額のうち、直接支援は30億円と全体の2％に過ぎず、公有地の賃料免除や免税措置など間接経費がほとんどだ。

（3）空域管制

首都圏から新潟に至る広大な空域が今なお米軍横田基地の管制下に置かれている。西日本から東京へ向かう民間航空機は、この空域を避けるため伊豆大島や房総半島上空へ大きく迂回《うかい》する。首都圏近郊の空域が、他国軍隊の管制下に置かれている国は皆無だろう。ドイツでも冷戦終結後の1994年までに全ての空域が返還されている。

（4）沖縄基地負担

沖縄の基地問題の深刻さは肌身に感じてきたし、限られた平野を基地に提供している沖縄の姿は痛々しい。専門家の分析によれば1950年代、本土の米軍基地が4分の1に縮小された中で、沖縄の基地は2倍に拡大された。70年代、本土がさらに3分の1に縮小されたことで、在日米軍の実に74％が国土面積0・6％の沖縄に集中することとなった。

冷戦終結後、既に在欧米軍は3分の1、在韓米軍は4分の3に縮小され、今後も在外米軍は3分の2程度まで縮小される可能性があるという。そうなれば在外米軍の半分が在日米軍となり、その大半が沖縄になる。困難な道のりではあるが、極東の安全保障環境の改善、軍事力の影響の相対化など未来に向けた全体の方向性の中で、沖縄の基地負担軽減を実現したい。

現在、日本の防衛費は約7兆円（一般会計）、対GDP比は1％超である。アメリカの国防費は約100兆円、GDP比も3・5％と別格であり、他の先進国は概ねGDP比1・5〜2％といずれも日本より大きい。これらを根拠に日本も防衛費を高めるべきという議論もある。しかし、厳しい財政状況に加え、尖閣・竹島・北方領土問題を始めとした困難な外交問題が、軍事力によって直ちに解決される時代とは思えない。国際社会からの信望に勝る安全保障政策はなく、こうした理想主義は、未来に向けてはある種のリアリズムでもある。その意味で現政権の防衛費の倍増、敵基地攻撃能力の保持など勇ましい国防論議には逆に観念的で危険な臭いを感じている。

集団的自衛権の議論もある。同盟国との共同作戦が自国防衛のために必要となる場合は当然ある。しかし、戦争の惨禍と平和憲法の理念からして、日本国の実力行使は真に必要かつやむを得ない場合で、かつ最低限のものに限られるべきだ。具体的には自国の正当防衛及びこれに準ずる事態、国際社会の一員として当然要求されるべき緊急避難行動、そして改革が進んだ国連の下で指揮される国際平和維持活動だ。

人間は戦争の愚を繰り返してきた。多くの戦争は指導者の不見識、無責任、不決断、そしてプロパガンダに影響された民衆の熱狂から生まれる。小さな既成事実の積み重ね、楽観的想定、失敗を覆い隠す虚と追認、これらが戦禍を拡大する。特に国内の構造問題が深刻化し、経済や雇用、暮らしに閉塞感が満ちたときは危険だ。外にはけ口を求める兆候が増す。しかし本来の原因は自国内部にある。真に一等国の国家と国民は他者に理由を求めたり、責任を転嫁したりしない。日本はそんな国でありたい、心からそう願う。

9 最後に

いよいよ最後になった。ここまでお付き合い下さったことに深く感謝したい。私自身、何故、このような思いを抱き、政治の世界に飛び込んだのか。どのような環境のもとで育ち、こうした考えをもつに至ったのか。自分自身を振り返らせていただきたい。

1971年、高松でパーマ屋を経営する普通の家庭で、三人きょうだいの長男として生まれた。小さいころからやんちゃだった。同級生が校庭でドッジボールをしていると、自分たちがやりたいからどいてくれ、と無理を言ったことがある。その夜同級生は束になって、私の自宅に襲いかかってきた。心配した妹は父に電話したが、父は「自分の播《ま》いた種は自分で刈り取れ」と言い、仕方なく一人で外に出てボコボコにやられた記憶がある。

高校時代は野球に没頭した。夏合宿で先輩の打ったボールが、ピッチングマシンのネットの投球穴から返ってきた。疲れていた私はよけることができず、左の頭部で受け止めた。そのまま入院。頭蓋骨剥離《はくり》骨折だった。近づく球がどんどん大きくなって見えたことだけを覚えている。よく生きていたものだ。今でも正直そう思う。

成績も伸び悩んだし、母や祖母も心配した。初めて野球をやめようかと思った。そのとき父は「人生で今しかできないのは野球だ。それで東大に行けなければ、行かない方がお前の人生にとって幸せだ」と。それでだろうか、ものごとの優先順位を間違えなかったのかもしれない。後始末のつけ方、優先順位のつけ方、この二つの経験は今でも私の中を貫いている。

両親は一生懸命商売を続けていたが、決して裕福とは言えず、野球部時代にグローブやスパイクを買って欲しいとも、言い出せなかった。共働きだったため、幼いころは祖父母によく面倒を見てもらったし、小学生のころから、きょうだい3人で手分けして、飯炊き、風呂沸かし、洗濯物の取り入れなど、家事を分担して両親の遅い帰りを待った。

少年時代、父から「大きくなったら世の中の役に立つ人間になれ。日本の政治家はろくなもんでない。官僚が立派だからこの国は良くなった。お前も悪い政治家たちに影響されない立派な官僚になってこの国の役に立て」、そんな教えを受けた。

確かに、当時の政治のニュースと言えば、リクルート事件を始めとした疑惑報道ばかりで、幼い私にも、政治とは、何かずるくて悪いもの、汚くて決して関わりたくないもの、そんなイメージだった。

大学卒業後、実際に官僚として歩み始めた。希望により沖縄に赴任し、本土とは異なる環境が私に様々な影響を与えた。官僚としての日々は、私に「省益《しょうえき》の壁」という越えられない何かを感じさせた。みんな結局は自分の入った役所が大事で、そこで一生をやり過ごす。国や社会も大事だが、やはり自分が人生をかけ、一生お世話になる役所の予算、権限、天下り先が先決なのである。

そのときに思った。父が言っていた「政治はふがいないが、官僚が立派だからこの国が良い国になった」というのは本当にそうだろうかと。もしかしたら昭和の右肩上がりの時代はそうだったかもしれないが、これからはそうではないのではないかと。地元への利益誘導と引き換えにカネと票を集め返す政治と、省益最優先の中央官庁をそのままにしておいて、この国は本当に大丈夫だろうかと。

初めは両親も、高校の同級生である妻も私の政治への転向には大反対だった。説得に2年くらいかかっただろうか。妻は「官僚を辞めるのは結構。しかし、自分の夫があの恐ろしい汚い政治の世界にいると思うとぞっとする。それだけはやめて欲しい」。なるほどもっともだと思った。しかし、そこから変えるしかない。そのイメージから変えていくしか、この国を良くする手立てはない。できるかできないかは分からない。しかしやってみなければ死んでも死にきれない。そんな思いを妻は最後には理解してくれた。頑固だった父も、「最初に抱いた初心がずれたと親として感じたら、俺が先頭に立って引きずりおろす」と宣言し、最後には了承してくれた。

それから政治活動の日々が始まる。官僚時代と違って、とにかく机の前にいてもしょうがない。町へ出て、人と会い、街頭に体をさらし、マイクをとり、街宣車に乗り、座談会で対話し、チラシを配り、家をたずね……そんな日々が続く。

最初の選挙で落選、2回目に比例区でかろうじて当選。そして、09年の総選挙では、夢と希望だった政権交代があまりにも早く実現し、そしてあまりにも早く挫折した。有権者への申し訳ない気持ちは今も消えない。

しかし、ラストワンチャンス、今一度、私たちの世代があの経験と挫折を糧として、乗り越えて、再び立ち上がろう。それしか、あの日の期待に応える道はない。

どうしてか分からないが、私は昔から、いつも日本を良くしたい、どうすれば日本が良くなるのか、何が問題でどう正せばいいのか、そんなことばかり考えていた。明らかに『日本を良くしたい』オタクだ。何をもって良くなったと言うのか。やはり個人の幸せ、幸福感の強さ、大きさだと思う。そんなものは相対的。だからこそ環境整備が大事なんだと思う。政治の役割はあくまでグラウンド整備。プレーするのは国民。

どうやって、お年寄りから赤ん坊までの暮らしの安心を支えるか。趣味や関心に応じて、どのように人生の選択の幅を広げ、互いにそれを尊重する世の中にできるか。国際的に日本人と言っただけで、どれだけの信頼や尊敬を集めることができるか。社会や国家、故郷、周囲の人々にどれだけ自然な愛着と誇りを感じることができるか。

高い税金と保険料を負担する北欧で耳を疑った。「税金も保険料も高いが、きちんと私たちのために使われているから不満ではない」と。極めつきは「この国では政治家が汚職をするなんて信じられない」と。本当に驚いた。衝撃を受けた。日本は逆だ。政治家が汚職をしないなんて信じられない。しかしどうだ。どちらの国も、その国の政治家を選んでいるのはその国の国民に他ならない。

自分たちが選んだ相手を信頼すると言い切る国民の国と、軽蔑する国民の国。その差を埋めたいと願う。不信の連鎖を信頼の連鎖へと逆回転させたいと思う。永遠の課題だし、完成型もない。100点満点をとれることは未来永劫ないのかもしれない。それでも歩みを止めてはならない。進歩や進化を放棄してはならない。

有史以来、人類の歴史は想像だにできない進歩を遂げてきた。様々な愚かさや過ちを繰り返しつつも、2歩下がっては、3歩前に進んできた。それはこれからも変わらない。人の善性と良心を頼りに、社会と自然環境を大切にしつつ、より高度で快適な環境をつくっていくに違いない。より大きな自由と、信頼と、幸福感のもとに、日々を生きる環境をつくるに違いない。そのために闘い続けるのである。

私たち一人ひとりに与えられた人生の時間は長くて100年だ。限りある、一瞬ともいえる時間をそれぞれがどう使うのか。何に貢献するか。何を思いながら人生を終えるか。その一つひとつの物語が全体として社会や国家の歴史となる。そして人類の歴史となる。その悠久の営みの尊さに思いを馳《は》せながら稿を終えたい。必ず人類社会は進歩を遂げる。日本は再生する。そして世界の変革の先頭に立つ。

日本改革・競争力ある福祉国家建設基本法案大綱（２０１４年当時）

基本認識

一　人口減少は産業革命後の急成長により、人類が地球環境の有限性に直面したことでもたらされた調整過程である。

一　超高齢化社会は人類が超長寿を獲得したことと、人口減少に転じたことによるものであり、日本では２０５０年頃まで変化が続きその後安定する。

非常事態宣言

一　劇的な変化であることを自覚し２０２０年までに課題認識を共有する。

集中改革期間

一　２０３０年までの10年間を集中改革期間と位置付け、人口増大、経済成長を前提とした社会を、新たな時代にふさわしいものに、理念・哲学とともに変更し、諸制度を安定的に変革する。

総論

一　超長寿社会にふさわしい生涯現役社会の構築
一　人口減少局面で日本列島を開放し活力を維持増進
一　化石燃料と原子力に依存した文明を見直し持続可能性を回復
一　日本が世界のモデルとなって世界の変革を主導

生涯現役

一　定年制の廃止
一　年功賃金から能力別賃金に移行。多様な雇用形態と雇用の流動化促進
一　退職金優遇税制は10年かけて段階的に廃止
一　社会保障を統合し、年齢区分を廃止、窓口負担は能力別に
一　給付は最低保障に特化し、それを上回る部分は整理縮小、総給付費は２割合理化

一　財源は全世代型負担とし消費税率は最大25％まで安定的に引き上げ、現役世代と事業主の社会保険料負担を引き下げ
一　相続課税に際し社会保障給付費と保険料の差額を社会に還元

列島開放

一　世界の国々からの訪日のハードルを引き下げ
一　国際空港・港湾の利用料の引き下げと利用促進
一　民間の知恵と努力を引き出す徹底した規制緩和
一　法人減税による国内企業の競争力強化と外国企業の誘致
一　希望する中学生から大学生の国費による国民皆留学を実現
一　国際的に開かれた街づくり、インフラ整備
一　宇宙やエネルギーなど世界を牽引する技術開発に積極的に投資

環境革命

一　環境税の引き上げを財源とする再生可能エネルギーの導入促進
一　蓄電池やスマートシティなど次世代を先取るインフラ整備に投資し、世界に先駆けて持続可能性を回復

一　核融合エネルギーの利活用の可能性について研究開発

世界の変革

一　国際公益を考える政府部門を設置し、国際社会の変革をリード

国民投票

一　重大な内外の課題に対して積極的に国民投票を活用

電子書籍版増補（２０２１年当時）

はじめに

この度、光文社の協力を得て7年前の原著『日本改革原案』を電子出版させていただくこととなった。長い間、中古価格が高騰するなど入手困難な状況が続き、読者の皆様に大変ご迷惑をおかけした。それだけに心から感謝している。

同時に最初の出版から7年以上が経過し、法人税を巡る議論や新たな貨幣理論への注目など、再考を要する点も多く、内容に軌道修正を要するとも痛感していた。そこでせっかくの機会を活用し、増補原稿を追加して内容のアップデートを図ることとした。

もとより原著が目指した日本の構造問題や、それらに立ち向かう本格的なアプローチの根本は変わらない。しかし、その後の情勢変化も踏まえた増補原稿により、更に本書が今後の日本社会を考える一助になることを願ってやまない。

２０２１年７月　小川淳也

中心におきたい「人の幸せ（幸福感を軸とする持続可能な社会）」

増補版作成に当たり、自らが２００３年、最初に立候補を決意した際に書いた古い文章を読み返した。

「基本的なもの（衣食住）が満たされることは、人間の幸せにとって、とても大切な要素だと思います。でも、やっぱりそれだけじゃない。人の幸せは１００％主観的なもの。誰かがあなたの幸せをこうだと決めつけるようなものではありません。だから大切なことは、あなたが幸せと思える生き方を自由に選べる広い選択の幅、そしてお互いがそれを認め、尊重し合える懐の深い価値観、この二つが満たされる社会にしていく必要があると思うのです。（中略）私はこれから社会のあり方を考えるとき、全ての価値判断の軸に、経済成長や豊かさではなく、抽象的ではありますが『人の幸せ』を増やすのか、減らすのか、このことを軸に考えていきたいと

思っています」（２００3年7月小川淳也ホームページより）

改めて18年前の青臭さを気恥ずかしく感じるが、32歳の私が訴えたかった核心は今も変わらないことに安堵もする。右肩上がりの成長期は終焉を迎え、国家は既に成熟期に入って久しい。政治はかつての利権の分配から、個別利害を乗り越える、新たな時代の理念に貫かれたものへと変貌し、国民生活への深い共感を備えるものへと質的転換を果たさねばならない。公平公正を旨とし、透明性が高く、だからこそ国民からの高い信頼に裏打ちされたものへと進化を遂げなければならない。

政治の質的転換、政治文化の刷新、これこそが大きな構造問題を直視し、国民とともにそれを乗り越える、唯一にして最大の武器となる。「人の幸せ」を中心に据え、どの時代、どの国にも経験がない課題を、世界に先駆けて解決する。そして「世界に冠たる国」をつくる。その果てしない可能性、そして困難に身震いしつつも、我々は心してその入口に立つ。

政治のターゲットを「経済成長」から「生活保障」へ

コロナが世界に重圧を与え続けた２０２０〜21年、需要は蒸発し雇用は悪化した。少なからぬ国民が収入減と生活不安に苦しんでいる。しかし、これらは全く新しい問題か、それとも既にある構造問題が顕在化し加速化されているのか。日本は2050年に向け、またその先も人口減と超高齢化に直面し続ける。需要は減退し、企業収益は下方圧力に晒され続ける。エネルギー・環境制約も相まって、もはや「より多く」生産し、「より多く」消費する「成長の時代」のモデルには頼れない。同時に技術革新も「成長の時代」の終わりを加速する。シェア・エコノミーやエネルギー効率の向上は、資源効率を極限まで高めるが、GDPを大きくする方向には働かない。世界もまた「成長の時代」から「持続可能性」の時代へと舵を切りつつある。

大事なのはこの変化を「是《ぜ》」とすることだ。この先も人口を増大させ、エネルギーを大量に使い、生産と消費を拡大し続ける「成長の時代」の継続は不可能だと正面から認めることだ。人口が増え、経済が成長しても「地球」は大きくはならない。しかし従来、この成長モデルこそが雇用を拡大し、賃金を上げ、生活を向上させてきた。だからこそ正当化されてもきたし、そこへの郷愁は容易には断ち切れない。しかし、もはやこのモデルに頼れない時代となった以上、新たなモデルを生み出す他ない。

コロナ禍で各国政府は様々な現金給付に乗り出した。これは「景気刺激」のためではない。「生活保障」のためだ。ロックダウンで需要は減退し、経済の拡大は望めない。そこで各国は直接国民の「生活保障」に乗り出した。実はここに大きなヒントがある。コロナが終息すれば、再び大幅な成長の時代に戻れるのか。かつそれは許されるのか。再び成長を前提に、人々の暮らしを自助と自己責任に委ねて良いのか。その問いに正面から答えねばならない。

歴史を振り返れば、感染症の拡大は確実に社会を変えてきた。ペストはルネッサンスや資本主義を、コレラは上下水道を、そしてスペイン風邪は第一次世界大戦の終結をもたらした。今回のコロナ禍は明らかに政治に対して、そのターゲットを「経済成長」から「生活保障」に切り換えるべきことを迫っている。今後低成長下における政策体系がどうあるべきか、その大きなヒントを示唆している。

「経済成長」から「生活保障」へ。そして「生活保障」の中核には、全国民が無償で利用できる医療・介護・教育・福祉などの「ベーシックサービス（慶應義塾大学・井手英策教授）」と、最低生計保障のための直接現金給付（ベーシックインカム）が俎上《そじょう》に上がる。

デフレと徹底的に闘う

「インフレは全てが善ではないが、デフレは全てが悪である」。本文中にも触れた経済学の格言だ。貨幣経済というフィクション（通貨そのものに価値はない）を採用した以上、通貨価値は徐々に下げ、物価は徐々に上げねばならない。さもなくば通貨の保存・貯蓄が進み、消費は抑制され、実体経済の縮小は加速する。ましてや、物価が下がるデフレ状態（通貨価値の上昇）を放置すれば、経済の負のスパイラルは深刻なものとなる。

かつては人口増大と経済成長が、自動的かつ安定的なインフレをもたらした。この安定的なインフレ（物価を上げ通貨価値を下げる）こそが、貨幣経済の存立基盤となる。その意味で人口減と低成長という途方もない下方圧力は、貨幣経済の存立基盤をも揺るがしている。

今後も長期にわたって安定的なインフレは望めない。アベノミクスによる大胆な金融緩和ですら、デフレ脱却には不十分だった。デフレから脱却するには、更に一歩を踏み出さねばならない。デフレと徹底的に闘う。私の立場を改めて鮮明にしておきたい（ロシアのウクライナ侵攻後の円安とインフレについては巻頭序文6ページ参照）。

創造マネーを給付の財源にできるか（試験的ベーシックインカム）

かつて日銀は金融機関への貸出金利を上下させ、資金供給を調節した。バブル崩壊後は金利調節の実効性が失われ、国債買取という新たな措置（量的緩和）に踏み切った。しかし残念ながら、これもまた十分機能してはいない。資金需要が乏しいのだ。提供された「カネ」は日銀当座に積み上がったまま、市中に出回らない。

ではこの量的緩和は完全に失敗だったのか。そうとも言い切れない。注目したいのは、融資拡大を目指す間接金融ルートではなく、株や不動産投資という直接金融ルートである。日銀は年間6兆円の枠（現在コロナ対策で12兆円）を設けて、投資信託等の購入を進め、株や不動産市場に「創造マネー（通貨発行権により発行した通貨）」を大量注入している。これが市場価格を支え、投資家に譲渡益や担保価値をもたらした。さらに年金基金はここで運用益を上げ、給付の原資を獲得している。その限りでは、日銀の量的緩和は、むしろこの直接金融ルートで一定の効果を挙げたのだ。

同時にこれは、純粋な意味での資本市場の死をも意味する。既に上場企業の9割は、大株主（5％以上）が日銀や年金基金など公的部門となった。多い会社では持株割合が既に30％を超え、ユニクロでも20％、トヨタでも10％が「官」だという。民間企業が徐々に「国有化」されつつあるのだ。

同時に東京市場への資金注入は、1兆円当たり株価を200〜300円押し上げるという。年金基金と合わせて既に60兆円以上が投入されているので、株価も相当押し上げられた計算になる。東証時価総額が約700兆円なので、このペースで「官」が株を買い続ければ、将来ほとんどの企業が「国有化」されることになる。純粋な意味での資本市場もまた、緩慢な死を迎えつつあるのだ。

しかし、こうまでしても人口減と低成長下においては、市場価格を維持せざるを得ない。貨幣経済という虚構を採用した以上、市場価格（物価）は上げ続けざるを得ないのだ。これが貨幣経済の本質であり宿命でもある。しかし今後も物価を上げ続けるためには、更なる異次元の措置に踏み切らざるを得ない。

「創造マネー」で株や不動産を買う手法は、富裕層を中心に一定の恩恵をもたらした。しかしそうでない層には恩恵はない。今後追加で検討されるべきは、いよいよこの創造マネーを、一般国民に直接給付できるかだ。仮にこれが実行されれば、明らかに円の価値は棄損する。諸外国や国際金融市場から厳しい視線に晒される。極端な円安やインフレ、金利上昇等に十分警戒せねばならない。

具体的にどのように異次元の措置を発動するのか。経験則に照らせば日銀は年8回、金融政策決定会合を開催して金利や物価、為替動向等を見極め、資金供給をコントロールしている。その規模は、かつての金利調節であれば1回0・25％程度。当時の日銀貸出が6兆円と言われているので、資金供給の直接の上下幅は年間100億円程度の計算になる。アベノミクスによる株や不動産への資金供給は、原則年6兆円なので、1回当たり1兆円弱となる。これらを参考にすれば、市場を崩壊させせない範囲で「創造マネー」を供給するには、1回1兆円（国民一人1万円弱）程度が限度となるのではないか。これを年8回程度、金融政策決定会合で、慎重に諸情勢を見極めて実行に移す。理論的にはこうしたことが考えられる。

さらにこの資金の調達方式について、政府がこれまでどおり国債発行の形をとることも考えられる。しかしより体裁を整える意味では、日銀紙幣と財務省硬貨を交換してもよい。あるいは国有資産を証券化し、日銀に買い取ってもらう方式も理論的には考えられる。ちなみに現在財務省は、年間約2000億円の硬貨を発行し、この製造原価は約1割の200億円。この差額（通貨発行益）は事実上「創造マネー」として、回りまわって政府の歳入に計上されている。

給付の規模も例えば最初は、一人500円（数百億円規模）から始めてみても良い。金利や物価、為替指標を慎重に見極めて、次回は一人1000円、さらにその次は1500円と徐々に引き上げることも考えられる。

こうして慎重の上にも慎重に、過去の経験則に照らしつつ、しかし従来の枠を超えて、これまでの直接・間接の「金融ルート」に加えて「財政ルート」を開拓するのだ。これによる国民生活の底上げ、需要喚起、そして緩やかなインフレ誘導を決意をもって進めるのである。

関連してMMTの議論にも触れておきたい。私は「国債発行を含め、通貨供給の制約はインフレである」というMMT論議の中核を支持する。しかしこの「通貨供給」は「打出の小槌《こづち》」ではないことは厳に指摘しておきたい。通貨供給がもたらすインフレは、確かに実体経済を刺激する可能性があるが、その本質は通貨価値の棄損であり、金融資産の減損である。金融資産をより多く持つ富裕層から、そうでない層への再分配効果が期待されはするが、預金価値を減ずるという意味においては、これもまた形を変えた国民負担に過ぎない。ハイパーインフレが急激な国民負担であるのと同様、緩やかなインフレもまた緩やかな国民負担なのだ。「打出の小槌」は存在しない。そのことはMMT論議に際しても強調しておきたいのである。

本格的なベーシックインカム

これから政治のターゲットを「生活保障」に切り替えるべきと主張し、その中核は全国民が無償で利用できるベーシックサービスと、最低生計保障たるベーシックインカムだとも指摘した。後者は言わば「全世代型基礎年金」である。最終的に月額7万円程度を全国民に給付したい。これにより生活不安の解消、社会への信頼、互いの支えあいの感覚を醸成し、雇用と賃金劣化への対策、さらに需要喚起効果等により、低成長時代の暮らしと経済の基盤を再構築する。

財源は先に述べた創造マネーと合わせて、所得税や法人税、相続税の課税の適正化、さらには政治と国民との信頼強化を前提に、消費税を含め幅広く検討したい。加えて消費税には、これからの人口減、低成長時代を生き抜く特別な知恵として、重要な意味が含まれていることも特記しておきたい。

貨幣経済というフィクションを採用した以上、通貨価値は減損し、貨幣を「腐らせなければならない」ことは何度も述べた。これに最良なのが年率1〜2%の安定的なインフレである。昭和の人口増大、経済成長の時代には、常に需給が逼迫し、インフレ圧力が潜在した。しかし人口減、低成長の時代はそうはいかない。逆である。需要には巨大な下方圧力がかかり続け、放置すれば物価は下がり続ける。物価を「人為的に」反転させ、安定的なインフレ環境を実現することは、異次元の金融緩和をもってしてもできなかった。

実はここで最大の逆説に言及しておきたい。「消費税が人為的に物価を引き上げる」という歴史的事実と「インフレ政策としての消費増税」という国際的最新研究の存在である。一般に消費税は需要を冷え込ませ、デフレを招くと固く信じ込まれてきた。しかし、30年続く日本のデフレ傾向の中、物価が上がった年が2回ある。１９９７年と２０１４年だ。そう、消費増税の年である。しかし考えてみれば当たり前である。消費税は財やサービスに一定率の追加負担をお願いするものであり、ほぼ自動的・強制的に価格に転嫁される。逆説的だが、これほど確実かつ安定的に、モノやサービスの価格を引き上げる手段は他に見当たらない。

今後も人口減と低成長は続く。自然発生的なインフレは期待し難い（２０２３年に起こった物価高については巻頭序文6ページ参照）。とすれば例えば毎年１％ずつ、長期的に消費税を引き上げ続けることが考えられる。もはやそれ以外に、人口減と低成長下にあって、安定的に物価を引き上げる手段は他にないかもしれない。ここで最も大事なことは、インフレ政策として消費税を引き上げた場合、税収全額を直接国民に還元することだ。例えば全額ベーシックインカムの財源とすれば、消費税１％ごとに、一人2万円強の追加給付が可能となる。年間２００万円（４人世帯で８００万円）以上消費する人には負担増だが、それ以下の世帯には負担減なのだ。

もちろん一部を教育や医療・福祉など現物サービス、あるいは社会保険料の引き下げ等に充てもよい。大切なのは再分配効果を意識しつつ、生活基盤再建のため、全額直接給付に充てることだ。このような異例な対応をもってしてでも「物価上昇」「所得増大」「再分配」「生活保障」の四側面を、まるで成長期であるかのように疑似的、人為的に再現する必要がある。それが低成長という非常時を生き抜く特別の知恵なのだ。

消費税はいっとき大幅に「引き上げて」はならない。逆説的だが、正当かつ十分な反対給付と引き換えに、少しずつ「引き上げ続け」なければならない。異例の下方圧力の時代に、正にコペルニクス的発想の転換が求められる。

消費税率と社会保障

原著が出版された2014年、行き詰まる社会保障改革のために、消費税を北欧並みの25％に引き上げ、それでも必要となる2割程度の社会保障の合理化を主張した。しかしその後MMTや財政緩和の議論に触れ、またそもそも消費税を含めた国民負担は、それに見合う反対給付の存在など、政治と国民との信頼強度次第であり、一律に天井を設けるのは適切でないとも思うに至った。増補版ではさらに選択肢の幅を広げておきたい。

ちなみに先日ある学生たちと、興味深いやりとりをしたので、それを紹介する。法人税や所得税、相続課税等を適正化し、政治や行政の不断の改革を行った上で、あえて消費税と反対給付を単純化して、彼らに問うてみたのである。

質問の中身はこうだ。あくまで「例えば」として聞いて欲しい。「日本に五つの主要な島がある。それぞれが以下の政策をとった場合、あなたはどこに住みたいか？」というものだ。

〈選択肢〉

（1）沖　縄　消費税ゼロ　ベーシックインカムゼロ
（2）九　州　消費税20％　ベーシックインカム毎月5万円
（3）四　国　消費税ゼロ　すべて借金でベーシックインカム毎月5万円
（4）本　州　消費税40％　ベーシックインカム毎月10万円
（5）北海道　消費税100％（以下の2コースから選択）

Aコース　ベーシックインカム毎月25万円

または

Bコース　ベーシックインカム毎月10万円

医療・保育・教育・介護等社会福祉全て無償

かつ社会保険料負担ゼロ

果たして皆さんはどの地域に住みたいだろう。先に答えを言えば圧倒的多数が北海道Bコースを選んだ。その後ことあるごとに、この思考実験を繰り返しているが、常に選択の最多は北海道Bコースだ。かつ若い世代ほどその傾向が強い。ここで私は確信した。国民が本当に嫌なのは「税」ではない。税を安心して預けられない「政治」なのだ。

所得税、法人税、相続税の課税バランス

所得税や法人税、相続税の課税の適正化は必須だ。その点、法人減税を肯定した2014年時の考え方は、国際社会との協調を前提に軌道修正しておきたい。この間、富めるものはさらに富み、貧しきものはさらに貧しくなった。米国巨大IT企業群（GAFA）の時価総額は一時、日本の全上場株式総額を超えた。世界の富の8割は上位1％の超富裕層が保有し、上位わずか2000名の保有資産が下位半分（39億人）のそれを上回る。

日本でも子供の貧困率は国際的に高い水準にあり、人と人、国と国との格差はもはや限度を超えた。この不満、不安、怒り、恐れ、恨み、憎しみは各地のテロや紛争、政治不安の温床でもある。このまま何もせず、この傾向が続けば、もはや解決の出口は力ずくの革命や戦争しかない。それは歴史が証明している。

日本でも平成の30年で、法人税は約10兆円、所得税は約15兆円減税（減収）され、これを埋め合わせるかのように約25兆円の消費税が導入された。この不公平感、嫌悪感、国民の被害感情は想像に余りある。更にコロナ禍で国民生活は窮乏の度合いを深めており、諸外国の多くが消費減税に踏み切った。当然、政治的に野党の共通目標を掲げる必要性もある。ここは明確に時限的な消費減税を検討すべきだ。逆にこれまで引き下げ競争にさらされてきた法人税や所得税、相続税等については、国際社会と協調しつつ課税強化の方向性を明確にしたい。

サッチャーやレーガンがもてはやされた新自由主義の時代より前は、所得税の最高税率は80%近くが当たり前だった。現在は40%台まで引き下げられている。これにより既にアメリカでは聞いたことのないような法外な役員報酬が支払われ、日本でも経済のグローバル化に合わせて、米国並みの報酬を得る人が増えている。２０２１年7月調べでは1億円以上の役員報酬が544人、3億円超が80名を超える。ある研究によれば、格差が一定の範囲に収まる社会では、富裕層もまた健康で長生きをするそうだ。行き過ぎた格差により、不安や不満が渦巻く社会では、治安も悪く、富裕層と言えどもリラックスして健康的に長く生きることは難しい。

法人税は日本も20%台に引き下げた。企業の投資促進、国際競争力の回復が目的だった。しかし実際にはどうか。むしろ企業の貯金（内部留保）を増やしただけではないか。企業も将来不安が強い。需要の弱さもあり、減税されるなら「使おう」とはならず「溜めよう」となったに違いない。減税分が自社株買いや配当に回り、さらに格差拡大を助長したとの指摘もある。

真に必要かつ効果的なＩＴ・環境投資、また雇用に逆目となる社会保険料の引き下げなど、正当かつ未来志向の負担軽減は進めつつ、法人税総体としては国際社会と協調しつつ引き上げるべきだ。既にＯＥＣＤは法人税の最低税率やＧＡＦＡへの課税強化に向け大筋合意した。大いに歓迎すべきことであり、国際社会を挙げた法人課税強化に向け、日本は議論をリードしなければならない。

国際社会の変革

最後に新型コロナウイルスが世界に蔓延したスピードに着目し、国際社会の変革を改めて訴えて増補原稿を終えたい。中国武漢で正体不明の肺炎が確認されたのは２０１９年12月。わずかその数か月後には世界を混乱に陥れ、オリンピック延期という空前の事態にまで至らしめた。グローバル社会を象徴する出来事でもある。しかし各国の対策は、当初バラバラの危機感、各々の国境管理、個々のワクチンや薬の開発、検疫や医療体制など、ＷＨＯの発信に関心を払いつつも、独自の判断で個別の対応が積み重ねられた。これが今の国際社会の実力でもある。

本来、世界を覆う危機に対しては、国際社会を挙げて取り組まねばならない。世界を覆う危機は新型コロナの他にも、法人税ダンピング、格差拡大、貧困やテロ、紛争、気候危機、エネルギー制約など数多くあり、もはや重要課題ほど、一国で解決できるものは見当たらない。今後ＡＩの発展や遺伝子操作、個人情報保護など重要テーマも次々と浮上する。コロナ後の社会を展望するとき、こうした深刻かつ重大な世界的危機に立ち向かうためには、強力な国際政治の確立が不可欠である。

原著ではＥＵの歴史に学び、国連を強化すべきと訴えた。そして国際社会の意思決定のシステム、インフラを整えるべきと主張した。しかしこの間、ＥＵは逆境下に置かれ続けた。ギリシャやスペインの財政危機、ＥＵ懐疑派の伸長、ついには英国のＥＵ離脱など、厳しい試練にさらされ続けた。

英国のＥＵ離脱は、米国のトランプ現象と軌を一にするものに見える。結局自国第一主義だ。かつて世界経済の40％を占めたアメリカも、今や20％に低下。世界の課題をアメリカ一国で背負うことは不可能である。そしてトランプの自国優先主義は、グローバリズムの被害者たる米中間労働者層によって強く支持された。グローバル経済への不満や怒りがトランプを押し上げたのだ。経済がグローバルなのに、政治がローカルであり続けている。その矛盾が一気に噴き出したと見るべきだ。

自国優先主義は「経済のサイズ」を「政治のサイズ」に引き戻す運動とも言える。確かに一時的な不満や矛盾の解消につながる可能性はある。しかし経済をローカルに戻すことは、直ちに世界経済の縮小を意味する。むしろ求められるのは、政治をグローバルなものに拡張することではないか。すなわち、それはグローバル経済にふさわしい、グローバル政治を確立することではないか。一強不在の本格的な「Gゼロ」時代こそ、国際社会を真に公平で平等な、透明性の高い集団指導体制に移行させねばならない。

ＥＵもこのコロナ禍により、ついに共同債務と共通基金という新たな政策に踏み切った。「財政統合」に向けてまた一歩踏み出したのである。ＥＵを離脱した英国が今後どのような道筋をたどるのか。これらを注視しつつも、日本はあくまで国際公益重視と、新時代の国際政治確立に向け、ＥＵの経験に学び、国連を強化する方向性を一貫して訴え続けるべきだ。

増補結び

いくつかの論点について『日本改革原案』執筆後の状況変化に目を凝らし、新たな問題提起と、必要な軌道修正を試みた。

「50歳を過ぎたら早期に引退」。初挑戦時の公約である。32歳の私は前半10年でしっかり準備し、後半10年で結果を出す。そして20年できっぱり引退。これを理想とした。それ以上できないとも思い続けてきた。

今年２０２１年４月、ついに私は50歳の節目を迎えた。成果といえば甚だ心もとない限りである。しかし、これからは野球で言えば延長戦、ゴルフで言えばプレーオフの心境である。いずれもサドンデス。潔い引き際と、強い使命感との境界線を決して見誤らないよう、自らを厳しく律していきたい。

そして50代は、私の政治活動最後の10年。その思いは強い。

果たして10年後の２０３０年、日本と世界はどうなっているだろう。

近代の歴史に照らして、およそ40年（一世代半）で時代は大きく動く。その私の歴史観を紹介して、増補版の結びとしたい。

近代国家幕開けとなった明治維新（１８６８年）からおよそ40年、「列強に追いつけ」との時代の要請は、日露戦争勝利（１９０５年）によって一つの到達点に達した。

その後「列強を追い越せ」の40年は、太平洋戦争敗戦（１９４５年）という形で幕を閉じた。

そこから戦後の「復興」と「経済成長」である。そしてそれもまた40年後、バブル崩壊（１９８９）という形で終焉を迎えた。

その後が「失われた30年」である。さまよい続けた平成の30年があった。そしていよいよ２０３０年「持続可能性」回復の時代に向け、最後の10年が始まる。

バブル崩壊から40年となる２０３０年。世界もまた「持続可能性」回復に向け舵を切っているに違いない。ちょうど国連が掲げる「持続可能な開発目標」の目標年限（２０３０年）とも重なる。

「成長」の時代から「持続可能性」の時代へ。日本と世界が模索の旅を続ける10年、私にとっても最後の政治活動の10年が始まる。

（以上２０２１年７月当時）

謝辞

本書のとりまとめに当たっては小川淳也東京後援会のメンバーを中心に、約3年間にわたって議論を積み重ねて参りました。

ＩＴ、医療・薬剤、エンターテインメント、金融、不動産、メーカー、メディア、ＮＰＯ関係者、起業家、コンサルタント、弁護士、官庁、学生など幅広い分野の第一線で活躍する30代のメンバーが中心です。

特に東京後援会会長としてこの間の作業をずっと支えてくださった宇都宮崇人さん、長期間私の傍で様々な助言や実務に当たっていただいた本田正美さん、具体的にお名前を挙げることはできませんが、全ての皆様に深く御礼申し上げます。

地元香川後援会、特にボランティアグループじゅんじゅん会（多田孝三会長）の皆様には、日ごろの政治活動の御支援に加えて、書籍の取りまとめにあたっても様々なご助言をいただきました。本当にありがとうございます。

また国立国会図書館など関係機関の力も借りながら様々な事実関係について、調査を進め、整理をさせていただいたことにも感謝申し上げます。

出版に至るまで、株式会社光文社様、特に出版局長、丸山弘順様には、若手議員の私にこのようなチャンスをいただいたことは光栄の極みであり、様々なご助言とお力添えに深く感謝申し上げます。

これまでお世話になった先輩、同僚、全ての皆様、そして事務所の皆さん、何かと負担をかけ、心配をかけている両親やきょうだい、妻や子供たちにもこの場をお借りして心から感謝したいと思います。

最後にこの本を手に取り、お読みくださり、ともにお考えいただいた皆様に深い敬意と感謝を捧げてペンをおかせてください。本当にありがとうございました。

（2014年5月当時）

プロデューサー　宇都宮崇人
プロジェクト進行　本田正美
チームメンバー　鯡川宏樹
柿田徳宏
田中宏樹
塚本俊介
坂野嘉郎
矢下雄介
近藤巨匡
城間波留人
竹清勇
平野貴徳
水野晋之介
サポーター

本書は、光文社より二〇一四年に
『日本改革原案　2050年 成熟国家への道』として刊行された後、
二〇二一年に増補の上で電子書籍として刊行されました。
本書は、増補された電子書籍版を全面的に改訂し、さらに新規原稿を加え改題したものです。

編集協力＝小川淳也事務所、今井章博

小川淳也　おがわじゅんや
一九七一年香川県高松市生まれ。高松高校、東京大学法学部卒業。自治省に入省後、沖縄県庁、自治体国際化協会ロンドン事務所、春日井市役所などを経て衆議院選挙出馬のため退職。二〇〇三年民主党より香川一区で立候補するも惜敗。二〇〇五年初当選、現在衆議院議員六期目。二〇〇九年九月〜二〇一〇年九月総務大臣政務官、二〇一〇年一一月より国土審議会離島振興対策分科会会長。早くから、人口問題が日本に突きつけられた最大の課題と考え、持続可能でフラットな社会づくりを訴え続ける。二〇二〇年ドキュメント映画「なぜ君は総理大臣になれないのか」で注目される。立憲民主党政務調査会長、新型コロナ対策本部長、税制調査会会長などを務める。毎週一回の街頭演説と月一回の校区ごとの「青空対話集会」を継続中。

日《に》本《ほん》改《かい》革《かく》原《げん》案《あん》２０５０

競争力《きょうそうりょく》ある福祉国家《ふくしこっか》へ

二〇二三年一〇月二〇日初版印刷
二〇二三年一〇月三〇日初版発行

著者　小川淳也
ブックデザイン　鈴木成一デザイン室
カバー・表紙写真　中川正子
発行者　小野寺優
発行所　株式会社河出書房新社
〒一五一-〇〇五一　東京都渋谷区千駄ヶ谷二-三二-二
電話〇三-三四〇四-一二〇一［営業］
〇三-三四〇四-八六一一［編集］
https://www.kawade.co.jp/
組版　株式会社キャップス
印刷・製本　株式会社暁印刷
Printed in Japan　ISBN978-4-309-23142-6